Krieg und Kampf

Die Gewalt in unseren Köpfen

Herausgegeben von
Erwin Orywal, Aparna Rao
und Michael Bollig

DIETRICH REIMER VERLAG
BERLIN

Die Deutsche Bibliothek - CIP-Einheitsaufnahme

Krieg und Kampf : die Gewalt in unseren Köpfen / hrsg. von
Erwin Orywal ... - Berlin : Reimer, 1996
(Ethnologische Paperbacks)
ISBN 3-496-02585-9
NE: Orywal, Erwin [Hrsg.]

© 1996 by Dietrich Reimer Verlag
Dr. Friedrich Kaufmann
Unter den Eichen 57
12203 Berlin

Satz: Götz Leineweber, alv28v@rs1.uni-koeln.de

ISBN 3-496-02585-9

*Anthropology was never meant to be only the study of others.
It also meant to provide a mirror for the observers.*

Laura Nader

Inhaltsverzeichnis

Krieg in den Köpfen

Ein Vorwort

Es klingt erstaunlich, aber es ist wahr: Noch nie hat es seit dem Ende des Zweiten Weltkriegs soviele kriegerische Auseinandersetzungen gegeben, wie zu Beginn der 90er Jahre. Über 40 laufende Kriege sind durchschnittlich pro Jahr in dieser begonnenen Dekade von der Hamburger Forschungsstelle für Kriege, Rüstung und Entwicklung weltweit registriert worden. In den 50er Jahren wurden laut dieser Quelle durchschnittlich nur 12 Kriege pro Jahr geführt, in den 60er Jahren schon 22, in den 70er Jahren 32, und in den 80er Jahren erfolgte dann wiederum eine deutliche Steigerung auf durchschnittlich 40 Kriege pro Jahr. Im Jahr 1992 wurden 44 Kriege geführt, im Jahr 1993 waren es 45 und 1994 mindestens 43 Kriege, und diese Zahl enthält noch nicht einmal die Vielzahl weiterer gewalttätiger Auseinandersetzungen, die ohne Beteiligung regulärer militärischer Kräfte, in Form von sogenannten ,Stammeskriegen' oder regionalen ,Unruhen', stattgefunden haben. Insgesamt sind seit dem Ende des Zweiten Weltkriegs mindestens 187 Kriege bis zum Ende des Jahres 1994 gezählt worden. Während 1993 kein neuer Krieg begonnen hatte, waren es 1994 schon wieder drei: Im Jemen, im mexikanischen Chiapas sowie in Tschetschenien. Auch das Jahr 1995 verzeichnet keinen wesentlichen Rückgang der kriegerischen Aktivitäten: So trat beispielsweise Kroatien als neue Militärmacht in Erscheinung, deutsche Kampfflugzeuge waren nach fünfzig Jahren im Rahmen von UNO und NATO-Aktionen wieder im Einsatz, und in der pakistanischen Stadt Karachi geht schon seit Jahren ein von der Weltöffentlichkeit weitgehend unbeachteter ethnischer Kleinkrieg seinen täglichen Gang.

Eine andere Quelle belegt gleichfalls die weltweit große Bedeutung von kriegerischer Gewalt als Mittel zur Konfliktlösung. Nach Angaben der Heidelberger Konfliktdatenbank sind im Jahr 1992 von 546 nationalen und internationalen Konflikten, die seit 1945 erfaßt wurden, 273 Konflikte, also

exakt jeder zweite Fall, gewaltsam ausgetragen worden. Stellt man dieser
Zahl die Tatsache gegenüber, daß fast die Hälfte aller kriegerischen
Auseinandersetzungen mit einer Niederlage der angreifenden Seite geen-
det haben, knapp ein Drittel unentschieden ausging und nur in knapp einem Viertel der Fälle der Angreifer einen Sieg erringen konnte, dann drängt
sich die Frage nach dem Warum des Kriegs geradezu auf. Diese Frage nach
der ‚Rationalität‘ der Strategie Krieg kann – oder sollte – noch durch die
Frage nach der ‚Moralität‘ dieser Strategie erweitert werden: Die Zahl der
Todesopfer der 186 Kriege in knapp fünfzig Jahren wird auf 16 bis 25 Millionen Menschen geschätzt. Allein das Kriegsjahr 1994 hat nach vorliegenden Schätzungen ca. 6.5 Millionen Todesopfer erbracht, wovon nur
zwei Kriegsmonate in Ruanda schon mit einer halben Million beigetragen
haben. Die Zahl der Todesopfer in den vorausgegangenen hundert Jahren
bis zum Ende des Zweiten Weltkriegs wird auf 40 Millionen Menschen
geschätzt. Kaum noch zu schätzen sind die Kriegsverletzten und -flücht-
linge sowie die Höhe der Kriegsschäden und Folgekosten.

Bosnien, Ruanda, Kurdistan oder Nord-Irland sind die alltäglichen
Stichworte, die uns an diese Kriege erinnern. Andere, wie Afghanistan oder
Sudan, Tadschikistan oder Kaschmir, sind schon vergessene Alltäglich-
keiten. Wiederum andere Stichworte, wie ‚Krieg auf unseren Straßen‘ oder
‚Krieg in unseren Fußballstadien‘ machen uns deutlich, daß nicht nur die
Greuel ferner Kriege, visuell allabendlich durch die Medien verbreitet,
sondern auch die reale Gewalt ein Bestandteil unseres alltäglichen Lebens
ist.

Die derzeitige Diskussion in Deutschland über die Ursachen einer
zunehmenden Gewaltanwendung, sei es auf den Schulhöfen, gegenüber
Ausländern, in unseren Fußballstadien, in kriminellen Kreisen oder als
visuelles Vergnügen in Film und Fernsehen, zeigt, daß wir von einem
Verstehen und einer Lösung des Problems weit entfernt sind. Vehement
wird um die Hypothese gestritten, ob die medial verbreitete Lust an
Gewalthandlungen nicht auch zu einer realen Lust auf Gewalthandlungen
führt. Die Befürworter der Hypothese argumentieren mit der immensen
Zahl an Morden, Schießereien, Schlägereien und weiteren Greueltaten, die
täglich oder wöchentlich nur durch das Fernsehen auf uns einwirken und
sich in zahlreichen Fällen als animierende Vorlagen für Kinder und Jugendliche herausgestellt haben. Emotionale Abstumpfungseffekte seien
noch das geringste Übel, das durch solche Gewaltdarstellungen hervorge-
rufen würde. Andere Erklärungsversuche sehen die Ursachen für die zu-
nehmende Gewaltbereitschaft unter Jugendlichen in der Situation des Um-
bruchs, der Arbeits- und Orientierungslosigkeit, die zu einem Verfall von
gesellschaftlichen Normen- und Werten geführt habe.

Ähnlich vielfältig, aber auch ähnlich umstritten, sind die Aussagen über die Ursachen der weltweiten Kriege. Der ‚Krieg um Öl‘, der ‚Heilige Krieg‘, der ‚Stammeskrieg‘ oder der ‚Ethnische Säuberungskrieg‘ sind die Schlagworte, die die Argumentationsvielfalt kennzeichnen. Zieht man die Aussagen der wissenschaftlichen Forschung zu Rate, so hat selbst der Fachmann Mühe, die Fülle an Hypothesen und Theorien, und damit die Fülle der in der Psychologie, Soziobiologie, Ethologie, Pädagogik, Soziologie, Ethnologie oder Politologie genannten Ursachen zu überschauen und ein verständliches Fazit zu ziehen. Wenn dann noch einige Theorien sich gegenseitig widersprechen oder, weit mehr noch, sich zu dogmatischen Positionen verhärtet haben, fällt selbst die Diskussion unter Fachleuten schwer. Das in der sogenannten kritischen Friedensforschung entwickelte Konzept von der ‚strukturellen Gewalt‘, das von der feministischen Forschung favorisierte Konzept der ‚patriarchalen Gewalt‘ oder das mit dem Vorwurf des Reduktionismus oder Biologismus bedachte ‚Fitness-Maximierungs-Konzept‘ der Soziobiologie stehen hierfür als Beispiele. Angesichts der Vielfältigkeit und Vielschichtigkeit des Problems Gewalt und Krieg stellt sich die Frage, ob überhaupt treffende Antworten gefunden werden können. Die einfachste Antwort, und damit auch eine Antwort, die die Menschen von jeglicher Verantwortung für ihre Gewalttaten entheben würde, trifft allerdings mit Sicherheit nicht zu: Menschen werden nicht durch ihre Natur, d.h. ihre Genetik, zu aggressivem Verhalten gezwungen. Dieses alte Erklärungsmuster wird zwar zur Zeit wieder häufiger in die Diskussion eingebracht, jedoch weiß jeder von uns aus Erfahrung, daß er in einer Konfliktsituation zwar aggressiv handeln kann oder könnte, jedoch nicht so handeln muß.

Konfliktsituationen, seien sie individueller oder kollektiver Art, im familiären oder öffentlichen Bereich, innerhalb von Staaten oder zwischen Staaten, können nahezu jederzeit entstehen. Die Ursachen solcher Konflikte sind gleichfalls vielfältigster Art. Es kann um materielle Ressourcen gestritten werden, um Einfluß und Macht, um ein kulturelles Überleben als ethnische Gruppe oder um die Festigung einer wirtschaftlichen oder ideologischen Vormachtstellung von Staaten oder Staatenbünden. Diese Konfliktursachen gilt es dann zu beseitigen. Zur Lösung solcher Konflikte und zur Herstellung eines Interessensausgleichs gibt es grundsätzlich zwei Strategien, nämlich die friedfertige in Form von Verhandlungen oder Schiedssprüchen einer dritten Partei oder aber die gewaltsame in Form des Kriegs. Die Wahl der einen oder anderen Strategie ist gleichfalls auf Ursachen zurückzuführen, so daß diese als unabhängig von den Ursachen der Konfliktentstehung anzusehen sind. Wir differenzieren daher zwischen den *Ursachen* eines *Konflikts* und den *Ursachen* seiner friedfertigen oder

gewaltsamen *Austragung.* Im vorliegenden Falle beschäftigen wir uns ausschließlich mit den Ursachen, die in der Situation eines individuellen oder
kollektiven Konflikts die Akteure zur Wahl einer gewaltsamen Strategie
veranlaßt haben.

Dieser Band möchte daher versuchen, die Ursachen von Gewaltanwendung anhand von aktuellen Beispielen in essayistischer und interdiszi-
plinär-vergleichender Form zu beschreiben und zu erklären. Eine vollstän-
dige Darlegung der in der Friedens- und Konfliktforschung bestehenden
Kriegsursachentheorien, einschließlich der umfangreichen Literatur, ist allerdings nicht beabsichtigt. In einem Überblicksessay können hier nur die
in der öffentlichen Diskussion anzutreffenden Begrifflichkeiten (z.B. strukturelle Gewalt, patriarchale Gewalt) und Argumentationsstränge über die
Ursachen von Konflikten und Kriegen (Genetik, Bevölkerungswachstum,
Ressourcenknappheit, Ethno-Nationalismus, gewalttätige Vorbilder und
Ideale) auf ihrem theoretischen Hintergrund einführend dargestellt werden.

Die Konzeption des Bandes setzt dabei einen Schwerpunkt, der sich
aus einer in der Friedens- und Konfliktforschung theoretisch und empirisch bisher noch nicht ausreichend aufgearbeiteten Lücke ergibt. Diese
Lücke betrifft den sogenannten kognitiv-emotiven Bereich von Kulturen,
d.h. die kulturspezifischen Überzeugungen, die zur Rechtfertigung von
Gewaltanwendung bei den handelnden Individuen herangezogen werden.
Der von Politikern vielfach beklagte Verfall von Normen- und Werten
beschreibt exakt diesen Analyseschwerpunkt. Oder anders ausgedrückt, an
das u.a. Zitat der UNESCO-Gründungserklärung anknüpfend: Wenn Kriege in den Köpfen der Menschen beginnen, dann müssen wir in die Köpfe
dieser Menschen hineinschauen, um ihre Gründe zu erkennen. Allerdings
nicht nur in die Köpfe der unmittelbar gewalttätigen Menschen, sondern
auch in die Köpfe der scheinbar friedlichen Menschen. Denn nach unserer Überzeugung ist Gewalt und Krieg nicht teilbar in erwünschte und
unerwünschte Gewalt oder in einen ‚gerechten' und ‚ungerechten' Krieg.
Gewalttätige Jugendliche mögen zwar als eine gesellschaftliche Minderheit mit abweichendem Verhalten klassifiziert werden, wie jedoch, so ist
zu fragen, stellen sich die ‚richtigen' Normen- und Werte der anderen dar?

Die Erfahrung lehrt, daß das Kämpfen eine Institution in der menschlichen Geschichte ist. Sind daher Gewalt und Krieg nicht von uns allen –
oder zumindest von vielen – geschaffene Produkte? Mag auch für viele
der ‚Krieg der Vater aller Dinge' sein, dennoch, wir sind die Väter – und
Mütter – des Kriegs. Gewalt und Krieg kommen weder wie Naturkatastro-
phen über uns noch sind sie Naturgesetze: Sie sind Kulturprodukte. Und
wenn daher nicht von Wissenschaft und Politik deutlich herausgearbeitet

wird, daß Gewalt und Krieg in vielen, wenn nicht sogar in der überwiegenden Mehrheit der historischen und rezenten Kulturen zumindest phasenweise als positiver Wert oder sogar als Norm betrachtet wurden und weiterhin werden, dann kann das Phänomen Krieg weder analytisch verstanden noch friedenspädagogisch aufgearbeitet werden. Die ‚Radikalität' der hier vertretenen Position mag manchen befremden. Soll sie besagen, daß wir nicht an die Möglichkeit eines friedlichen Miteinanders glauben? Oder unterstellen wir *jedem* Individuum und *jeder* Kultur den Willen zu Gewalt und Krieg als Mittel zur Lösung von Konflikten? Wollen wir in friedenspädagogischer Hinsicht nur desillusionieren oder können wir darüber hinausgehend Erkenntnisse anbieten, die das Problem Gewalt beseitigen oder zumindest reduzieren helfen? Wenn wir zunächst einmal an dieser Stelle die durchaus umstrittene wissenschaftstheoretische Frage übergehen, ob die Ethnologie als Wissenschaft vom Menschen und seinen kulturellen Ausdrucksformen ein emanzipatorisches oder konstruktives – also ein anwendungsbezogenes – Erkenntnisinteresse haben sollte oder nicht, sondern Stellung beziehen, dann kommen wir zu den folgenden Antworten:

Gewalt läßt sich typologisch unterscheiden in eine offensive und eine defensive Form, in Angriffs- und Verteidigungsgewalt. Der logischen Erkenntnis, daß mit der Eliminierung der Angriffsgewalt der entscheidende Schritt hin zu einem friedlichen Miteinander vollzogen ist, hat sich schon das moderne Völkerrecht (1928) bedient: Der Angriffskrieg als Austragungsmittel politischer Konflikte ist geächtet. Allerdings ist diese Erkenntnis noch nicht als uneingeschränkte Handlungsmaxime in den Köpfen der Menschen verankert, denn wie anders ist es zu erklären, daß das moderne Völkerrecht weder den Zweiten Weltkrieg noch die darauf folgenden 187 weiteren Kriege hat verhindern können? In Europa ist die Gefahr eines dritten Weltkriegs nur durch die Anhäufung eines apokalyptischen *overkill* Potentials, als Strategie des *shoot first – die second* operationalisiert, verhindert worden. Die als ‚Abschreckung', als *pax atomica*, nicht jedoch als Ächtung bezeichnete Umsetzung dieser Erkenntnis, die das Denken, Fühlen und Handeln der Bevölkerungen und ihrer politischen Akteure in West und Ost zumindest bis zum Fall des Eisernen Vorhangs in Europa bestimmt hat, war erfolgreich; und daher bestimmt dieses Prinzip auch weiterhin das Denken und Handeln politischer Akteure in West und Ost oder Nord und Süd, zumal es auch, zumindest für einige, ein profitables Prinzip ist: *homo oeconomicus*, der nutzenmaximierende Mensch, zeigt sich hier von seiner marktwirtschaftlichen Seite. Sozusagen in seiner Logik der rechtlichen Ächtung des Angriffskriegs auf den Kopf gestellt wird das Völkerrecht immer dann, wenn mit-

tels Rechtsbeschlüssen auf multinationaler Ebene der Angriff auf den
Angreifer legitimiert wird: ‚Frieden schaffen – mit Waffen' ist, wie im Fall
Bosniens zu sehen, die tagespolitische Umformulierung einer friedens-
politischen Formel.
    Angesichts der Tatsache, daß sich der Nährboden von Gewalt in Form
von strukturellen Konfliktursachen wie z.b. Bevölkerungswachstum und
Ressourcenverknappung, Wirtschafts- und Ideologiekrisen nur schwerlich
reduzieren läßt, kann Resignation aufkommen. In der friedens- und
konfliktwissenschaftlichen Forschung wird daher vermehrt von einer „*prä-
ventiven Konfliktforschung*" gesprochen. Mit dieser Formulierung ver-
bindet sich wiederum die logische Erkenntnis, daß Gewalt schon in ihrem
Vorfeld, d.h. bei der Entstehung von Konflikten in Form von Interessensgegensätzen, ‚bekämpft' werden kann. Hier gilt es daher verstärkt anzu-
setzen, sowohl in der individuellen, privaten Sphäre als auch in der öffentlichen. Voraussetzung jedoch ist Kompromißbereitschaft, nicht aber
Gewaltbereitschaft in Form der Instrumentalisierung von Machtpositionen
und -strukturen oder Überlegenheitsideologien zur Durchsetzung der Interessen.
    Konfliktpotentiale sind nahezu unbegrenzt, sei es in der Familie, am
Arbeitsplatz, im Straßenverkehr oder in Politik, Wirtschaft und den internationalen Beziehungen. Tagtäglich erfahren wir dies als mittelbar oder
unmittelbar Betroffene, und damit entsteht auch nahezu täglich der Zwang,
sich mit diesen Konflikten auseinanderzusetzen und sie zu lösen. Sehr oft,
um nicht zu sagen, zu oft, kommt es dann zu Ausnahmesituationen: Der
kleine Klaps, der nicht schaden kann; der gemobbte Kollege, der es verdient hat; die freie Fahrt für freie Bürger; die befleckte Ehre der Person
oder gar der Nation. Diese Selbstverständlichkeiten oder auch Unüberlegt-
heiten, die sich als Gewaltpotentiale in den Köpfen der Menschen verber-
gen, hervorzuholen und ihnen diese gleichsam als einen interkulturellen
Spiegel vorzuhalten, ist daher sowohl das analytische als auch emotionale Anliegen dieses Bandes. Die zugrunde liegende Erkenntnis ist nicht neu,
jedoch gilt es, wieder daran zu erinnern:

*Da Kriege in den Köpfen der Menschen beginnen,
ist es notwendig, in den Köpfen der Menschen
Vorsorge für den Frieden zu treffen.*
UNESCO-Präambel 16.11.1945

Köln, im September 1995   E. Orywal

Erwin Orywal[1]
Krieg und Frieden in den Wissenschaften

In jüngster Zeit werden wieder verstärkt Aussagen aus dem Bereich der Genforschung diskutiert, die in der menschlichen Genetik die Quelle für Alkoholismus, Homosexualität oder aggressives Verhalten sehen. Eine ähnliche Diskussion fand schon in den 70er Jahren statt, in denen die vielzitierten, aber häufig auch mißinterpretierten soziobiologischen Arbeiten von DAWKINS (1978) über das ,egoistische Gen' und WILSON (1980) über die ,Biologie als Schicksal' unsere genetischen Dispositionen als Triebfeder für kulturelle Entwicklung und Verhalten thematisierten. In den 60er Jahren erregten die Arbeiten von Konrad LORENZ (1963) über ,Das sogenannte Böse' die Gemüter derjenigen Wissenschaftler, die allein in den von Menschen erlernten kulturellen Regeln die Formung ihres Verhaltens sahen. In seiner Frankfurter Antrittsvorlesung im Januar 1968 bezeichnete der bedeutende Psychoanalytiker und politische Vordenker der außerparlamentarischen Opposition, Alexander MITSCHERLICH, noch ganz in der FREUDschen Tradition stehend, die Aggression als Trieb, der aufgrund mangelnder Befriedigung Spannung aufbaut und sich dann impulsiv oder instrumentalisiert in aggressivem Verhalten entläd. Wie zufriedenstellend wäre diese Antwort, wenn sie denn zuträfe. Vielmehr noch: Diese Antwort würde uns jeglicher Verantwortung für Gewalttaten durch uns oder in unserer Gesellschaft entheben. Gewaltsames Handeln wäre demnach naturgegeben, außerhalb unserer Willenskraft, oder anders ausgedrückt, gottgewollt.

Im fünften Gebot sagt jedoch der jüdisch-christliche Gott: „Du sollst nicht töten", allerdings spätestens seit Thomas von Aquin (1225 - 1274) ist die Idee des *bellum iustum*, des gerechten Kriegs, in die christlich-abendländische Tradition (vgl. Beitrag CANCIK-LINDEMAIER) eingegangen. Die Kreuzzüge stehen hierfür als ein herausragendes Beispiel, auch wenn heute vorzugsweise nur dem Islam vorgehalten wird, den

Dschihad, den ‚Heiligen Krieg' (vgl. Beiträge GLATZER, RAO, SCHEFF-
LER) gegen die christlich-abendländische Kultur zu führen. Der Gedanke
des *bellum iustum* wurde in der Periode des klassischen Völkerrechts (1648
- 1918), als dessen Begründer Hugo Grotius (1583 - 1645) mit seinem Werk
‚Drei Bücher vom Recht des Kriegs und des Friedens' angesehen wird,
zum *ius ad bellum*, zum Recht souveräner Staaten auf Krieg erweitert. Dieses Recht wurde erstmalig im Westfälischen Frieden zu Münster (1648)
schriftlich fixiert. Der Krieg wurde somit vom Zustand des Willkürakts
von Herrschern in den Stand einer Rechts-Handlung zwischen souverä-
nen Staaten versetzt. Diese allgemein geteilte Auffassung von der Legitimität des Kriegs bestand 270 Jahre lang, bis zum Ende des Ersten Weltkriegs. In den darauf folgenden 20er Jahren wurde dann erstmalig versucht,
dem Krieg zunächst partiell und später generell seine Legitimität als Mittel
zur Fortsetzung der Politik abzusprechen, wie es der preußische Gene-
ralmajor Carl von Clausewitz (1780 - 1831) formuliert hatte. Die partielle
Ächtung des Angriffskriegs als internationales Verbrechen sowie die gene-
relle Ächtung des Kriegs zur Lösung internationaler Konfliktfälle, wie es
1928 in Artikel 1 des Kriegsächtungspakts und des modernen Völkerrechts
formuliert worden war, konnte jedoch weder den Zweiten Weltkrieg noch
die darauf folgenden, ca. 190 weltweiten Kriege verhindern.

Grundbegriffe – oder der Beginn einer unendlichen Geschichte

Die Verständigungsschwierigkeiten über die Ursachen von Gewalt und
Krieg in der friedens- und konfliktwissenschaftlichen Forschung beginnen schon bei den Grundbegriffen. Grundsätzliche Einigkeit besteht nur
hinsichtlich der Unterteilung des Phänomens Gewalt in eine physische, also
die mit Körperkraft oder Waffen ausgeübte Gewalt, und in eine psychische Gewalt, die sich in Form von Drohungen (vgl. Beitrag HILGERS)
Abhängigkeiten, Ausbeutung und Unterdrückung sowie Hexerei (vgl.
Beitrag GÖRLICH) manifestiert. Aufgrund der Zielgerichtetheit von
Gewalthandlungen wird weiterhin in eine direkte und eine indirekte Gewalt unterschieden. Indirekte Gewalt wird dann bei GALTUNG und in der
feministischen Konzeption zur strukturellen Gewalt. Als ‚Gewalttäter' ver-
urteilten auch schon deutsche Gerichte Demonstranten, indem sie einen
Sitzstreik als indirekt ausgeübte Gewalt definierten. Ähnlich differenziert
auch die Psychologie in eine impulsive und eine instrumentelle Gewalt.
Impulsive Gewalt entsteht aufgrund von Versagungsempfindungen
(Frustration), die sich in ungezieltem, willkürlich aggressivem Verhalten
entläd. Instrumentelle Gewalt hingegen ist eine gegen Personen oder Sa-

chen zielgerichtete, rational kalkulierte Gewalt. Die Vertreter dieser lerntheoretischen Hypothese (BANDURA, 1973) lehnen die vom FREUD-schen Triebmodell inspirierte Frustrations-Aggressions-Hypothese (DOL-LARD et al., 1939) mangels Nichtbeweisbarkeit ab und sehen nur in der kulturellen Prägung des Individuums die Ursache des aggressiven Verhaltens. Frustration kann dabei der Auslöser für aggressive Gefühle sein, jedoch müssen sie nicht notwendigerweise impulsiv oder instrumentell zum Ausbruch kommen. Für den bis in die 70er Jahre feststellbaren, nachhaltigen Einfluß der F-A-Hypothese zur Analyse eigengesellschaftlicher Prozesse und Probleme steht der schon erwähnte Alexander Mitscherlich, aber auch weitere prominente Vertreter wie C.G. Jung oder Erich Fromm. Die Theorie der Relativen Deprivation, die in den 70er Jahren zur Erforschung von Revolutionen (GURR, 1970) formuliert worden war, ist eine modifizierte Fortführung dieses Ansatzes.

In den 60er Jahren kreierte dann Johann GALTUNG (1969) den vielzitierten und im Bereich der sogenannten kritischen Friedensforschung etablierten Begriff der strukturellen Gewalt. Mit diesem Begriff versuchte er die ganze Bandbreite sozialer Ungerechtigkeiten in repressiven politischen, wirtschaftlichen und sozialen Strukturen zu erfassen. Obwohl sein Grundgedanke, repressive Verhältnisse als Form einer indirekten Gewaltausübung herauszustellen, treffend war, ist zu kritisieren, daß Strukturen nicht handeln können, sondern nur die in diesen Strukturen lebenden Menschen. Diese instrumentalisieren Strukturen, um ihre Interessen gegenüber anderen durchzusetzen. Es sind also bestimmte Akteure (z.b. wirtschaftliche oder politische Eliten), die aufgrund bestimmter Interessen und Überzeugungen (z.b. Eigennutz, Prestigeerhalt, Klasseninteressen oder Überlegenheitsideologien) Strukturen erschaffen oder diese nutzen, um andere Individuen oder Gruppen zu benachteiligen oder auszubeuten. In jüngster Zeit erweiterte GALTUNG (1990) sein strukturelles Gewaltkonzept noch um den Begriff der kulturellen Gewalt. Diese Form diene dazu, direkte und indirekt-strukturelle Gewalt zu legitimieren. Kulturelle Gewalt ist demnach in dem Überzeugungsbereich von Gesellschaften enthalten, unter dem GALTUNG Religion, Ideologie, Sprache, Kunst und Wissenschaft versteht. Dieser wiederum grundsätzlich innovative Gedanke, Gewaltlegitimationen in den gesellschaftsspezifischen Überzeugungsbereichen aufzuspüren, wird allerdings durch eine unsystematische Terminologie und das Fehlen konkreter Faktoren verwässert. Sprache oder Religion sind weder universell noch speziell gewaltlegitimierend, allerdings können beispielsweise rassistische Formulierungen, Freund-Feind-Schemata oder das religiöse Konzept des gerechten Krieges der Anwendung von Gewalt Vorschub leisten bzw. diese motivieren.

In der feministischen Friedens- und Konfliktforschung wird das Begriffsrepertoire noch durch den Terminus der patriarchalen Gewalt erweitert. Im engeren Sinne wird mit dem Begriff die durch Männer gegenüber Frauen physisch oder psychisch ausgeübte Gewalt bezeichnet. In einer breiteren Ausdeutung wird jedoch aus dieser geschlechtsspezifisch gegen Frauen gerichteten Gewalt eine geschlechtsspezifisch immanente Gewalt. Männer sind gewalttätig, und aufgrund ihres physischen, wirtschaftlichen und politischen Dominanzstrebens erschaffen sie Strukturen, die letztendlich zu einer patriarchalen Prägung der gesamten historischen und rezenten Kulturen geführt haben. Gewalt wird somit konstituierender und permanenter Bestandteil dieser Kultur(-en), und es entsteht patriarchalstrukturelle Gewalt. Gewaltsame Strukturen erzeugen dann wiederum gewalttätige Mitglieder. Obwohl nun nicht zu negieren ist, wie auch eine Reihe von Fallstudien in diesem Band deutlich zeigen (vgl. Beiträge BOLLIG, GLATZER, ORYWAL, RAO, SCHLEE), daß Männlichkeitsideale, oder populär ausgedrückt, ‚Macho'-Ideale, eine zentrale Ursache für individuelle und kollektive Gewaltbereitschaft sind, ist das (radikal-)feministische Erklärungsmodell ein geschlechtsspezifisch einseitig und mechanistisch formuliertes Modell. Sowohl Überzeugungs- und Handlungsalternativen als auch die mittlerweile verstärkt in die feministische Diskussion eingebrachte Tatsache, daß Frauen gleichfalls Gewaltideale haben, Gewalthandlungen begehen und kulturelle Akteure sind (PETRY, 1993, und Beitrag HILGERS), bleiben in diesem Modell unberücksichtigt. Zudem kann aus ethnologisch-vergleichender Sicht bestätigt werden, daß *„die kulturelle Konstruktion der Geschlechterdifferenz nicht zwangsläufig mit einer Verherrschaftlichung der Geschlechterdifferenz einhergeht ..."* (LUDWAR-ENE, 1993:194). Gewalt als männliche und Friedfertigkeit als weibliche Domäne zu beschreiben, ist gleich der Einteilung von Gewalt in eine gerechte und eine ungerechte nur eine ideologische Position. Zur Vereinheitlichung der Diskussion um den Gewaltbegriff kann daher nur von der Position ausgegangen werden, daß Gewalt ein Mittel zum Zweck ist, d.h. ein sowohl von männlichen als auch weiblichen Akteuren eingesetztes physisches oder psychisches Mittel zur Durchsetzung ihrer Interessen.

Ähnlich vielfältig wie die Definitionen des Begriffs der Gewalt sind die Definitionen des Begriffs des Kriegs. Ihre Darstellung sei daher hier auf zwei verbreitete Definitionen aus der Politologie und Ethnologie beschränkt. *„War itself is difficult to define"* sagt FERGUSON (1990:26), einer der derzeit prominentesten ethnologischen Kriegsursachentheoretiker eingedenk des Aspekts, daß aus ethnologisch-vergleichender Perspektive die Frage nach den Gemeinsamkeiten zwischen beispielsweise den Stammeskriegen im Hochland von Neu Guinea, die häufig schon nach dem ersten Verletzungs- oder Todesfall beendet werden, den Schlachten des Mittelalters oder den apokalyptischen Formen des Ersten und Zweiten Weltkriegs entsteht bzw. wie diese zeit- und regionalspezifischen Ausformungen des Kriegs definitorisch einheitlich zu behandeln sind. FERGU-SON (1990:26) bietet hierzu die folgende Definition an:

„... *I describe the broader phenomena underlying war as ‚organized, purposeful group action, directed against another group ... involving the actual or potential application of lethal force'.* "

In der politologischen Kriegsursachenforschung hat sich, basierend auf den Arbeiten des ungarischen Friedensforschers Istvan Kende, die folgende Definition durchgesetzt, wobei angestrebt ist, andere Formen gewalttätiger Auseinandersetzungen wie Bandenkämpfe und gewaltförmige Tumulte bzw. sog. gewalttätig ausgetragene Konflikte ‚unterhalb der Kriegsschwelle' auszugrenzen:

„*Krieg (ist) ein Massenkonflikt, der alle folgenden Merkmale aufweist:*

(a) an den Kämpfen sind zwei oder mehr bewaffnete Streitkräfte beteiligt, bei denen es sich mindestens auf einer Seite um reguläre Streitkräfte (Militär, paramilitärische Verbände, Polizeieinheiten) der Regierung handelt;

(b) auf beiden (!) Seiten muß ein Mindestmaß an zentralgelenkter Organisation der Kriegführenden und des Kampfes gegeben sein, selbst wenn es nicht mehr bedeutet als organisierte bewaffnete Verteidigung oder planmäßige Überfälle (Guerillaoperationen, Partisanenkrieg usw.);

(c) die bewaffneten Operationen ereignen sich mit einer gewissen Kontinuierlichkeit und nicht nur als gelegentliche, spontane Zusammenstöße, d.h. beide Seiten operieren nach einer planmäßigen Strategie, gleichgültig ob die Kämpfe auf dem Gebiet eines oder mehrer Gesellschaften stattfinden und wie lange sie dauern. "
(GANTZEL et al., 1992:6, 1994:7).

Während diese Definition besonders den organisatorischen Aspekt der Kriegsführung (Armee, paramilitärische Verbände) als Kriterium herausstellt, betont die Definition von FERGUSON mehr den Aspekt der bewußten Tötungsabsicht bei den Mitgliedern der kriegführenden Kollektive. Beide Definitionen schließen sich jedoch nicht aus. Bei der politologischen wird Tötungsabsicht vorausgesetzt und insbesondere auf den hochgradig organisierten und waffentechnisch elaborierten Typus des ‚modernen' Kriegs abgehoben. Bei der ethnologischen Definition ist entsprechend der Erfordernis, interkulturell anwendbar zu sein, das Ausmaß von Kommando- und Kommunikationsstrukturen, Planung, Logistik und

Waffentechnik nur in einem kulturrelativistischen Sinne von Bedeutung; auch mit Pfeil und Bogen, Lanzen oder Äxten können Menschen getötet werden und ein solcher Kriegszug von *big men*, Stammeschefs oder charismatischen Persönlichkeiten zentral gelenkt sein. Ob ‚primitiver‘ oder ‚zivilisierter‘ Krieg, eine unsinnige, aber noch immer anzutreffende Typologie, das Ziel ist immer die Unterwerfung des Gegners, sei es durch Vertreibung, Versklavung, Verletzung oder Tötung.

Beide Definitionen vermeiden es allerdings, die den Absichten und Zielvorstellungen („*purposeful action*") zur Führung insbesondere eines Angriffskrieges zugrunde liegenden kognitiv-emotiven Aspekte explizit in eine Definition einzubringen. Grundsätzlich setzt natürlich die Absicht, einen Krieg zu führen, eine personelle und strukturelle Kriegsfähigkeit voraus, jedoch, so ist zu fragen, kann denn ein Krieg ohne die Organisation einer Gewalt- und Tötungsbereitschaft in den Köpfen der Beteiligten überhaupt durchgeführt werden, wenn man einmal vom Mittel des Zwangs zur Teilnahme absieht? Das Kriegsmotiv, territoriale Eroberungen durchzuführen, kann doch nur wirksam werden, wenn solche Eroberungen einen positiven Wert im Fühlen und Denken eines kollektiven Akteurs darstellen und diese Strategie somit anderen vorgezogen wird. Sind die Motive, ‚völkische‘ Größe und Stärke zu demonstrieren, wie dies eine Vielzahl der sogenannten Kriegshelden von Alexander dem Großen, über Dschingis Khan, Napoleon, Adolf Hitler bis hin zu Saddam Hussain vorgelebt haben, nur als Motive irrationaler, größenwahnsinniger Persönlichkeiten abzutun? Und wieso wollen UNO- und NATO-Truppen erst dann in den Bosnien-Konflikt eingreifen, wenn ihre ‚Ehre‘ als militärisch-politisches Bündnis auf dem Spiel steht? Wäre es nicht ‚rationaler‘ gewesen, wenn schon, dann mit Gewalt den Frieden in der Region herzustellen, um die Verletzungen der Ehre von zehntausenden von Männern und Frauen zu unterbinden? Die Beiträge in diesem Band werden daher zeigen, daß Kriegs- und Tötungsbereitschaft nicht losgelöst von solchen oder ähnlichen Überzeugungen sowie Emotionen in Form von Wut, Haß und Rache zu verstehen ist und daß hier die Ursachen des Kriegs zu suchen sind. Wir möchten daher in Anlehnung an die oben aufgeführten Definitionen und in Abgrenzung zu dem hier nicht besprochenen Fehdebegriff unseren Darstellungen die folgende Kriegsdefinition zugrunde legen:

> Der Krieg ist eine kognitiv-emotiv motivierte und strukturell organisierte Angriffs- oder Verteidigungshandlung einer überfamiliär zusammengesetzten Gruppe gegen eine andere Gruppe zur Durchsetzung von Zielvorstellungen unter Einsatz von tödlichen Waffen.

Der Streit um die Ursachen des Kriegs

Ähnlich den divergierenden Auffassungen über den Gewaltbegriff besteht auch ein zum Teil mit harten Bandagen ausgetragener Disput über die Ursachen des Kriegs. Dieser Disput wird mit der intellektuellen ,Waffe' des Paradigmas ausgetragen. Die Akteure in dieser Auseinandersetzung lassen sich in zwei Lager aufteilen, die sich als die Anhänger eines entweder (kultur-) materialistischen oder eines (kultur-)mentalistischen bzw. idealistischen Ansatzes zur Erklärung des Phänomens Krieg präsentieren. Vereinfacht ausgedrückt lassen sich diese Positionen als Antwort auf die Frage beschreiben, ob das Sein das Bewußtsein oder das Bewußtsein das Sein bestimmt. ROBARCHEK (1990:69), ein Vertreter des idealistischen Ansatzes, versucht diese Diskussion mit den folgenden Worten in einer salopp-hintergründigen Weise auf den Punkt zu bringen: „ ... *if I own a Volkswagen and I steal a Mercedes, is the cause of my behavior ,material'?"* Beide Richtungen sind Weiterentwicklungen früherer Erklärungsmodelle, wobei jedoch der idealistische Ansatz erst gegen Ende der 80er Jahre wieder entscheidende Impulse erhielt und sich gegenüber den bis dahin dominierenden funktionalistischen, kulturökologischen und -materialistischen Modellen Beachtung verschaffen konnte. Die prominenten Vertreter des kulturmaterialistischen Ansatzes, wie z.B. HARRIS (1974) und FERGUSON (1992), sehen primär in den infrastrukturellen und strukturellen Gegebenheiten die entscheidenden Ursachen zur Erklärung menschlichen Handels, und somit auch des Kriegs. Den kognitiv-emotiven Faktoren gestehen sie nur eine geringe und untergeordnete Erklärungskraft zu. Die Vertreter des idealistischen Ansatzes hingegen sehen in den kognitiv-emotiven Faktoren die entscheidenden Ursachen zur Erklärung von Handlungen, wobei hier kritisch anzumerken ist, daß zum Teil die begleitenden strukturellen Faktoren, d.h. die demographischen, wirtschaftlichen, politischen oder verwandtschaftlichen Rahmenbedingungen, vernachlässigt werden. Innerhalb des materialistischen Lagers besteht jedoch keine Einheitlichkeit hinsichtlich der als ultimat angesehenen Ursachen für die Wahl einer kriegerischen Konfliktaustragungsstrategie. Während CHAGNON, ein prominenter Vertreter der ethnologischen Konfliktursachendiskussion und in sozio- bzw. evolutionsbiologischer Sicht argumentierend, diese in der biologischen Selektion sieht (d.h. Maximierung der genetischen Repräsentanz), sehen HARRIS und FERGUSON diese in der kulturellen Selektion (d.h. Maximierung der kulturellen Repräsentanz). In pointierter Form läßt sich dieser Paradigmenstreit mit der Antwort CHAGNONs illustrieren, die er auf einem Kongress im August 1993 den kulturmaterialistisch argumentierenden Diskutanden HARRIS und FERGUSON

gab: „*Why fight over bananas, when you can fight over women?*" (zit. nach
GIBBONS, 1993).

Ko-Evolution: Die ethologische Hypothese

Ohne Zweifel basiert menschliches Verhalten auf genetischen Dispositionen, d.h. Fähigkeiten, die uns unsere Genetik zur Verfügung stellt. Diese
Verhaltensdispositionen werden jedoch im Sozialisationsprozeß kulturell
modelliert. Selbst unsere Triebe, also genetisch determinierte Verhaltensweisen, wie z.b. das von jedem Menschen zu befriedigende Bedürfnis nach Nahrung oder Sex, sind durch kulturspezifische Traditionen über-
formt. Dies gilt auch für unsere Fähigkeit, aggressiv zu reagieren. Wir alle
wissen, daß wir in bestimmten Situationen aggressiv handeln könnten oder
können, es jedoch nicht müssen. In der Verwechslung oder falschen Anwendung der Begriffe der Disposition im Sinne einer Fähigkeit und der
Determiniertheit im Sinne eines Zwangs liegt das häufig zu beobachtende
Mißverständnis hinsichtlich der Funktion der Aggression.

Nach dem schon erwähnten Soziobiologen WILSON ist die Aggression die genetisch verankerte Funktion zum Schutz den Genreproduktion
(vgl. den Abschnitt über Fitnessmaximierung). Die Sicherung der individuellen Fortpflanzung kann jedoch auch mit anderen Mitteln erreicht
werden, und nicht nur mit aggressivem Verhalten. Es existieren also funk-
tionale Äquivalente. An diesen genetischen Dispositionen setzen nun kulturelle Dispositionen an, um unsere Fähigkeit in kollektiv gewünschte
Bahnen zu lenken. Die Fähigkeit zur Aggression kann – und wird – somit
von Kulturen entweder unterdrückt, geduldet oder gefördert. Kulturen
greifen mit ihren Sozialisationsinstanzen, also Eltern, Schule und gesellschaftlich geförderte Vorbilder bis hin zur Schule unserer Nation, die
Bundeswehr, auf das jeweilige individuelle Potential zu und modellieren
es in ihrem Sinne. Das Ergebnis dieses Prozesses ist dann – vereinfacht
ausgedrückt – das jeweils erwünschte Ausmaß einer Verhaltensweise, in
diesem Falle des aggressiven Verhaltens. Dieses Modell, das in der Ethologie als Ko-Evolutions-Modell bezeichnet wird, als Wechselwirkung zwischen ‚Natur‘ und ‚Kultur‘, ist das derzeitige Paradigma zur Erklärung
menschlichen Verhaltens. In den Worten Frans de WAALs (1989:75-76)
läßt sich der ethologische Forschungsstand folgendermaßen zusammen-
fassen:

> „*Ganz offensichtlich spielen Gene und Training eine Rolle; es ist ein-
> facher, einen Pit Bull in eine Killermaschnine zu verwandeln als ei-
> nen Golden Retriever. Gleiches gilt für die menschliche Aggressivität.*

Jedes Kind wird mit dem Potential geboren, aggressives Verhalten zu entwickeln – und einige Kinder haben wahrscheinlich ein vergleichbar höheres Potential – jedoch ist die tatsächliche Ausformung von der Umwelt des Kindes abhängig. Wenn daher Ethologen behaupten, Menschen hätten eine aggressive Natur, dann meinen sie jedoch, daß die Mitglieder unserer Spezies aggressives Verhalten sehr leicht lernen können. Dies ist eine ganz andere Aussage als diejenige, die sagt, daß Gewalt und Krieg außerhalb unserer Kontrolle ist. Es gibt eine Menge Raum für die Kultur, Einfluß auszuüben; beides, Gewalt und Friedfertigkeit, kann gelehrt werden. (Übers. a.d. Englischen, E.O.)

Nun stellt sich allerdings die Frage, warum Aggressivität gelehrt und gelernt wird. Bei einem Kampfhund ist die Absicht offensichtlich. Ist sie es daher auch bei einem zu aggressivem Verhalten erzogenen Menschen? Ein anderer Ethologe, HINDE (1991:67), stellt dazu folgendes fest:

„... *es ist wichtig, die komplexen Motivationen für aggressives Verhalten zu erkennen. Sogar das aggressive Verhalten eines Vorschülers könnte schon durch Begehrlichkeit oder Habgier (definiert als die Motivation, ein Objekt oder eine Situation in Besitz zu nehmen) motiviert sein, oder durch Bestimmtheit (Motivation, sich ins' Rampenlicht zu stellen, den eigenen Status zu erhöhen), oder sogar Aggressivität (die Neigung zu verletzen) .... wie hoch auch immer die Bedeutung genetischer Faktoren sein mag, diejenigen Faktoren, die aus der Erfahrung gewonnen wurden, sind mindestens so bedeutend wie die genetischen und viel einfacher zu manipulieren.*" (Übers. a.d. Englischen, E.O.)

Motivation ist nach gängiger Definition das Bedürfnis eines Individuums, ein Ziel zu erreichen. Dieses Bedürfnis ist daher die Antriebsenergie für unsere Handlungen. Die Ziele allerding, die wir erreichen wollen – oder müssen – sind dabei kulturspezifisch vorgegeben. Diese Ziele und die Strategien, sie zu erreichen, stehen uns als kulturelle Dispositionen zur Verfügung, und *eine* Strategie kann gewaltsames Handeln sein. Wie nun solche Ziele gesetzt werden, zeigt uns die Lerntheorie.

Vorbild und Erfolg: Die lerntheoretische Hypothese

Vor einigen Jahren löste eine Kampagne von Politikern gegen die häufigen Gewaltdarstellungen im Fernsehen heftige Proteste insbesondere der kommerziellen Programmanbieter aus. Die Politiker befürchteten, daß solche Darstellungen als Verstärker für die Alltagsbrutalität wirken könnten. Zählungen ergaben dabei, daß wöchentlich ca. 100 Morde sowie mehrere hundert Gewaltverbrechen, Schießereien und Schlägereien gezeigt werden, und zwar auch zu Zeiten, in denen vorzugsweise Kinder und Jugendliche fernsehen. Mit Beispielen von gewalttätigen Jugendlichen und sogar Kindern konnte zudem belegt werden, daß zumindest in Einzelfällen durch Gewaltszenen in Film und Fernsehen Gewalthandlungen animiert worden sind. In den Forderungen der Politiker jedoch sahen einige Fernsehmacher nur den Versuch, den Sündenbock für gesellschaftliche Probleme den Medien zuzuschieben. Auch in der wissenschaftlichen Forschung wird zum Teil vehement um die Wirksamkeit von medial verbreiteten Gewaltdarstellungen gestritten. Bei der wissenschaftlichen wie auch der öffentlichen Diskussion ist häufig eine fundamentalistische Position festzustellen: Es wird im Sinne eines ‚Entweder/Oder‘ gestritten, nicht aber im Sinne eines ‚Sowohl/Als Auch‘. Das Fernsehen, oder insgesamt die Medien, als einzige Ursache für eine fortschreitende Brutalisierung unseres Alltags anzusehen, ist ohne Zweifel falsch; es jedoch als *eine* Ursache in Kombination mit weiteren zu sehen, ist sicherlich nicht falsch, was sich folgendermaßen begründen läßt.

Menschliches Verhalten ist, wie gesehen, weitgehend kulturspezifisch erlernt. Menschliches Verhalten wird basal im Erziehungsprozeß vermittelt. Verhalten wird in der Regel immer dann schnell gelernt, wenn es von den Erziehungsinstanzen positiv verstärkt wird. Durch Verstärkung und Unterdrückung oder Belohnung und Bestrafung der basalen menschlichen Bedürfnisse wird so ein Prozeß des Lernens von kulturspezifisch gewünschten Verhaltensmaximen in Gang gesetzt. So lernen Kinder durch die bewußt, aber auch unbewußt eingesetzten, bestrafenden Sozialisierungspraktiken der Eltern die Möglichkeit, einen zwischen ihnen und den Eltern bestehenden Konflikt mit gewaltsamen Mitteln zu lösen. Umgekehrt gilt, daß auch die friedlichen Formen von Konfliktaustragung so gelernt werden können. Allerdings wird das menschliche Verhalten nicht nur in der Kleinkindphase modelliert, sondern es wird auch vom Individuum selbst jederzeit durch Identifikation und/oder Imitation, also durch Lernen am Vorbild und Erfolg, weiterentwickelt. Wenn Handlungen durch Erfolg belohnt werden, dann werden mit hoher Wahrscheinlichkeit diese Handlungen vom Individuum wiederholt; erweisen sich daher aggressive Handlungen zur Durchsetzung von Interessen als erfolgreich, werden auch sie wiederholt. Vorbilder, seien sei kollektiv vorgegeben oder individuell ausgewählt, haben die gleiche Funktion: Sie signalisieren erwünschtes und erfolgreiches Handeln und sollen zur Nachahmung anregen (vgl. Beiträge GLATZER, HILGERS, SCHEFFLER).

Wohl alle Menschen orientieren sich an solchen Vorbildern, allerdings an sehr unterschiedlichen. Was für den einen Mahatma Gandhi oder Albert Schweizer ist, ist für den anderen Ché Guevarra oder Adolf Hitler.

Demzufolge finden sich auch in allen Gesellschaften der Welt solche Vorbilder, die zudem noch den Status von Kulturheroen haben können: Deren Handlungsweisen werden als für die gesamte Kultur vorbildlich angesehen (vgl. Beitrag NADJMABADI, ORYWAL). Allerdings sind diese vorbildlichen Handlungsweisen vielfach kriegerische gewesen. Schaut man sich in unseren Gesellschaften um, so registriert man nach wie vor eine erstaunliche Vielfalt von in Bronze gegossenen und auf Sockel gehobenen Helden. Ihre Zahl hat zwar im Vergleich zu den Vorkriegszeiten abgenommen, jedoch – Ironie des Schicksals – nur weil sie in den letzten Kriegsjahren des Deutschen Reichs wieder in kriegswichtiges Metall rückverwandelt worden sind. Diese Kriegshelden, von Armin, dem Cherusker, über den Alten Fritz und Wilhelm I und II hin zu Bomber Harris, symbolisieren Gedenken an Gewalt, Gedenken an den Freund und – möglicherweise gegen – den Feind. Krieger- und Heldendenkmäler, Heldenfriedhöfe und Heldenschlachten zeugen von einem mal verschämt, mal offen zur Schau gestellten Kriegskult. Die Inszenierung der alliierten Landung in der Normandie à la Hollywood sollte doch an die Schrecken des Kriegs und des Faschismus erinnern? Oder sollte sie vielleicht wieder Heldenmut und Tapferkeit, soldatische Ehre und das eigentliche Männerhandwerk demonstrieren, wo der Tod nicht ein Tod ist, sondern ein ‚Fallen auf dem Feld der Ehre‘, ein ‚Opfer für das Vaterland‘ (vgl. Beitrag CANCIK-LINDEMAIER)? Was bewirken nun solche Denk-Mäler? Sind sie Mahn-Mäler, und wenn ja, vor was mahnen sie uns? Hat das Völkerschlachtdenkmal zu Leipzig vor solchen Schlachten *gemahnt* oder zukünftige Schlachten *angemahnt*?

Als gesichert kann der Zusammenhang angesehen werden, daß es in denjenigen Gesellschaften, in denen Kinder zu Mut und Tapferkeit sowie insgesamt zu einem kriegerischen Verhalten erzogen worden sind, auch zu kriegerischen Auseinandersetzungen gekommen ist. Das Lernen von gewaltsamen Konfliktlösungsstrategien schon in der frühkindlichen Phase, d.h. bis zum Einsetzen der Pubertät, kann als eine zentrale Ausgangsbedingung für zukünftiges Verhalten angesehen werden. Da Verhalten aber jederzeit modelliert werden kann, können aggressive Verhaltensweisen auch geändert werden; allerdings trifft gleichfalls der umgekehrte Fall zu. Entscheidend für eine solche Weiterentwicklung sind die in den Kulturen angebotenen Vorbilder. Denn diese werden vorzugsweise nachgeahmt, nicht aber abstrakte Regeln. Was nutzt daher die Regel von Ehrlichkeit und Solidarität, wenn die realen gesellschaftlichen Vorbilder nur den Erfolg als Handlungsmaxime vorleben? Er darf denn auch schon mal mit betrügerischen Mitteln herbeigeführt werden, zumal wenn ein in Millionenhöhe entstandener Schaden dann auch noch als *peanuts* bezeichnet

wird. Oder was nutzt die Regel von Friedfertigkeit, wenn die realen gesellschaftlichen Vorbilder *Rambo, Terminator* oder *Kung Fu-Fighter* für
die Großen und *He-Man* oder *Turtles* für die Kleinen sind? Die „*Faszination Gewalt*" hat längst ihr virtuelles Ghetto verlassen, und nicht nur in
unserer Gesellschaft:

> „*Was sich zu Beginn des 51. Festivals von Venedig bereits andeutete,
> zog sich wie ein roter Faden durch eine Vielzahl von Filmen, die in
> den vergangenen zwölf Tagen am Lido präsentiert wurden: Bilder aus
> einer Welt, die Gewalt ohne Bedenken einsetzt, die von Gewalt faszi-
> niert ist, die Gewalt zum Hauptthema der Medien macht, die Gewalt
> ... rücksichtslos vermarktet.*"
> (Süddeutsche Zeitung, 13.9.94).

Die Ethnologie hat sich bisher nur in einigen wenigen Darstellungen um
die Analyse des Trägermediums Film und Fernsehen in außereuropäischen
Gesellschaften gekümmert. Würde sie daher einmal die zu den größten der
Welt zählenden Produktionen der Filmindustrie in Bombay oder Hongkong
einer entsprechenden Betrachtung unterziehen, könnte sicherlich ein ähnliches Fazit gezogen werden. Einschränkend ist selbstverständlich zu sagen, daß nicht jedes Kind oder Jugendlicher durch diese Vorbilder zu gewalttätigem Verhalten animiert wird. Daß jedoch solche geduldeten oder
geförderten Vorbilder die Wahrscheinlichkeit einer quantitativen und qua-
litativen Ausweitung gewalttätigen Verhaltens erhöhen, kann nicht mehr
bestritten werden.[2]

Nutzenmaximierung: Die handlungstheoretische Hypothese

Aufgrund der lerntheoretischen Erklärungen wissen wir nun, daß erwünschtes Verhalten positiv sanktioniert, d.h. belohnt wird. Da Menschen
in der Regel bestrebt sind, negative Sanktionen zu vermeiden, wird durch
wert- und erwartungskonformes Verhalten Belohnung angestrebt. Der
Erhalt einer Belohnung in Form materieller oder symbolischer Güter oder
aber auch in Form eines emotionalen Wohlbefindens, als *wellbeing* in der
neueren Forschung thematisiert, stellt einen individuellen Handlungs-
nutzen dar, der angestrebt und somit maximiert bzw. optimiert wird. Dieses Wohlverhalten in bezug auf kulturspezifisch erwünschte Handlungsweisen wird in der sog. Rationalen Handlungstheorie (auch: *rational-
choice*-Ansatz, Wert-Erwartungstheorie oder Nutzentheorie) unter dem
Begriff des *homo oeconomicus* thematisiert (vgl. GÖRLICH, 1992). Das
zugrunde liegende Menschenbild ist das eines Individuums, das seine
Handlungen in Kosten-Nutzen Kalkülen rationalisiert. Der jeweils maxi-

mierte Nutzen ist jedoch nicht ausschließlich in materiellen Kategorien zu sehen, ein vielfach anzutreffendes Mißverständnis, sondern das ökonomische Bilanzieren der Akteure betrifft unterschiedslos alle materiellen und symbolischen Güter, die innerhalb einer Gesellschaft als hoch bewertete Güter verhandelt werden, zumal symbolisches Kapital auch wieder rematerialisiert werden kann.

Aus diesem Grundgedanken läßt sich nun eine zentrale Hypothese ableiten, die lautet: *„Je wertvoller die Konsequenzen einer Handlung sind* (d.h. das Erreichen hoch bewerteter Ziele/Güter) *und je wahrscheinlicher die Handlung zur Realisierung der erwünschten Konsequenzen führt, desto wahrscheinlicher ist die entsprechende Handlung"* (WEEDE, 1986:9). Allerdings bestehen grundsätzlich Handlungsalternativen, so daß die Akteure auch diese in ihr Kalkül einbeziehen und dann die günstigere Alternative auswählen (Ders., 1990:232). In analytischer Hinsicht werden daher *„zusätzliche Annahmen über die vom Akteur wahrgenommenen Handlungsalternativen ... (und) seine Erwartungen (benötigt)."* (232). Um nun die Wahrscheinlichkeit von Handlungsfolgen erkennen zu können, müssen daher die gesellschaftliche Ziele und Durchsetzungsstrategien auf dem Hintergrund ihrer Bewertungen durch die Akteure analysiert werden. Der Begriff der Bewertung verweist dabei auf normative Kategorien, die von den Akteuren herangezogen werden. Die Kosten-Nutzen-Bilanz wird somit um eine intervenierende Variable, die dem kognitiven Bereich der Akteure entstammt, erweitert. Die individual- oder kulturspezifischen Kriterien bewerten zum einen die Maximierungsziele, sowohl hinsichtlich ihrer Form (materielle/symbolische Güter) als auch ihres Inhalts (z.B. Prestige als Jäger oder Prestige als Sportler), und zum anderen die Kostengünstigkeit der Durchführungstrategien (gewaltsam/friedfertig).

Wird nun beispielsweise die Anwendung von Gewalt gesellschaftlich negativ sanktioniert, ist dies ein Kalkulationsposten, der auf der Kosten-Seite der Nutzenbilanz steht, wie auch die Tatsache, sich einem übermächtigen Gegner ausgesetzt zu sehen. In der Argumentationsweise der Handlungstheorie gestaltet sich die Erklärung von kriegerischen Konfliktlösungen daher folgendermaßen: Die Anwendung von Gewalt hängt zum ersten von der Bewertung des zu erreichenden Ziels ab. Ist dieses Ziel ein individuell oder kollektiv hoch bewertetes oder sogar existenziell notwendiges Gut materieller oder symbolischer Art, dann werden in der Regel Strategien zum Erreichen des Ziels von den Akteuren gewählt werden. Aus kognitionsethnologischer Sicht kann gesagt werden, daß diese Ziele für die Akteure eine motivationale Kraft besitzen, so daß die Perzeption solcher Ziele entsprechende Handlungen hervorruft. Diese Strategien werden hinsichtlich ihrer Kostengünstigkeit kalkuliert. Erscheint daher eine gewaltsame Durchsetzungsstrategie kostengünstiger, d.h. mit geringem Aufwand und einer hohen Erfolgswahrscheinlichkeit verbunden, ist auch die Wahrscheinlichkeit einer entsprechenden Handlung gegeben. Die Kalkulation der Kostengünstigkeit ist einerseits von dem Ausmaß der zu erwartenden Gegengewalt abhängig und andererseits von der Bewertung der Gewalt als Mittel zur Durchsetzung der Zielvorstellung (vgl. WEEDE, 1986:49). Besteht daher in Gesellschaften das Prinzip der *ultima ratio* von kriegerischer Gewaltanwendung sowie die Einschätzung, nur mit Gewaltanwendung letztendlich ein Ziel durchsetzen zu können, dann ist diese Strategie die kostengünstigere bzw. rational, denn *„Rationalität bezieht sich nur auf die Effizienz bei der Wahl der Mittel, nicht auf den Inhalt der Interessen"* (Ders., 13). Mißkalkulationen sind in diesem Modell allerdings zulässig und ändern nichts an seiner grundsätzlichen Aussage.

Eine Weiterentwicklung der Theorie des rationalen Handelns stellt die Spieltheorie dar. Sie geht von der Überlegung aus, daß *„aufgrund der bestehenden Interdependenzen zwischen Akteuren das Handlungsergebnis für einen Akteur von den Entscheidungen der jeweils anderen Akteure mitbestimmt wird und der einzelne Akteur nicht im vorhinein weiß, was die anderen Akteure tun werden"* (GÖRLICH, 1993:247). Diese Situation wird als Gefangenen-Dilemma-Spiel bezeichnet. Beide Akteure kennen nicht die Absichten des jeweils anderen und wissen somit nicht, welche Aussagenstrategie die für sie günstige wäre. In der ethnologischen Kriegsursachenforschung hat in jüngster Zeit HELBLING (1995, 1996) das spieltheoretische Modell zur Erklärung von kriegerischem Handeln am Beispiel der Yanomamö herangezogen. Ausgehend von der Gefangenen-Dilemma-Situation wäre es demnach für jeden Akteur vorteilhafter, einen Erstschlag durchzuführen, um somit der Möglichkeit eines Erstschlags durch den anderen zuvorzukommen, denn der könnte ja diese Absicht haben. Dieser Sichtweise liegt ein zwar nachvollziehbares, jedoch pessimistisches und hobbesianisches Menschenbild zugrunde. Es entsteht also die Frage, ob wir tatsächlich immer unserem Gegenüber mit Mißtrauen begegnen müssen.

Daß dem nicht notwendigerweise so sein muß, zeigt die Tatsache, daß zwischen Akteuren auch kooperative Handlungsmuster bestehen bzw. diese zur Minimierung von Mißtrauen und Unsicherheit herangezogen werden können. Solange ein Gegenspieler gleichfalls kooperiert, also keinen Verrat begeht, aber mit Vergeltung droht, falls der andere nicht mehr kooperiert, sind die Vorteile für beide Akteure offensichtlich und aus der Gefangenen-Dilemma Situation entsteht ein *tit-for-tat*-Spiel (d.h. wie Du mir, so ich Dir). Der sich hierbei für die Akteure ergebende Vorteil oder Gewinn wird spieltheoretisch als Diskontparameter bezeichnet. Wird daher von den

Akteuren dieser Diskontparameter als ausreichend hoch bewertet, zahlt sich eine Konfrontationsstrategie nicht aus und Kooperation setzt sich durch. Durch die Verknüpfung mit der Gefangenen-Dilemma Situation besteht jedoch immer Unsicherheit über die Absichten des Mitspielers. Es muß – spieltheoretisch gedacht – immer mit einem Angriff des Mitspielers gerechnet werden, da der sich hierdurch einen höheren Gewinn ausrechnen und auch erzielen könnte. Steht bei dieser Kalkulation beispielsweise das Überleben des Individuums oder der Gruppe auf dem Spiel, wäre die *tit-for-tat*-Strategie äußerst riskant, da nach einem Angriff des Mitspielers eine Vergeltung aufgrund einer Niederlage nicht mehr möglich wäre. Aus dieser Situation entsteht somit, den Ausführungen HELBLINGs folgend, ein Nullsummen-Spiel; d.h. eine kriegerische Strategie setzt sich langfristig durch, weil eine friedliche Strategie als zu riskant erscheint.

Dieses hier sehr vereinfacht wiedergegebene spieltheoretische Modell ist zwar im Rahmen seiner Prämissen plausibel, jedoch sind genau diese Prämissen folgendermaßen zu hinterfragen: Zum ersten muß die Kriegsregel als Spielregel von den Akteuren akzeptiert und positiv bewertet sein, was besagt, daß der Krieg als strategische Option kognitiv in den betreffenden Gesellschaften verankert ist. Eine kriegerische Umwelt, die als Ausgangsszenario für das Modell gesetzt ist, ist keine objektive Größe, sondern eine subjektiv von Akteuren herbeigeführte soziale Situation. Dies führt zweitens zur Frage nach der Bewertung des Diskontparameters durch die Akteure. Diese Bewertung kann in einem nutzenmaximierenden oder in einem optimierenden Sinn erfolgen. Ein maximaler Nutzen könnte durch einen Erstschlag erreicht werden, wobei jedoch auf die in den obigen handlungstheoretischen Passagen gemachten Einschränkungen zu verweisen ist. Ein optimaler Nutzen könnte dadurch erreicht werden, daß trotz geringerer Spielgewinne aufgrund einer Konfliktsituation weiterhin kooperative Strategien präferiert werden. Die Wahl der jeweiligen Strategie ist von den jeweiligen kulturspezifischen Überzeugungen abhängig. Wenn daher in einer Kultur Auszahlungen materieller und/oder symbolischer Art für kriegerisches Handeln getätigt werden, dann wird wahrscheinlich eine nutzenmaximierende Strategie gewählt werden. Oder, in anderen Worten, ein dergestalt sozialisierter Akteur wird mit Wahrscheinlichkeit in einer Gefangenen-Dilemma Situation seinen Vorteil durch Verrat herbeizuführen suchen. Eine Plausibilität des spieltheoretischen Modells ist also nur auf dem Hintergrund der handlungstheoretischen Positionen erreichbar: Um die Wahrscheinlichkeit von Handlungsfolgen erkennen zu können, müssen die gesellschaftlich präferierten Ziele und die Durchsetzungsstrategien in Betracht gezogen werden. Der Krieg entsteht somit nicht in einem mechanistischen Sinne aus einer Gefangenen-Dilemma

Situation, sondern durch das Streben von Menschen nach materiellen und/ oder symbolischen Gewinnen.

Fitnessmaximierung: Die evolutionsbiologische Hypothese

Die soziobiologische bzw. evolutionsbiologische Theorie erhebt den Anspruch, eine ultimate, d.h. letztendliche Erklärung für das gesamte menschliche Handeln liefern zu können. Diese ultimate Ursache ist in unserer Genetik begründet. Sie veranlaßt uns, immer so zu handeln, daß die individuelle Fitness erhöht wird, wodurch sich dann die Chance für das Individuum verbessert, sich im Vergleich zu anderen Individuen erfolgreicher reproduzieren zu können.

> „Wie immer sich die Strategien des wirtschaftlichen Handelns und die sozialen Verhaltensweisen in einer Gesellschaft darstellen, welche proximaten Ursachen sie auslösen und welche emischen Erklärungen ihnen unterliegen mögen – das Ergebnis der jeweiligen individuellen Handlungen hat immer auch eine Wirkung auf die Fitness des handelnden Individuums. Kurz gesagt postuliert die Soziobiologie, daß Individuen sich so verhalten, daß ihre genetische Repräsentanz in der nächsten Generation wächst. "
> (CASIMIR, 1993:230).

Die Verbesserung der individuellen Fitness muß jedoch nicht notwendigerweise mit aggressivem Verhalten einhergehen. Empirisch ist daher feststellbar, daß Fitnessmaximierung oder -optimierung durchaus auf friedlichem Wege durch beispielsweise den Erwerb von Besitz oder eines hohen Bildungsgrads erlangt werden kann. Entscheidend ist im Sinne der Evolutionsbiologie nur die Tatsache, daß das Erreichen von kulturspezifisch hoch bewerteten Zielen, z.B. materieller Wohlstand oder Prestige durch eine hohe berufliche Qualifikation, den jeweiligen Individuen einen vergleichbar höheren Reproduktionserfolg sichert, sei es in Form mehrerer Kinder oder in Form einer besseren materiellen oder sozialen Befähigung weniger Kinder, ihr Leben, und damit wiederum deren Reproduktionschancen, erfolgreicher zu gestalten. An diesem letzten Punkt setzt im übrigen der schon erwähnte Disput im materialistischen Lager an: Ist das ultimate Ziel die Verbesserung der genetischen Repräsentanz in der nächsten Generation oder der kulturellen Repräsentanz?

Napoleon CHAGNON, ein durch seine Yanomamö-Arbeiten berühmt gewordener Ethnologe, greift nun dieses Paradigma der Fitnessmaximierung zur Erklärung der kriegerischen Aktionen dieser Gruppe im Zusammenhang mit deren Frauenraubkomplex auf. Er entwickelt dabei den folgenden Erklärungsstrang: Der individuelle Fortpflanzungserfolg der Yanomamö-Männer wird aufgrund eines kulturell erzeugten, weiblichen Infantizids und Polygynie limitiert, so daß Frauen eine ‚knappe Reproduktions-Ressource' sind. Diese knappe Ressource erzeugt einen Selektionsdruck, der zur Ausbildung entsprechender Strategien zum Erreichen des ultimaten Ziels (Reproduktion) führt. Die Yanomamö-Strategie ist die Anwendung von Gewalt, denn in einer feindlichen Umwelt mit knappen Ressourcen ist mit hoher Wahrscheinlichkeit derjenige am erfolgreichsten, der sich seiner Feinde erwehren und Ressourcen erbeuten kann; es entsteht somit ein ‚Krieg um Frauen'. Folglich besteht auch bei den Yanomamö ein entsprechendes Kulturideal, das dem Mann als Töter (*unokai*)[3] höchstes Prestige zusichert. Dieses Prestige kann dann, im Sinne des BOURDIEUschen (1965) symbolischen Kapitals, wieder in Frauen kapitalisert werden. Das besagt, daß für diese kulturell erfolgreichen Yanomamö-Männer die Chance hoch ist, Frauen zu bekommen und folglich eine differentielle Reproduktionsrate. Durch das Erreichen des kulturspezifisch hoch bewerteten Ziels, nämlich ein Töter und Krieger zu sein, maximieren Yanomamö-Männer ihre individuelle Fitness, die dann mit einer vergleichbar besseren Chance zur Weitergabe ihrer Gene belohnt wird. Der Krieg ist einerseits das Mittel zur Durchsetzung der Interessen und wirkt andererseits als Mechanismus zur Selektion der im kulturspezifischen Sinne fittesten Gruppenmitglieder. Für die Yanomamö-Frauen besteht der Vorteil dieses Systems darin, den für die Reproduktion und die Aufzucht ihrer Kinder fähigsten Mann zu bekommen. Das CHAGNONsche Erklärungsmodell ist allerdings in bezug auf die Validitat seiner Daten umstritten. FERGUSON (1989:564-565) kommt in einer Reanalyse der CHAGNONschen Daten (1988) zu dem Schluß, daß zwar insgesamt im Vergleich von *unokai* und Nicht-*unokai* ein beträchtlicher Unterschied in der Anzahl der Kinder besteht, dieser jedoch bei einem differenzierenden Vergleich der Altersklassen zueinander wieder sinke.

Anhand dieses Erklärungsschemas läßt sich auch das Zusammenspiel proximater und ultimater Erklärungen menschlichen Verhaltens einsichtig demonstrieren: Denjenigen, die an der Entdeckung der proximaten Ursachen interessiert sind, liefert der kulturspezifische Überzeugungsbereich der Yanomamö den entscheidenden Hinweis für die Motivation ihrer kriegerischen Aktionen, nämlich ein Männlichkeitsideal, daß sich – zumindest bis vor einiger Zeit – als ein Töter- und Kriegerideal manifestierte; um ein anerkanntes Mitglied der Gruppe zu sein, gilt es, dieses Ideal anzustreben. Denjenigen, die an den biologischen – sprich genetischen – Wurzeln menschlichen Verhaltens interessiert sind, liefert die unterschiedliche Reproduktionsrate der Yanomamö-Familien die entscheidende Erklärung. Beide Ansätze widersprechen sich daher nicht, sondern sie sind nur im Sinne eines hierachischen Reduktionismus zwei Betrachtungsweisen eines Phänomens. Der hinsichtlich der Evolutionsbiologie vielfach anzutreffende Vorwurf, ‚biologistisch' oder ‚reduktionistisch' zu argumentieren, ist daher fehl am Platz. Auch die Aussage, daß Menschen sich an ihre natürliche und soziale Umwelt anpassen müssen, um zu überleben, ist eine ‚reduktionistische', jedoch zutreffende Aussage. Daß es allerdings interessanter sein kann, sich mit den kulturspezifischen Strategien und kognitiven Ausformungen des menschlichen adaptiven Verhaltens zu beschäftigen, sich also – wie im übrigen alle Beiträge dieses Bandes – in die ‚Niederungen' der proximaten Erklärungen zu begeben, sei unbestritten; jedoch ist dies kein Argument gegen den Versuch, auch die biologischen Grundlagen unseres sozialen Verhaltens in Betracht zu ziehen.[4] Für uns gilt es allerding hier nochmals zu betonen, auch in Ergänzung zur Argumentationsweise CHAGNONs, daß ein ‚Krieg um Frauen' auf der proximaten Ebene durch gewalttätige Männlichkeitsideale motiviert wird. Ob dies gleichfalls für einen ‚Krieg um Bananen' zutreffend sein könnte, ist die im Rahmen des kulturökologischen Ansatzes zu diskutierende Frage.

Bevölkerungswachstum und Ressourcenknappheit: Die kulturökologische Hypothese

„Es werden Horden von Elenden sein, die in Booten über das Mittelmeer kommen ... Haß und Angst lodern ihnen entgegen, von denen, die dort schon leben: Spanier, Franzosen, Italiener und Deutsche. In Afrika, südlich der Sahara, toben mörderische Fehden um Wasser, das nur noch wenigen zur Verfügung steht, und um Feuerholz, das kaum noch aufzutreiben ist. In Asien sammeln sich Ströme von Analphabeten und Arbeitslosen, die in plündernden Banden übers Land ziehen. So kann es zugehen auf der Erde, wenn sie ein Pferch geworden ist. Wenn nicht mehr gut 5 Milliarden Menschen diesen Planeten bevölkern, wie noch im Jahre 1993, sondern rund 12 Milliarden oder vielleicht 14, und wenn die Welt so viele nicht mehr aushalten kann. "

Mit diesen reißerischen und angsterzeugenden Worten schildert der Spiegel-Spezial Redakteur SCHÖPS (1993/4:138) den Zusammenhang von globalem Bevölkerungswachstum, Verknappung lebenswichtiger Ressourcen wie Wasser, Boden und Luft sowie der gewaltsamen Austragung dieser Ressourcenkonflikte. Dieses Erklärungsmuster ist der kulturökologischen Theorie entnommen, die in dem durch das Bevölkerungswachstum erzeugten Ressourcenwettbewerb die entscheidende Ursache für die kriegerischen Auseinandersetzungen sieht. Zutreffend ist, daß wir global, insbesondere aber regional, in den Ländern der sog. Dritten Welt, ein zum Teil massives Bevölkerungswachstum vorfinden, das in Kombination mit weiteren Faktoren zu einer existenzbedrohenden Verknappung von Nahrungsressourcen führen kann. Ohne Zweifel stellen daher auch die so entstehenden Wettbewerbe um Ressourcen, sei es Wasser, Weizen oder Öl, eine der häufigsten Konflikt-Ursachen dar. Aber nicht nur diese fortschreitende, objektive Verknappung von Ressourcen, sondern auch die durch Individuen oder Kollektive subjektiv verursachte Knappheit von Ressourcen trägt gleichfalls zu einer Verschärfung der Konfliktsituation bei. Dem Wunsch beispielsweise, täglich heiß und ausgiebig zu duschen, steht der Mangel an Energie und Wasser in weiten Teilen der Welt gegenüber; nur ein Viertel der Weltbevölkerung verfügt derzeit über sauberes Trinkwasser.

Die Behauptung jedoch, daß solche Ressourcenkonflikte immer zu gewaltsamen Austragungen führen, muß allerdings klar zurückgewiesen werden. Dies lehrt uns die Realität auf vielfältige Weise. Zum einen finden sich zahlreiche Beispiele für die friedliche Beilegung von Ressourcenkonflikten, und zum anderen verfügen Menschen grundsätzlich über alternative Lösungsstrategien. So ist zum Beispiel die Migration in wirtschaftlich günstigere Gebiete eine Möglichkeit, die allerdings dann dort wieder zu Bevölkerungskonzentrationen und Verknappungen führen kann. Eine weitere – wenn auch letztendlich begrenzte – Möglichkeit besteht in der Intensivierung der agrarischen bzw. insgesamt der ökonomischen Produktion sowie technologischen Innovationen oder Umverteilung von Ressourcenreichtum. Voraussetzung hierfür ist allerdings der Wille, auf friedliche Weise solche Ressourcenkonflikte zu lösen und nicht einseitig Wohlstand und Wohlbefinden zu maximieren. Selbst in einer lebensbedrohenden Situation haben Menschen noch die Möglichkeit, fatalistisch, schicksalsergeben zu handeln. Allerdings ist in einer solchen Situation die Wahrscheinlichkeit höher, daß es zur aggressiven Verteidigung der eigenen Überlebensinteressen kommt, da Angst und ein daraus entstehendes aggressives Verhalten die Funktion hat, das Überleben zu sichern. Außerdem haben es Menschen auch gelernt, daß es in einer Notwehrsituation legitim ist, aggressiv zu handeln; und aus diesem Grunde operieren Demagogen auch gerne mit Phrasen wie ‚Schaffung von Lebensraum‘, der ‚Überlebenskampf des Volkes‘ (vgl. Beitrag HOPPE) oder der ‚Verknappung von Wohnraum und Arbeitsplätzen‘ durch ausländische Migranten. Insgesamt gesehen kann man daher nur hoffen, daß die kulturökologische Hypothese nicht doch noch einen ‚Beweis‘ erfährt, indem Öko-Kriege die möglicherweise aus dem Lot laufende Mensch-Umwelt-Relation dann wieder ‚in ein Gleichgewicht‘ bringen. Die entscheidende Ursache wird al-

lerdings wiederum in den Köpfen der Betroffenen zu finden sein. Wenn
daher, wie zu hören und zu sehen ist, sowohl christlich-fundamentalistische
als auch islamisch-fundamentalistische Akteure ein unkontrolliertes Bevölkerungswachstum propagieren, um eine jeweils numerische Überlegenheit herzustellen, offenbaren zumindest diese Köpfe eine Überzeugung,
die mehr konfrontativ denn kooperativ ausgerichtet ist.

Kulturelle Differenz und Ressourcenwettbewerb: Die kulturpluralistische Hypothese

*„Das Gespenst des Nationalismus, in Westeuropa als Kinderkrank-
heit des Kontinents überwunden geglaubt, im Osten vom Kommunismus jahrzehntelang unterdrückt, ist mit atavistischer Wucht wieder
über die Welt gekommen. Es läßt am Ende des 20. Jahrhunderts ganze Völker in das 19. der erwachenden Nationalbewegungen zurück-
fallen, wenn nicht, siehe Bosnien, fast ins Mittelalter.... Neue, nie oder
kaum je gehörte Staatsgebilde tauchen über Nacht auf, noch in keinem Atlas verzeichnet, aber schon in mörderische Konflikte verstrickt,
wie Transnistrien, Abchasien, Tschetschenien. Schon mal von Mingre-
lien gehört? (/) Im ‚ethnischen Alptraum' Kaukasus (Newsweek), wo
hundert Völkerschaften einander seit Jahrhunderten an die Kehle
gehen, sind Krieger aus den Bergen dabei, wann immer in den Tälern
Beute zu machen ist. Kosaken-Hundertschaften eilen derweil an den
Dnjestr, um Russen und Ukrainern dabei zu helfen, deren ‚heilige
Erde' gegen volksfremde Moldawier zu verteidigen. Am Pamir, dort,
wo Asien am wildesten ist, schießen Partisanenbanden, unterstützt von
russischen Einheiten oder afghanischen Gotteskriegern, seit zwei
Jahren mit wechselndem Kriegsglück aufeinander.... Zehntausend Kilometer weiter weg, in Südafrika, hat das Massakrieren mit Messern
und Speeren von den Townships auf die Homelands übergegriffen ....
Andere, wie SPD-Vordenker Peter Glotz, zählen gar 7000 Volks- oder
Sprachgruppen auf dem Globus und warnen: ‚Wer der Irrlehre nach-
geht, daß jedes dieser Völker einen eigenen Staat formieren könnte,
akzeptiert den Rückfall in den Tribalismus'."*

Dieses Zitat des Redakteurs KOGELFRANZ aus der schon erwähnten
Spiegel-Spezial Ausgabe (1993/4:27/28) ist ein Paradebeispiel für analy-
tisches Unvermögen, eurozentristische Überheblichkeit und Feindbild-
Vokabular. Wenn auch der Spiegel nicht das Maß aller – journalistischen
– Dinge ist, so ist er doch ein Magazin für Meinungsmacher, und er macht
selbst Meinung. Das Fatale an einer solchen Argumentation ist weniger
die Wortwahl, die sich kaum von einem Stammtischgespräch unterschei-
det, sondern die Ausblendung der vorausgegangenen Ursachen von Unter-

drückung und Ausbeutung, die zur gewalttätigen Demonstration eines nationalen bzw. ethnischen Selbstbestimmungsrechts geführt haben. Das Gefährliche an der Argumentation ist die Verunglimpfung des Wunschs nach kultureller Anerkennung und Selbstbestimmung, so wie es z.b. Russen mit Abchasen und Tschetschenen oder die weiße Minderheit mit der schwarzen Mehrheit Südafrikas gemacht haben. Und es ist exakt diese ethnozentristische Verunglimpfung als Gotteskrieger, Massakrierer, Kosaken, Beutemacher und unausprechliche ‚Tschetschenen', die Feindbilder erzeugt und Gewaltbereitschaft motiviert. Kulturelle Vielfalt, so lautet die Botschaft schon im Titel dieses Essays, ist gleich „*Epidemie des Wahnsinns*" und der Gewalt.

Für den populären Begriff des Ethno-Nationalismus steht in der Ethnologie der Begriff der Ethnizität. Mit diesem Begriff wird der *Prozeß der kulturellen Differenzierung von Bevölkerungsgruppen innerhalb von Staaten aufgrund von selbst-, aber auch fremdzugeschriebenen Traditionen* bezeichnet (vgl. ORYWAL/HACKSTEIN, 1993). Die Vorstellung, daß sich mit der Formierung eines Staates auch gleichzeitig die kulturellen Unterschiede zwischen Bevölkerungsgruppen zugunsten einer umfassenden, nationalen Identität auflösen, ist die Grundidee des in Europa im späten 18. Jh. entstandenen Konzepts des Nationalismus bzw. der national-kulturellen Einheitlichkeit. Abgesehen davon, daß Europa zweihundert Jahre Zeit hatte, diese Idee des Nationalstaats allmählich umzusetzen, war der entscheidende Vorteil der einer vergleichbar weitgehenden sprachlich-kulturellen Einheitlichkeit der späteren Nationalstaaten. Ein Großteil der Staaten in Asien oder Afrika hingegen hat erst nach dem Ende des Zweiten Weltkriegs, zum Teil Anfang der 60er Jahre, die Unabhängigkeit von den Kolonialmächten erlangt, wobei einige dieser Staaten außerdem noch durch am Schreibtisch gezogene Grenzen zwangsformiert worden sind. Da in der Regel die Förderung einer kulturellen Einheitlichkeit auch nie das Interesse der Kolonialmächte war bzw. solche Differenzierungen in einigen Fällen erst durch sie initiiert wurden, um sie zum eigenen Machterhalt auszunutzen, wurden diese Unterschiede als ethnische Grenzen in die nachkoloniale Situation weitergegeben (vgl. Beitrag SERVAES).

Empirisch ist daher feststellbar, daß ein Großteil der sog. Dritte-Welt-Staaten von einer Vielzahl von Bevölkerungsgruppen bewohnt wird, die sich durch unterschiedliche kulturelle Traditionen voneinander unterscheiden und sich so als ethnische Gruppen innerhalb einer Vielzahl auch der modernen Nationalstaaten definieren. Nur ca. 10% der Staaten dieser Welt sind ethnisch homogen, d.h. von einer kulturell weitgehend gleichartigen Bevölkerungsgruppe besiedelt. Weiterhin ist feststellbar, daß sich in der Regel eine dieser ethnischen Gruppen als staatstragende, politisch dominierende Gruppe etabliert hat. Auf diese Tatsache der politischen Dominanz einer ethnischen Gruppen, die zudem ihre Identitätsnormen und -werte als die national verbindlichen durchgesetzt hat, rekurriert das Konzept des kulturellen Pluralismus. Es sieht in der Tatsache einer politisch und wirtschaftlich hierarchischen Ordnung der ethnischen Gruppen die Ausgangsbedingung für einen Konflikt um eine gerechtere Beteiligung an den ökonomischen und politischen Ressourcen des Landes sowie nach Respektierung eigenständiger kultureller Traditionen.

Ein Beispiel mag dies verdeutlichen: In sprachlich heterogenen Staaten muß, um übergreifend kommunizieren zu können, eine Nationalsprache eingeführt werden. Häufig handelt es sich dabei um die Sprache der dominanten ethnischen Gruppe, die von allen anderen Gruppen als einzig legitimes Kommunikationsmittel gelernt werden muß; die Muttersprache kann zudem noch mit Gewalt unterdrückt werden, wie das Beispiel der Kurden eindringlich zeigt. In Kombination mit der Tatsache, daß die politischen und wirtschaftlichen Schlüsselpositionen im Land gleichfalls von dieser Gruppe besetzt sind, entsteht die Situation einer kulturellen Unterdrückung. Die Forderungen der benachteiligten Gruppen nach einer Änderung der sozialen, politischen und wirtschaftlichen Benachteiligungen werden somit zwangsläufig zu einem ethnischen Konflikt transformiert. Die in diesem Band behandelten Beispiele des Bosnien-Konflikts (Serben vs. muslimische Bosnier) und des Ruanda-Konflikts (Tutsi vs. Hutu) stehen stellvertretend für eine Vielzahl solcher sog. Dritte-Welt-Konflikte. Ethnizität muß allerdings nicht zwangsläufig zu einem Bürgerkrieg führen. Bestehen jedoch Überlegenheitsideale, Feindbilder oder Fremdheitsschemata, ist die Gefahr einer gewaltsamen Auseinandersetzung sehr hoch (vgl. Beiträge HOPPE, SCHLEE, SERVAES). Gemäß dieser Hypothese ist daher auch feststellbar, daß ca. 90% der jüngsten Kriege innerstaatliche Auseinandersetzungen mit dieser ethnischen Komponente waren oder sind.

Motivation und Disposition: Die kognitionsethnologische Hypothese

Konflikte zwischen einzelnen Menschen oder Gruppen können auf vielfältige Weise und nahezu jederzeit entstehen. Ihre Ursachen können dabei gleichfalls vielfältigster Art sein: Eine durch Umwelteinflüsse, Raubbau oder Bevölkerungswachstum herbeigeführte Ressourcenknappheit; der Wunsch nach kultureller Gleichberechtigung oder Selbstbestimmung, aber auch nach ethnischer Vorherrschaft. Arbeitslosigkeit und Unzufriedenheit, Mißgunst oder Machtstreben, Stress im Alltag und in der Familie, – dies alles sind Konfliktpotentiale, die bei ihrem Auftreten gelöst werden müssen. Zur Lösung von Konflikten stehen Menschen – aber auch unseren Vorfahren, den Primaten (vgl. de WAAL, 1989) – grundsätzlich Alternativen zur Verfügung. Sie können sowohl auf gewaltsame als auch auf friedliche Lösungsstrategien zurückgreifen. Für die friedlichen Lösungen stehen wiederum Alternativen zur Verfügung. Entsprechend dem bekannten rechtsethnologischen Modell von KOCH (1974, 1976) können Konflikte von den Parteien verhandelt werden, Drittinstanzen können als Vermittler auftreten oder auch mit Zwang in Form von Sanktionen die streitenden Parteien zu friedlichen Lösungen zwingen. Weiterhin ist die präventive Meidung von Konflikten durch Herstellung von wirtschaftlichen, politischen und ‚kulturellen' Beziehungen zwischen Staaten eine in der internationalen Politik, aber auch zwischen Verwandtschafts- oder Regionalgruppen in Form von institutionalisierten und ritualisierten Tauschbeziehungen (z.B. Brautpreis, Viehleihe, Nahrungsmittel; vgl. Beitrag GÖRLICH) eine vielfach angewendete und als die Herstellung von *crosscutting ties* bezeichnete Strategie. Das Völkerrecht, Nichtangriffspakte und vergleichbare, oral tradierte Handlungsmaximen (vgl. Beitrag GLATZER) in sogenannten einfachen Gesellschaften sind weitere Beispiele aus dem Bereich des Rechts, um gewaltsame Austragungen von Konflikten zu verhindern; allerdings auch, um die gewaltsame Austragung zu legitimieren (vgl. Beitrag ORYWAL).

Die entscheidende Frage nach den Ursachen von Gewalt ist daher die Frage nach den Motivationen von Individuen oder Gruppen, die sie zur Wahl dieser oder jener Austragungsstrategie veranlaßt haben. Berücksichtigen wir bei dieser Frage die Tatsache, daß jedes Individuum, wenn auch nicht vollständig, ein Spiegelbild seiner Kultur ist, dann kann es auch nur als Anleitung zu seinen gewalttätigen Handlungen auf solche Überzeugungen zurückgreifen, die in seiner Kultur Gewalt als Mittel zur Lösung von Konflikten positiv bewerten. Diese Überlegung schließt nicht die Tatsache aus, daß in dieser Kultur auch friedliche Lösungen positiv bewertet werden. Sie schließt auch nicht aus, daß Kulturen dynamisch und variabel sind, so daß sich Überzeugungen ändern und neue gesellschaftliche Konzeptionen entstehen können. Das Individuum kann sich zwar jederzeit, wenn es nicht zu einer Lösung gezwungen wird, entscheiden, aber nur im Rahmen seiner gelernten Kultur. Wenn wir daher nun unter diesem Aspekt Kulturen vergleichend analysieren, dann treffen wir zum Teil auf eine Fülle solcher gewaltlegitimierender Überzeugungen.

Beginnen wir diese kurze Betrachtung mit einen Phänomen aus unserer eigenen Kultur. Noch vor wenigen Jahren war, angeregt durch die emanzipatorische Kritik an männlichen Werten und Verhaltensweisen, der

‚Softie' ein gängiges Männerbild, klischeehaft als strickende, latzhosentragende, mit Jutebeutel und sanften Umgangsformen ausgestattete Männer dargestellt. Ein Blick auf das heute durch die Medien vermittelte Männerbild, und im Alltag sichtbar ‚materialisiert', zeigt, daß dieser Softie ‚megaout' ist. ‚In' ist wieder der ‚richtige' Mann, muskelbepackt, braungebrannt, in engen Jeans und Cowboystiefeln, mit einem Blick alles im Griff, – der ‚Macho' oder ‚Iron-Man'. In einer Vielzahl, wenn nicht sogar in der Mehrzahl der globalen Gesellschaften ist der Machismo nach wie vor das leitende männliche Ideal. Ein richtiger Mann ist nur der tapfere, wehrbereite und kämpferische Mann, der jederzeit die Ehre seiner Identität, seiner Familie, seines Hab und Guts sowie seines Volkes auch mit Gewalt verteidigt. In diesen Gesellschaften hat das Ehre- und Schande-Konzept eine persönlichkeits- und gesellschaftskonstituierende Qualität. Die Wiederherstellung einer verletzten Ehre auch mit Gewalt ist oberstes gesellschaftliches Ziel und wird im Falle des Zuwiderhandelns negativ sanktioniert; das Konzept ist somit von rechtlicher Qualität. Ein ‚Ehrenmann' ist in der Sichtweise dieser Gesellschaften nur derjenige Mann, der seine Männlichkeit entweder als ‚Töter', wie schon am Beispiel der Yanomomö dargelegt, (vgl. Beiträge BOLLIG, SCHLEE) oder ‚Rächer' (vgl. Beiträge GÖRLICH, ORYWAL) bewiesen hat. Anderenfalls läd er Schande auf sich (vgl. Beiträge GLATZER, RAO) und er ist es nicht wert, eine Heiratspartnerin zu bekommen und als vollwertiges Mitglied der Gesellschaft anerkannt zu werden. In der Argumentationsweise der Soziobiologie gesprochen wird ihm seine genetische Repräsentanz in der Folgegeneration verweigert. Wenn man daher diese Bedeutung des Ehrkonzepts anerkennt, dann wird auch für die westliche, ‚moderne' Sichtweise verständlich, warum die Tschetschenen ihren Angreifern ‚hundertjährige Rache' geschworen haben bzw. welche entscheidende Rolle solche Rachemotive für das Entstehen oder die Fortführung von Kriegen haben können (vgl. Beitrag SCHEFFLER).

Gewalttätige Männlichkeitsideale, kulturell tradiert, motivieren die Anwendung von Gewalt zur Lösung von Konflikten, und sie sind somit eine entscheidende Ursache. Sofern uns diese Ehrvorstellungen – immer noch – fremd sein sollten, so sei darauf verwiesen, daß noch bis zum Anfang des 20. Jh. trotz gesetzlicher Verbote sowohl Adlige als auch Bürger den *point d'honneur*, die Ehrangelegenheit, im Duell ausgetragen haben (FREVERT, 1991). Selbst Max Weber, einer der Väter der Sozialwissenschaften, forderte noch 1910 wegen angeblicher Verletzung der Ehre seiner Gattin einen Heidelberger Dozenten ‚nach akademischem Brauch auf Säbel' (Dies., 12, 221, 223f.). Im Beitrag von HILGERS wird zudem klar herausgestellt, daß Ehrüberzeugungen auch als Motiv für Prügeleien zwischen Mädchen, und nicht nur zwischen Jungens auf den Schulhöfen unserer Gesellschaft wirksam sind. Angemerkt sei auch, daß im Grundgesetz, Artikel 5, die Grundrechte der Meinungs-, Presse- und Rundfunkfreiheit sowie die Freiheit der Kunst und Wissenschaft u.a. „*in dem Recht der persönlichen Ehre ... ihre Schranken finden ...*". Weiterhin finden sich im BGB und HGB mehrere Artikel, die die Wiederherstellung einer verletzten Ehre als ein Recht jeder Person definieren. Mit dem Männlichkeitsideal ist ein Krieger- und Heldenideal verbunden (vgl. Beiträge BOLLIG, GLATZER, GÖRLICH, ORYWAL, SCHEFFLER), das sich gleichfalls in einer Vielzahl von traditionellen, aber auch modernen Gesellschaften findet. In traditionellen Gesellschaften wird beispielsweise der Übergang im Lebenszyklus vom Kind zum Mann durch die Initiation als Krieger und die Aufnahme in die Altersklasse der Krieger markiert (vgl. Beitrag SCHLEE). Krieger sein heißt jedoch nicht nur, im Falle eines Angriffs zur Verteidigung bereit zu sein, sondern auch selbst Angriffe auf Nachbargruppen durchzuführen. Solche Angriffe, seien sie zum Zweck des Beutemachens oder der Vergeltung, vermehren wiederum die männliche Ehre. Ein richtiger Mann ist ein guter Kämpfer und Krieger, und ein erfolgreicher Krieger ist ein Held. Belohnt wird er mit gesellschaftlicher Anerkennung, und dieses Prestige läßt sich wieder in Form von Heiratspartnerinnen, Beziehungen und beruflich-geschäftlichem Aufstieg ‚kapitalisieren'. Symbolisches Kapital, wie es BOURDIEU formuliert hat, wird zu materiellem Kapital transformiert. Zur Darstellung dieser übergreifenden Bedeutung von Kriegeridealen lassen sich statistisch-interkulturelle Vergleichsdaten heranziehen. Ein Sample von 101 ethnischen Gruppen[5], das in einem statistischen Sinne ein globales Abbild traditioneller Gesellschaften darstellt, zeigt, daß in ca. 98% der Fälle, in denen extern Krieg geführt worden ist, den Kriegern dieser Gesellschaften auch eine zum Teil sehr hohe Wertschätzung entgegengebracht wird. Ähnliches gilt für die Fälle dieses Samples, in denen innerhalb der ethnischen Gruppen Kriege stattgefunden haben. In ca. 95% der Fälle waren gesellschaftlich positiv bewertete Kriegerideale belegbar. Diese einfache Inbeziehungsetzung von Kriegeridealen als Ursache und Krieg als Folge zeigt, daß solche Ideale mit einer recht hohen Wahrscheinlichkeit auch zu kriegerischen Auseinandersetzungen führen und somit als eine weitere entscheidende Antwort auf unsere Frage nach den Ursachen von Gewalt und Krieg angesehen werden können.

„*Feindbilder sind die Väter des Krieges*" behauptete selbst die Bundeswehr in einer Anzeigenkampagne 1991 und lieferte damit einen weiteren Hinweis auf gewaltlegitimierende Überzeugungen. Feindbilder sind eine spezielle Form des Vorurteils, meist ohne objektiven Grundlagen und

Wissen konstruiert, beladen mit Emotionen und vielfach seit Generationen tradiert. Feindbilder haben im Konfliktkontext eine doppelte Funktion: Durch die Deklaration von Freund und Feind unterteilen sie die Welt in Zugehörigkeiten. Mitgliedschaft in der Freundgruppe bedingt Loyalität und Solidarität, so daß der Zusammenhalt gestärkt wird. Zugehörigkeit zur Feindgruppe impliziert den – objektiv oder subjektiv – zugeschriebenen Willen, die Eigengruppe zu schädigen oder zu vernichten. Feindbilder suggerieren somit, daß die Überlebensmöglichkeiten gefährdet sind und daß man sich in einer Notwehrsituation befindet. Die Sicherung des eigenen Überlebens legitimiert die Anwendung von Gewalt, und das Feindbild markiert den Gegner, der meist noch auf die Stufe eines Untermenschen oder Tieres gestellt wird, um die Hemmschwelle des Tötens herabzusetzen. So stigmatisierte beispielsweise Ronald Reagan die ehemalige UdSSR als *„Das Reich des Bösen"*; oder es ist ‚der russische Bär‘, der uns ans Leben will. Feindbilder beginnen mit Stereotypisierungen. Vom Türken-Witz über den ‚bärtigen Moslem‘ hin zu ‚Deutschland den Deutschen‘ ist häufig ein direkter Weg. Freund-Feind-Schemata beeinflussen sehr stark selbst die Wahrnehmungen von Intellektuellen. So wird vielfach politisches Handeln *„nicht durch die reale Situation, sondern durch deren Perzeption und Interpretation gesteuert (Thomas-Theorem)"* (NICK-LAS, 1991), und ein solcher Wahrnehmungsfilter sind Stereotypen, Vorurteile und Feindbilder. Es ist ein universelles kognitives Prinzip, daß Menschen ihre soziale Umwelt nach Nähe und Distanz ‚sortieren‘. Dies muß nicht notwendigerweise zu Feindbildern führen, jedoch finden sich schwerlich Gesellschaften, wie wiederum interkulturell bewiesen werden kann, in denen keine Feinbilder vorhanden sind. Feindbilder sind Konstruktionen vom Anderen, die, unabhängig von ihrem Wahrheitsgehalt, geglaubt werden und in Konfliktsituationen die Anwendung von tödlicher Gewalt motivieren (vgl. Beiträge HOPPE, SCHLEE, SERVAES).

Fazit

Der derzeitige Stand der Forschung zur Frage nach den Ursachen individuell und kollektiv gewaltsamen Handelns kann abschließend folgendermaßen zusammengefaßt werden:

1.) Bei der Analyse gewaltsam ausgetragener Konflikte gilt es gegenstandsbezogen zwischen den Ursachen der Konfliktentstehung und denjenigen Ursachen zu unterscheiden, die die Akteure zur Wahl einer unfriedlichen Austragungsstrategie veranlaßt haben.

2.) Menschen verfügen über ein genetisch zur Disposition gestelltes

Aggressions-Potential auf das sie in Konfliktsituationen zur Ausübung von Gewalthandlungen zurückgreifen können; sie müssen es jedoch nicht. 3.) Das Ausmaß des individuellen Aggressionspotentials wird im Sozialisationsprozeß kulturspezifisch modelliert, d.h. mit unterdrückenden, geduldeten oder aber geförderten Maßnahmen gelehrt und gelernt. Die diesen jeweiligen Maßnahmen zugrunde liegenden proximaten Ursachen sind daher in den kulturspezifischen Überzeugungsbereichen in Form kognitiver Modelle oder Vorbilder verankert. 4.) Als letztendliche (ultimate) Ursache von Aggression wird ihre Funktion zur Sicherung des Überlebens gesehen, sei es im generellen Sinne einer Anpassung an die Erfordernisse der sich ändernden Umweltbedingungen (kulturökologische Perspektive) oder im speziellen Sinne der Maximierung bzw. Optimierung individueller Fitness zur erfolgreichen Reproduktion, d.h. die Verbesserung der genetischen Repräsentanz in der Folgegeneration (soziobiologische Perspektive).

Entsprechend der Tatsache der kulturellen Modellierung individueller Aggressionspotentiale kann daher hypothetisiert werden, daß gewaltsame Konfliktlösungsstrategien in den kulturellen Überzeugungssystemen konzeptualisiert sind; und zwar dergestalt, daß die Akteure die Legitimität ihrer Handlungen in Form von positiv-negativ Bewertungen aus den jeweiligen Überzeugungsbereichen deduzieren und strategisch kalkulieren können. Positiv-negativ Bewertungen von Handlungen manifestieren sich empirisch als Werte und Normen bzw. als Überzeugungen, Ideale oder – in der Terminologie der neueren kognitionsethnologischen Forschung – kognitive Schemata. Treffen wir daher bei der Untersuchung kulturspezifischer Überzeugungsbereiche auf solche gewaltmotivierenden Schemata, dann läßt sich hinsichtlich der Wahrscheinlichkeit, daß Mitglieder dieser Kulturen auf Gewalt als Mittel zur Durchsetzung ihrer Interessen bzw. als Lösung ihrer Konflikte zurückgreifen, die folgende Hypothese formulieren: *Je positiver eine kognitiv-emotive Rechtfertigung von individuell oder kollektiv gewaltsamen Handelns und je wahrscheinlicher dieses Handeln zur Realisierung der erwünschten Konsequenzen bewertet wird, desto größer ist die Wahrscheinlichkeit, daß es zu einem entsprechenden Handeln kommt.*

Diese gewalttätigen Überzeugungen werden allerdings noch durch Begleitumstände verstärkt, die abschließend unter dem Stichwort der strukturellen Befähigungen kurz angesprochen werden sollen. Wir haben uns hier ausschließlich mit der kognitiven Organisation von Gewalt und Krieg beschäftigt, jedoch muß insbesondere der Krieg auch strukturell organisiert sein. Um einen Krieg zu führen, bedarf es der hierfür notwendigen Voraussetzungen. Ausreichende ‚man-power' in Form von Rekruten und professionellen Kriegern müssen vorhanden sein und in eine effiziente Kommando- und Kommunikationsstruktur eingebunden sowie mit der notwendigen Ausrüstung versehen werden. Dies setzt wiederum das Vorhandensein von wirtschaftlichen und finanziellen Ressourcen sowie Beschaffungs- und Produktionsquellen für Waffen auch der modernsten Art voraus. Diese beiden Aspekte sind dabei von ganz entscheidender Bedeutung für die Globalisierung (vgl. Beitrag SCHLEE) und Brutalisierung von Konflikten. Sowohl über den offiziellen Waffenhandel der Industrienationen als auch über den Schwarzmarkt gelangen immer mehr und bessere Waffen bis in die abgelegensten Regionen (vgl. Beitrag BOLLIG). Nicht umsonst zählen Kalaschnikov, G3 oder die Uzi zum Standardarsenal von Stammeskriegern, Guerilla oder nationalen Armeen. Auch für die Herstellung chemischer oder sogar atomarer Waffen bestehen, wie wir leider wissen, Möglichkeiten, die zum Teil aufgrund wirtschaftlicher Interessen legal wahrgenommen werden können. Die immensen Ausgaben für die Waffenbeschaffung werden zu Lasten des ohnehin spärlichen Bruttosozialprodukts der Entwicklungsländer bestritten. Staaten wie beispielsweise der Iraq haben vormals über 30% ihres Bruttosozialprodukts für militärische Ausgaben verwendet.

Wir sind allerdings nicht der Meinung, daß eine strukturelle Kriegsfähigkeit erst eine mentale Kriegsbereitschaft erzeugt oder sogar das Erstere ohne das Letztere denkbar ist, wie es ein Rezensent in der Süddeutschen Zeitung (14.7.95) formulierte: *„Die Geschichte der römischen Republik zeigt, daß intensive Kriegführung keines Feindbilds bedarf, keiner Weltherrschafts- oder Ordnungstheorie, keiner spezifisch religiösen Motivation, ja nicht einmal einer Ideologie vom Heldentod.“* Man ist geneigt zu fragen, ob es sich entweder bei den römischen Legionen und ihren Cäsaren um Roboter gehandelt hat oder aber der Rezensent irgendetwas überlesen hat? Daß, wenn überhaupt, *„... solche Motivationen und Ideologien ... (nur) als Teil einer wesentlich komplexeren Organisation einer Gesellschaft auf den Krieg hin (aufzufassen sind)“*, ist eine vielfach anzutreffende struktur-funktionalistische Sichtweise, die die Qualität einer *deus ex machina* Interpretation hat. Ließt man nun die Originalquelle (RÜPKE, 1995:214ff.), dann erfährt man u.a., daß das Streben nach *„Prestige – gloria – “* als *„symbolisches Kapital“* die leitende Handlungsmaxime war und es daher keiner weiteren Ideale bedurfte.

Daher sei nochmals unsere Position betont, die der Position des methodologischen Individualismus entspricht und besagt, daß Strukturen und Prozesse, und somit auch Konflikte und Kriege als Ergebnis menschlichen Handelns aufzufassen sind, und menschliches Handeln wird von Kognitionen und Emotionen geleitet. Menschen organisieren daher auch ihre

Gesellschaften nach bestimmten Überzeugungen, in der Regel in den Verfassungen ihrer Gesellschaften oder in ihren Weltbildern – schriftlich oder oral – nachzulesen. Wenn sie sich nun als eine kriegerische Gesellschaft organisieren, dann verfolgen sie damit bestimmte Ziele, sei es, um sich verteidigen oder andere angreifen zu können. Diese Ziele werden von den Gesellschaften durch ihre Repräsentanten formuliert und von den Mitgliedern akzeptiert; in einigen Fällen allerdings auch nur zwangsweise. Eine Gesellschaft, die ohne Ziel und Zweck eine kostspielige Armee organisierte, die ohne Freund- und Feindbild operierte und ohne materielle und/oder symbolische Belohnungen ihre Krieger zu motivieren versuchte, wäre eine irrationale Gesellschaft, und die kann es insbesondere aus struktur-funktionalistischer Sicht nicht geben. Ohne Zweifel stützt oder verstärkt eine strukturelle Kriegsfähigkeit eine mentale Kriegsbereitschaft, aber ohne Letzteres kann es Ersteres nicht geben. Für die wie in der obigen Hypothese formulierte Kalkulation der Wahrscheinlichkeit einer Realisierung eines kriegerischen Akts ist dieser strukturelle Aspekt als komplementäre Bedingung sicherlich von einer gewichtigen Bedeutung. Allerdings zeigen Beispiele, daß auch ein strukturell unterlegener Gegner durchaus der einen oder anderen Weltmacht Paroli bieten kann. In unserem Argumentationsschema handhaben wir daher den Aspekt der strukturellen Kriegsfähigkeit in folgender hypothetischen Weise: *Je umfassender sich eine strukturelle Kriegsfähigkeit in einer Gesellschaft gestaltet, desto wahrscheinlicher ist auch eine positive Rechtfertigung der Anwendung kriegerischer (Verteidigungs- oder Angriffs-)Gewalt.*

Die in diesem Band dargelegten Fälle belegen u.E. uneingeschränkt die Hypothese von der kulturellen Disposition als proximate Ursache individueller oder kollektiver Gewaltanwendung. In einer einfachen Formulierung kann daher allen politisch Verantwortlichen, aber auch jedem Einzelnen, der an der Prävention von Gewalt interessiert ist, der Satz zur Beachtung empfohlen werden: Solange in Kulturen positiv bewertete Überzeugungen zur Anwendung von Gewalt in Konfliktsituationen bestehen oder sogar vorherrschend sind, seien sie als sprachliche, visuelle oder strukturelle Vorbilder vorhanden, wird Gewalt und Krieg nicht auf den Abfallhaufen der Geschichte zu verbannen sein.

---

1) Dieser Beitrag ist eine essayistisch modifizierte und auf einführende Positionen reduzierte Version von E. Orywal, 1996.
2) Für eine populärwissenschaftliche Darstellung der Ergebnisse der psychologischen Forschung vgl. R. Bresgen-Bönner, 1987.

3) Zur Kritik an der Übersetzung und Verwendung des Begriffs vgl. J. Lizot, 1994.
4) Ein vom Hessischen Rundfunk übertragenes Beispiel für eine solche Diskussion zwischen Ethologen, Sozial- und Völkerpsychologen sowie Soziologen und Ethnologen findet sich in: Museum für Völkerkunde der Stadt Frankfurt, Hg., 1987:55-66.
5) Quelle: Interkulturelles Vergleichsprojekt, Institut für Völkerkunde, Universität Köln.

Bandura, A., 1973, Aggression: A Social Learning. Englewood Cliffs.
Bourdieu, P., 1965 (1979), Ehre und Ehrgefühl. In: Ders., Entwurf einer Theorie der Praxis auf der ethnologischen Grundlage der kabylischen Gesellschaft. Frankfurt: 11-47.
Bresgen-Bönner, R., 1987, Zur Sozialpsychologie der Aggression. In: Museum für Völkerkunde der Stadt Frankfurt, Hg., Aggression und Aggressivität. Vortragszyklus zur Ausstellung ‚Ehe die Gewehre kamen‘. Interim, 5, Frankfurt:35-42.
Casimir, M.J., 1993, Gegenstandsbereiche der Kulturökologie. In: T. Schweizer / M. Schweizer / W. Kokot (Hg.), Handbuch der Ethnologie. Berlin:215-239.
Chagnon, N.A., 1968, Yanomamö. The Fierce People. New York.
Chagnon, N.A., 1988, Male Yanomamö Manipulations of Kinship Classifications of Female Kin for Reproductive Advantage. In: L. Betzig / M. Borgerhoff-Mulder / P. Turke (Hg.), Human Reproductive Behavior. Cambridge:23-48.
Dawkins, R., 1978, Das egoistische Gen. Berlin/Heidelberg/New York.
Dollard, J. / L. Doob / N. Miller et al., 1939, Frustration and Aggression. New Haven.
Ferguson, R.B., 1989, Do Yanomamo Killers Have More Kids? In: American Ethnologist, 16:564-565.
Ferguson, R.B., 1990, Explaining War. In: J. Haas (Hg.), The Anthropology of War. Cambridge: 26-55.
Ferguson, R.B., 1992, The General Consequences of War: An Amazonian Perspective. In: G. Ausenda (Hg.), Effect of War on Society. San Marino:59-86.
Frevert, U., 1991, Ehrenmänner. Das Duell in der bürgerlichen Gesellschaft. München.
Galtung, J., 1969, Violence, Peace and Peace Research. In: Journal of Peace Research, 6/3:167-191.
Galtung, J., 1990, Cultural Violence. In: Journal of Peace Research, 27/3:291-305.
Gantzel, K.J. / T. Schwinghammer / J. Siegelberg, 1992, Kriege der Welt. Ein systematisches Register der kriegerischen Konflikte 1985 - 1992. Interdependenz 13, Materialien und Studien der Stiftung Entwicklung und Frieden und des Instituts für Entwicklung und Frieden. Bonn.
Gantzel, K.J. / K. Schlichte, 1994, Das Kriegsgeschehen 1993. Daten und Tendenzen der Kriege und bewaffneten Konflikte im Jahr 1993. Interdependenz 16, Materialien und Studien der Stiftung Entwicklung und Frieden und des Instituts für Entwicklung und Frieden. Bonn.
Gibbons, A., 1993, Evolutionists Take the Long View on Sex and Violence. In: Science, 261/5124:987-988.
Görlich, J., 1993, Die Theorie rationalen Handelns in der Wirtschaftsethnologie. In: T. Schweizer / M. Schweizer / W. Kokot (Hg.), Handbuch der Ethnologie. Berlin:241-262.
Gurr, T.R., 1970, Why Men Rebel. Princeton.
Harris, M., 1974, Cows, Pigs, Wars, and Witches. The Riddles of Culture. New York.
Helbling, J., 1995, Weshalb bekriegen sich die Yanomami? Versuch einer spieltheoretischen Erklärung. In: P. Bräunlein (Hg.), Krieg und Frieden, (im Druck).
Helbling, J., 1996, Kommentar zu E. Orywal: Krieg als Konfliktaustragungsstrategie. In: Zeitschrift für Ethnologie, 120/2 (1995).
Hinde, R.A., 1991, Konrad Lorenz's Views on Human Behavior. In: Evolution and Cognition 1/1:57-70.
Koch, K.F., 1974, War and Peace in Jalémó. The Management of Conflict in Highland New Guinea. Cambridge.

Koch, K.F., 1976, Konfliktmanagement und Rechtsethnologie. Ein Modell und seine Anwendung in einer ethnologischen Vergleichsanalyse. In: Sociologus, 26/2: 97-129.

Koglfranz, S., 1993, Epidemie des Wahnsinns. Die Wiederkehr des Nationalismus und seine Folgen. In: Spiegel-Spezial, 4:26-33.

Lorenz, K., 1963, Das sogenannte Böse. Zur Naturgeschichte der Aggression. Wien.

Ludwar-Ene, G., 1993, Geschlechterbeziehungen. In: T. Schweizer / M. Schweizer / W. Kokot (Hg.), Handbuch der Ethnologie. Berlin:175-198.

Mitscherlich, A., 1969, Die Idee des Friedens und die menschliche Aggressivität. O.O., Bibliothek Suhrkamp.

Museum für Völkerkunde der Stadt Frankfurt, Hg., Aggression und Aggressivität. Vortragszyklus zur Ausstellung ‚Ehe die Gewehre kamen'. Interim, 5, Frankfurt.

Nicklas, H., 1991, Psychologie des Unfriedens. Ergebnisse der psychologischen Friedensforschung. In: U.C. Wasmuth (Hg.), Friedensforschung. Eine Handlungsorientierung zwischen Politik und Wissenschaft. Darmstadt:149-164.

Orywal, E. / K. Hackstein, 1993, Ethnizität. Die Konstruktion ethnischer Wirklichkeiten. In: T. Schweizer / M. Schweizer / W. Kokot (Hg.), Handbuch der Ethnologie. Berlin:593-609.

Orywal, E., 1996, Krieg als Konfliktaustragungsstrategie. Zur Plausibilität von Kriegsursachentheorien aus kognitionsethnologischer Sicht. In: Zeitschrift für Ethnologie, 120/2 (1995).

Petry, I., 1993, Gewalt im privaten, öffentlichen und internationalen Bereich aus feministischer Perspektive. In: J. Galtung / D. Kinkelbur / M. Nieder (Hg.), Gewalt im Alltag und in der Weltpolitik. Münster:151-166.

Robarchek, C.A., 1990, Motivations and Material Causes. On the Explanation of Conflict and War. In: J. Haas (Hg.), The Anthropology of War. Cambridge:56-76.

Rüpke, J., 1995, Wege zum Töten, Wege zum Ruhm. Krieg in der römischen Republik. In: Stietencron, H.v. / J. Rüpke (Hg.), Töten im Krieg. Freiburg/München.

Schöps, H.J., 1993, In jeder Sekunde fünf Menschen mehr. Das vernichtende Wachstum der Weltbevölkerung. In: Spiegel-Spezial, 4:138-147.

Süddeutsche Zeitung, 13.9.1994, 51. Filmfestival von Venedig. Faszination Gewalt.

Süddeutsche Zeitung, 14.7.1995, J.P. Reemtsma: Was tatsächlich in Kriegen geschieht. Neue wissenschaftliche Untersuchungen über die Motivation zu töten.

Waal, F. de, 1989, Peacemaking among Primates. Cambridge.

Weede, E., 1986, Konfliktforschung. Einführung und Überblick. Opladen.

Weede, E., 1990 / E.N. Muller, Rationalität, Repression und Gewalt. In: Kölner Zeitschrift für Soziologie und Sozialpsychologie, 42/2:232-247.

Wilson, E.O., 1980, Biologie als Schicksal. Frankfurt.

Joachim Görlich
Hexerei und Reziprozität
Zum Umgang mit Gewalt bei den Kobon

Die Kobon leben in einem abgelegenen und zerklüfteten Gebirge am nördlichen Rand des Hochlandes von Papua-Neuguinea. Die Gruppe umfaßt
etwa 6000 Personen. Sie wohnen in Streusiedlungen, die sich sowohl aus
Weilern mit 2-3 relativ nah beisammen liegenden Häusern als auch aus
isolierten Einzelhäusern zusammensetzen, welche kilometerweit voneinander entfernt sind. Grundlage der Subsistenz der Kobon ist der Garten-
bau. Die Mitglieder eines Haushaltes haben Anspruch auf die Benutzung
von Gartenland in weit voneinander liegenden Gebieten. Bei jeder größeren Anbaufläche haben sie ein Haus, welches sie dem Zyklus der Land-
nutzung folgend bewohnen. Wegen des zerklüfteten Terrains mit seinen
steilen Berghängen und der heftigen Regenfälle können die Gärten nur ein-
bis zweimal bebaut werden und müssen dann wieder für mehrere Jahre
brach liegen. Die Hauptanbaupflanzen sind Süßkartoffel und Taro. Das
Züchten von Schweinen ist ebenfalls von Bedeutung. Auch tragen Jagen
und Sammeln in einem erheblichen Maß zur Subsistenz bei.

Wohngruppen, Arbeitsgruppen und andere gemeinsame Aktivitäten
durchführende Gruppen (z. B. Kriege, Rituale) fluktuieren in ihrer
Zusammensetzung. Die Haushalts- und Wohngemeinschaft, die bis zu dreißig Personen umfassen kann, ist die stabilste Gruppe. In den Streusiedlungen lassen sich verschiedene namentlich gekennzeichnete Lokalgruppen unterscheiden, die im allgemeinen auf einem Kern von Männern
basieren, die in der väterlichen Linie miteinander verwandt sind. Bei der
Vererbung von Land und der Regelung der Wohnfolge spielen aber auch
andere Verwandtschaftsbeziehungen eine wichtige Rolle. Dementsprechend sind bei kollektiven Aktivitäten die patrilinearen Verwandten mit
anderen kognatischen und affinen Verwandten vermengt. Eine Clan-
Organisation mit einer entsprechenden Betonung der unilinearen Klassi-
fikation von Verwandten existiert nicht. Statt dessen beschreiben die Kobon

ihre verwandtschaftlichen Beziehungen als dichtes und flexibles, ego-zentriertes Netzwerk. Wegen der vielfältigen Wahlmöglichkeiten, die sie beim Aufbau ihrer konkreten Verwandtschaftsnetzwerke haben (z. B. Aktivierung sozialer Beziehungen der väterlichen oder mütterlichen Seite), könnte man ihr Verwandtschaftssystem auch als ambilateral oder kognatisch bezeichnen.

Die Kobon-Gesellschaft ist, mit Ausnahme der Geschlechterbeziehungen, relativ egalitär organisiert. Bestimmte Individuen wie Krieger, Heiler und Personen, die umfangreiche Tauschnetzwerke organisiert haben, können sich zwar durch ihre besonderen Fähigkeiten hervortun, doch trotz des damit verbundenen Statusgewinns bleibt ihr Einfluß bei kollektiven Entscheidungen begrenzt. Die Kobon waren ein wichtiges Bindeglied im interethnischen Handelsnetz, das zwischen dem zentralen Hochland und den nördlichen Küstenregionen bestand. Im Mittelpunkt des Handels standen Steinäxte aus dem zentralen Hochland und Muscheln von der Küste; dazu kamen noch Güter wie Bögen und Salz, die von den Kobon selbst produziert wurden. Neben materiellen Handelsgütern bestand auch ein reger Austausch an Informationen über die verschiedenen kulturellen Praktiken, die dann auch zum Teil in die eigene Kultur integriert wurden. In den 50er Jahren führte die Errichtung eines australischen Verwaltungspostens zu tiefgreifenden Veränderungen dieser kulturellen Praktiken der Kobon. In den 70er Jahren begann außerdem eine US-amerikanische, fundamentalistische Kirche mit ihrer Missionstätigkeit.

Ziel dieses Aufsatzes ist es zu zeigen, wie in der ‚traditionellen‘, d. h. vorkolonialen Kobon-Gesellschaft gewaltsamer Konflikt und friedliche Kooperation miteinander verwoben sind. Dies soll anhand des folgenden, ausführlichen Fallbeispiels geschehen. Darüber hinaus soll aber auch erläutert werden, wie sich aufgrund des westlichen Einflusses kulturelles Wissen und soziale Praktiken verändert haben, so daß sich neue Formen der Gewalt und Ungleichheit etablieren konnten.

Hexerei und Gewalt in vorkolonialer Zeit

Die folgende Fallgeschichte wurde im Februar 1993 von einem etwa 70 Jahre alten Mann erzählt. Sie berichtet über ein Ereignis, das sich zu der Zeit abspielte, als der Erzähler die letzte Stufe des Initiationszyklus durchlaufen hatte, also etwa 20 Jahre alt war. Für die persönlichen und die geographischen Namen werden Pseudonyme angegeben, die sich an den Konventionen der Kobon für Wortbildungen orientieren.

Ein alter Mann aus Mulangal ist erkrankt. Zwei junge Männer, Bümal (der Erzähler) und Ganwan, die im ungefähr fünf Kilometer entfernten Südoram wohnen, beschließen ihn zu besuchen. Zunächst jagen sie verschiedene Tiere, um sie dem alten Mann und seiner Familie für ein gemeinsames Essen mitzubringen. Dann helfen sie der Frau des kranken Mannes, einen Garten anzulegen und Feuerholz zu sammeln. Erst nach einigen Tagen kehren sie wieder zu ihrem Haus zurück. Da die beiden länger als geplant geblieben waren, hatte Sabi, der Bruder von Bümal, in der Zwischenzeit beschlossen, zu dem Haus des kranken Mannes zu gehen, um zu sehen, was mit seinem Bruder und dessen Freund geschehen sei. Weil sie unterschiedliche Wege gingen, begegneten sie sich unterwegs nicht. Sabi bleibt eine Nacht bei dem Kranken und kehrt dann wieder zurück. Einige Tage später – der alte Mann ist inzwischen wieder gesund – erfahren die beiden, daß sie von dem Alten beschuldigt werden, eine *külno* gestohlen und einem Mann gegeben zu haben, der sie zum Kauf eines Schweines verwendete. – Eine *külno* ist eine mehrere Meter lange, in doppelter Reihe mit Reusenschnecken besetzte Schnur, die einen der kostbarsten Wertgegenstände der Kobon darstellt. – Bümal widerspricht diesen Anschuldigungen heftig und weist auch darauf hin, daß der Freund, der mit ihm unterwegs war, den Diebstahl bemerkt haben müßte, was aber nicht der Fall gewesen ist. Auch Sabi weist die Anschuldigungen zurück. Insbesondere gegen ihn werden aber immer weitere Anschuldigungen erhoben. Er fühlt sich deshalb bedroht und begibt sich zu der weiter entfernten Siedlung Kum, wo ebenfalls einige Verwandte von ihm wohnen.

Einige Wochen später erfährt Bümal, daß sein Bruder Sabi erkrankt und drei Tage darauf gestorben ist. Bümal geht davon aus, daß der alte Mann aus Zorn über den Verlust der *külno* eine Hexe beauftragt hat, seinen Bruder zu töten. Die Frage ist nur, wer diese Hexe ist. Bümal vermutet, daß sie aus der direkten Umgebung des alten Mannes stammt. Im Anschluß an die umfangreichen Beerdigungsfeierlichkeiten findet eine lange Hexerei-Diskussion statt. In deren Verlauf äußert Bümal seinen Verdacht. Als alternative Erklärungsmöglichkeit führt eine Frau aus der Siedlung Kum, wo Sabi zuletzt gelebt hat, einen Traum von ihr an, in dem Sabi sehr erfreut gewesen sein soll über den Tod einer anderen Person, die kurze Zeit vorher gestorben war. Deshalb könnte ihrer Meinung nach sein Tod auch mit dem Tod dieser Person in Verbindung stehen. Bümal interpretiert diese Traumdeutung als Ablenkungsmanöver und ist sich nun sicher, daß die Hexe oder der Hexer aus der Familie dieser Frau kommen muß. Sie wohnten eng mit Sabi zusammen und hatten deshalb viele Gelegenheiten, ihn mittels Hexerei zu töten, wozu sie von dem alten Mann entsprechend bezahlt worden waren.

Aufgrund dieser Interpretation der Todesursache durch Bümal schließen sich nach den Beerdigungsfeierlichkeiten sechs Männer zusammen,
um Rache zu nehmen. Es sind dies: Bümal, der Bruder des Toten, die drei
Brüder Anü, Mühaw und Nügang, drei Parallel-Cousins des Toten, d. h.
die Söhne des Bruders seines Vaters, wobei Mühaw und Nügang zugleich
auch noch dessen Schwiegersöhne sind, und Igüwö und Mamdu, die Söhne von Anü sind.

Teilnehmer an der Racheaktion für Sabi

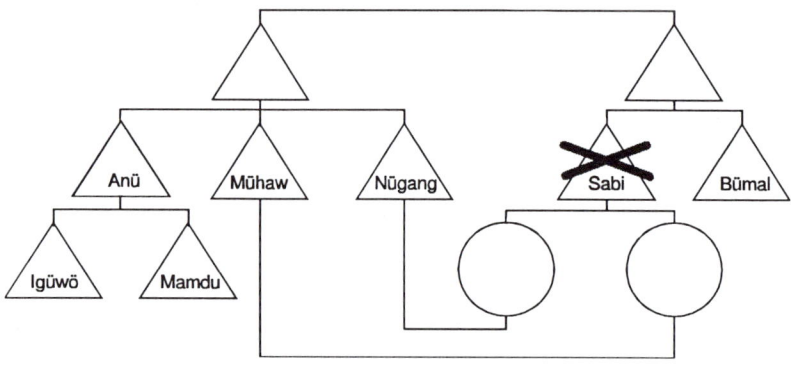

Zunächst kommen sie zusammen und nehmen ein in einem Erdofen zu-
bereitetes Mahl ein, in dessen Verlauf die Ahnengeister um Unterstützung
für die Racheaktion gebeten werden. Dann gehen sie – informiert von zwei
Jungen, die als Späher ausgeschickt worden waren – zu einem Haus, in
welchem sich Personen aufhalten, die als verdächtig gelten. In dem Haus
wohnt ein wegen einer Fußwunde beim Gehen behinderter Mann mit seiner Frau, die die jüngste Schwester der Frau ist, die bei den Beerdigungsfeierlichkeiten von ihrem Traum erzählt hatte. Einige der sechs Männer
nähern sich dem Haus, indem sie vorgeben, Medizin für die Wunde des
Mannes zu bringen. Als der Mann jedoch Nügang erkennt, weiß er, daß
es sich um eine Racheaktion handelt und flieht. Seine Frau, die sich im
Inneren des Hauses mit Essensvorbereitungen aufgehalten hat, erkennt die
Gefahr zu spät. Sie wird von den Männern festgehalten und mit Pfeil und
Bogen erschossen. Dann verlassen sie rasch das Haus, um den Angehörigen des Ehepaars zu entgehen, die aus den benachbarten Häusern zu Hilfe eilen. Als sie ihr heimatliches Gebiet erreichen, glauben sie die Verfolger abgeschüttelt zu haben. Bei ihrem Haus halten sie das Ritual ab,
welches nach der Tötung eines Feindes durchzuführen ist: Sie schnitzen
eine Raute in einen Baum, fällen Bananenstauden und schlagen Zucker-

rohr ab. Bei diesem Procedere werden sie von den Verfolgern überrascht und es kommt zu einem ersten Kampf. Die Verfolger werden dabei in die Flucht geschlagen. Nachdem sich beide Seiten eine Nacht ausgeruht haben, kommt es zu einem zweiten Kampf, für den beide Seiten Verbündetete ausgerufen haben. Die Männer aus Kum schließen sich mit denen aus Mulangal zusammen, während die aus Südoram weitere Verstärkung aus Ilö bekommen. Bei diesem Gefecht wird auf offenem Feld mit Pfeil und Bogen gegeneinander gekämpft, wobei zur Verteidigung Schilde eingesetzt werden. Den Leuten aus Südoram und Ilö gelingt es, die Angreifer in die Flucht zu schlagen. Keine der beiden Kriegsparteien hat in diesem offenem Kampf Schwerverwundete oder Tote zu beklagen. Einige Tage später kommt es wieder zu einem formalen Kampf. Die Männer aus Mulangal und Kum ziehen mit lautem Kriegsgeschrei in Richtung Südoram los. Unterwegs werden sie von Männern aus Ilö angegriffen. Letztere geraten dabei aber in eine gefährliche Situation. Nur in letzter Sekunde gelingt es Bümal und Nügang, die in Südoram waren, sie zu retten. Zwei der Gegner werden dabei durch Pfeilschüsse schwer verletzt.

Nach diesem Kampf einigen sich die gegnerischen Parteien darauf, eine offizielle Kampfbeendigungs-Zeremonie abzuhalten, zu der alle beteiligten Krieger zusammen kommen, um einige aus den Haushalten beider Parteien geschlachteten Schweine zu essen und den Konflikt zu besprechen. Im Mittelpunkt des Diskurses steht dabei das gegenseitige Akzeptieren der kriegerischen Aktionen. Das heißt, man akzeptiert auf der einen Seite die Tötung der für den Tod von Sabi verantwortlichen Hexe und auf der anderen Seite die drei darauf erfolgenden Angriffe, um die Gegenrache für das Töten dieser Frau zu vollziehen. Die Krieger, die an der Tötung der Hexe beteiligt waren, führen danach noch eine Art ‚Siegeszeremonie‘ durch. Sie bemalen ihre Körper und legen Körperschmuck an. Dann halten sie einen längeren Tanz ab, bei dem sie mit Gesängen über ihre kriegerischen Aktivitäten berichten. Als letztes geben Bümal und die beiden Schwiegersöhne des Toten den anderen drei, an der Racheaktion beteiligten Akteuren jeweils ein großes Stück Schweinefleisch und ein aus einer grünen Turbanschnecke herausgeschnittenes, längliches Schmuckstück. Es wird *kübap* genannt und stellt wie die *külno*-Muschelschnur einen der kostbarsten Wertgegenstände der Kobon dar. Nach dieser Zeremonie kommt es mehrere Monate zu keinen Kampfhandlungen mehr. Doch dann wird eines Tages die Botschaft durch das Tal gerufen, daß Mab, die Witwe von Sabi und Mutter der Ehefrauen von Mühaw und Nügang, von Leuten aus Mulangal getötet worden sei. Ihr Tod war Vergeltung für die in der oben beschriebenen Racheaktion erschossenen Frau aus Mulangal, die im Anschluß an Sabis Tod sterben mußte.

Dem gleichen Muster wie nach der ersten Rachetötung folgend, werden nun zwei Gegenattacken gestartet, nur dieses Mal mit umgekehrter Stroßrichtung. Mühaw und Nügang greifen mit Unterstützung zahlreicher Helfer Mulangal an. Es kommt zu umfangreichen Kämpfen, die jedoch ergebnislos bleiben. Daraufhin schlägt Bümal vor, die offenen Attacken einzustellen und statt dessen einige Tage zu warten, um dann eine Hexe aus Mulangal zu töten, von der man weiß, daß sie Leute aus der eigenen Gruppe umgebracht hat. Aufgrund eines Zwischenfalls – ein Streit über ein Schwein, das ein kleines Schwein eines anderen Besitzers zu Tode gebissen hatte – kommt es jedoch zu keiner Einigung. Einige der Hauptorganisatoren der beiden Gegenattacken schließen sich dem Vorschlag nicht an. Bümal und Nügang beschließen deshalb, in eigener Verantwortung die Racheaktion zu übernehmen.

Zuerst organisieren sie noch weitere Helfer. Es sind dies vier Männer, zu denen sie enge verwandtschaftliche Beziehungen haben. Dann holen sie einen Kasuar aus einer Falle und bereiten ihn in einem Erdofen für ein gemeinsames Mahl zu. Am nächsten Morgen ziehen sie los. Nach einiger Zeit entdecken sie die von ihnen gesuchte Frau bei der Gartenarbeit mit ihrem Mann. Sie wollen die Frau töten, ohne von dem Mann gesehen werden. Deshalb warten sie, bis die Frau den Garten allein verläßt, um etwas zu holen. Auf ihrem Weg durch den dichten Regenwald wird sie von den sechs Männern überrascht und mit einem Bambuspfeil erschossen.

Die Männer kehren sofort wieder in ihr heimatliches Territorium zurück. Dieses Mal werden sie bei ihrer Aktion nicht entdeckt und deshalb auch von niemandem verfolgt. Zuhause wird dann wieder das im Anschluß an erfolgreiche Racheaktionen durchzuführende Ritual abgehalten. Es werden Schweine geschlachtet und die Angehörigen von Mab verteilen große Stücke Schweinefleisch an die sechs Krieger. Außerdem bekommt jeder von ihnen eine *kübap* oder eine *külno*. Nügang will keine Kompensation, da die zu rächende Frau seine Schwiegermutter war und er sich ihr besonders nahestehend fühlt. Außerdem kann er davon ausgehen, daß seine Hilfeleistung bei der Festlegung der Höhe der nächsten Brautgabe, die er der Verwandtschaftsgruppe seiner Frau zu entrichten hat, entsprechende Berücksichtigung finden wird.

Hexerei und Gewalt im kulturellen Kontext

Offene Racheaktionen im Zusammenhang mit dem geschilderten Fall hat es dann in den darauffolgenden Jahren nicht mehr gegeben. Prinzipiell bestand dazu aber immer die Möglichkeit. Und selbst heute könnten in einer Situation mit einer entsprechenden Interessenkonstellation von bestimmten Akteuren unter Bezug auf die damaligen Ereignisse neue Racheaktionen unternommen werden. Dies würde allerdings mit anderen Mitteln geschehen. Bevor aber solche ‚modernen' Racheaktionen beschrieben und analysiert werden, soll erst einmal, ausgehend von dem hier geschilderten Fallbeispiel, die Anwendung von Gewalt in den breiteren kulturellen Kontext der ‚traditionellen' Kobon-Gesellschaft eingeordnet werden. Der Fokus soll dabei insbesondere auf das Wechselverhältnis von Konflikt und Kooperation gerichtet werden. Für die Erläuterung der Dialektik von Konflikt und Kooperation sollen zunächst einmal die grundlegenden Formen des kooperativen Handelns und das ihnen zugrundeliegende Handlungsprinzip erörtert werden.

Unter kooperativem Handeln sollen hier insbesondere zwei eng miteinander zusammenhängende Arten von Aktivitäten verstanden werden, nämlich gegenseitige Hilfeleistungen einerseits sowie das Tauschen von materiellen Gütern, Wertgegenständen und Frauen andererseits, nicht aber Formen des generalisierten Teilens. Wichtige Bereiche der ego-zentrierten sozialen Netzwerke, die von den Akteuren aufgebaut werden, sind durch diese beiden Handlungsformen geprägt. Gegenseitige Hilfeleistungen erstrecken sich auf Tätigkeiten wie Gartenarbeit, das Errichten der Häuser, die Durchführung von komplexen Initiationszeremonien oder die Teilnahme an Racheaktionen. Derjenige, der eine derartige Hilfeleistung erbracht hat, erwartet dann eine spätere Erwiderung oder die Zahlung einer Kompensation. Wichtig ist in diesem Zusammenhang, daß nach solchen kollektiven Aktivitäten alle Beteiligten an einem gemeinsamen Mahl teilnehmen, das von denjenigen Personen zubereitet wird, die die Nutznießer der Hilfe sind. Dadurch wird das Gefühl der gegenseitigen Verbundenheit gestärkt. Konstitutiv für alle Arten von sozialen Beziehungen sind die vielfältigen Tauschprozesse. Getauscht und verteilt werden Agrarprodukte, Alltagsgegenstände und zeremonielle Wertgegenstände wie Muscheln oder Vogelfedern. Einige der oben bereits erwähnten Muschelarten besitzen einen besonders hohen Tauschwert und können gegen viele andere Güter eingetauscht werden. Auch Frauen sind in die Tauschzyklen eingebunden. Männer können eine Frau nur heiraten, wenn sie in der Lage sind, der Familie der Frau eine Brautgabe zu entrichten. Diese Brautgabe muß dann zu bestimmten Anlässen wie Initiation oder Heirat der Tochter wiederholt werden. Außerdem ist der Tausch von Schwestern ein bevorzugtes Heiratsmuster zwischen zwei Verwandtschaftsgruppen.

Höhepunkt der Tauschaktivitäten ist das jährlich stattfindende *paröm*-Fest. Hierzu kommen aus benachbarten Siedlungen viele Leute zusammen, die in friedlicher Beziehung zu dem Haushalt stehen, der das Fest veran-

staltet. Die Männer tanzen in vollem Körperschmuck eine ganze Nacht
lang und werden dafür von den Organisatoren mit Nahrungsmitteln, insbesondere Schweinefleisch, entlohnt. Häufig stellt das Fest auch den
Kulminationspunkt eines mehrere Tage vorher beginnenden Initiations-
rituals dar. Am Rande dieser ausgedehnten zeremoniellen Tätigkeiten finden zahlreiche Tauschprozesse statt, die von Tauschhandel über das Zahlen einer Kompensation für die Teilnahme an einer Racheaktion bis hin
zu Brautgabe-Leistungen reichen.

Über das Tauschen von Gaben und Leistungen werden bei den Kobon
langfristige soziale Beziehungen geschaffen und aufrechterhalten sowie
das Interesse an Kooperationsbereitschaft signalisiert. Wenn eine Person
etwas gibt oder leistet, erwartet sie eine entsprechende Gegengabe,
Gegenleistung oder Kompensation zurück. Diese drei Handlungen werden bei den Kobon als *pen* bezeichnet. Eine Handlung, die dieses balancierende Moment der Gegenseitigkeit enthält, wird dann mit dem Adverb
pen pen charakterisiert. In der Ethnologie wird diese Form des Austau-
sches häufig auf ein in der jeweiligen Gesellschaft vorherrschendes
Reziprozitäts-Prinzip zurückgeführt. Dieses Prinzip besitzt aber bei den
Kobon keine kategorische Handlungsrelevanz. Das bedeutet, daß das
Erwidern einer Gabe oder Leistung zwar erwartet wird, aber nicht mit
Sicherheit vorhergesagt werden kann. Ein Akteur kann sich auch entschlie-
ßen, eine Gegengabe zu verweigern, wenn er nicht mehr an dem Fortbe-
stand der Beziehung interessiert ist. Aufgrund dieser strategischen Dimension beim Gabentausch macht es auch Sinn, ihn als Ausdruck einer
tit-for-tat-Strategie (d. h. ,Wie Du mir, so ich Dir') zu betrachten und die
Reziprozitäts-Norm als eine Verfestigung dieser Strategie, die aber nur
unter bestimmten sozialen Bedingungen Handlungsrelevanz hat. Dies
besagt, daß Individuen nur dann miteinander tauschen, wenn sie sich davon einen Vorteil versprechen (GÖRLICH, 1992). Bei den Kobon ist das
Reziprozitäts-Prinzip in der Regel mit einem Äquivalenz-Prinzip verknüpft
(vgl. GODELIER, 1986). Das heißt, es wird erwartet, daß es sich bei den
getauschten Gaben um solche der gleichen Art handeln muß (z. B. Muschel gegen Muschel, Frau gegen Frau). Wenn dieses Äquivalenz-Prinzip
nicht angewendet werden kann, wird zumindest erwartet, daß der Tausch
ausgeglichen ist: Eine Frau gegen eine adäquate Brautgabe, eine Beteiligung an einer Racheaktion gegen einen adäquaten Betrag an Muscheln,
usw.

Aber nicht nur im Bereich der kooperativen Tauschaktivitäten oder, genauer gesagt, des balancierten Erwiderns von Gaben und Leistungen ist
das Reziprozitäts-Prinzip bei den Kobon wirksam, sondern auch bei Konflikten kommt es zur Anwendung. In der Sprache der Kobon kommt dies

dadurch zum Ausdruck, daß die Reaktion auf ‚Unrecht' – so wie die Reaktion auf Gabe – durch die Begriffe *pen* bzw. *pen pen* erfaßt wird. Als Substantiv bedeutet *pen* nämlich auch *Rache* und *Vergeltung*; adverbisch gebraucht, betont *pen pen* das balancierende Erwidern einer solchen Handlung. So kann man z. B. sagen: „*Bümal alla, pen pen Gop alla.*" Dies heißt übersetzt: „*Die einen erschossen Bümal, und dafür erschossen die anderen Gop.*" Im Zusammenhang mit dem Verb *g-*, d. h. *machen*, bedeutet *pen pen g-* soviel wie *kämpfen* oder *rächen*. Diese sprachlichen Erläuterungen verdeutlichen, daß es im allgemeinen kein illegitimes oder unkontrolliertes Kämpfen gibt. Kämpfen wird als Versuch definiert, ein ‚Unrecht' oder eine Schädigung zu vergelten. Doch nur ein schweres Unrecht muß mittels Kampf gesühnt werden. Es handelt sich dabei meistens um einen Todesfall. Ein Toter muß nach dem Äquivalenzprinzip mit einem anderen Toten gerächt werden. Das Äquivalenzprinzip kann auch für andersgeartete Schädigungen gelten; z. B. muß die Zerstörung eines Bananengartens mit der Zerstörung eines anderen ausgeglichen werden. Oder es gilt das Prinzip der adäquaten Kompensation: wenn ein Schwein einen Tarogarten zerstört hat, dann muß der Besitzer des Schweines als Kompensation für den Schaden die entsprechende Taromenge ersetzen.

Todesfälle haben für die Kobon nur selten natürliche Ursachen. Wenn jemand stirbt, wird in der Regel davon ausgegangen, daß eine andere Person – oder ein nichtmenschliches Wesen – daran schuld ist. Diese Person hat sich über den Toten geärgert und ihn deshalb selbst oder durch Auftrag mittels Hexerei getötet. Einem Hexer oder einer Hexe stehen in der Vorstellungswelt der Kobon mehrere Methoden zur Verfügung, um einen Menschen zu töten. Eine sehr häufig angewandte Methode besteht darin, das Opfer zu erschießen, dessen Bauch zu öffnen, etwas in seine Innereien zu legen, den Bauch wieder zu schließen, und dann die Person wieder zum Leben zu erwecken. Einige Tage später muß sie dann sterben. Eine andere Methode ist, sich in ein kleines Tier zu verwandeln, durch den Anus in den Unterleib des Opfers einzudringen und es von innen zu töten. Nur bestimmte Personen besitzen diese übersinnlichen, destruktiven Hexereikräfte. Sie sind diesen Personen inhärent, weshalb sie als gefährlich und antisozial gelten. Trotzdem wird nicht davon ausgegangen, daß Hexer oder Hexen diese Kräfte vollkommen willkürlich einsetzen. Sie setzen sie nur ein, wenn sie dafür beauftragt und bezahlt worden sind oder wenn sie direkt geärgert worden sind.

Nach den Beerdigungsfeierlichkeiten kommt es zu tagelangen Diskussionen, in denen es darum geht, den oder die für den Tod verantwortlichen Hexer oder Hexe ausfindig zu machen. Es gibt verschiedene Indizien dafür, daß Menschen, oder auch Tiere, Hexen oder Hexer sind. Zum Beispiel ist verdächtig, wenn sie in der Nacht alleine unterwegs sind oder wenn sie sich in Gegenden aufhalten, wo sie niemand vermuten würde. Solche Indizien werden in den Diskussionen herangezogen, jedoch bilden sie nur Ergänzungen zu der im Mittelpunkt stehenden Frage, wer wegen seines Ärgers auf den Toten Grund hatte diesen durch Hexerei umzubringen oder umbringen zu lassen.[1] Streitigkeiten, Anschuldigungen, nicht eingelöste Schulden, unbeantwortet gebliebene Forderungen und viele andere soziale Interaktionen bzw. unterlassene Interaktionen werden auf diese Frage hin untersucht. Bei der Gewichtung dieser Interaktionen hinsichtlich der Schuldfindung wird auch auf Traumdeutungen zurückgegriffen. Implizit spielen bei den Hexereianklagen außerdem politische Machtüberlegungen eine Rolle. Bevorzugte Angeklagte sind vor allem die als sozial niedrig stehend geltenden Frauen, insbesondere Witwen, und die nicht am politischen Leben beteiligten alten und kranken Männer. Häufig sind es auch Personen, die in weiter entfernten Gegenden wohnen. Wird an solchen Personen Rache genommen, muß nicht mit so heftigen Gegenaktionen gerechnet werden, wie sie im Anschluß an die Tötung eines aktiven Kriegers erfolgen, der umfangreiche Unterstützungsnetzwerke besitzt. Ein anderer zentraler politischer Machtfaktor betrifft sowohl das Herausfinden der schuldigen Hexe als auch die konkrete Organisation der Vergeltungsaktion. Abhängig davon, wer als Hexe und damit als Ziel der Racheaktion identifiziert wird, müssen die sozialen Netze neu geordnet werden. Mit den Verwandten der getöteten Person müssen allein schon wegen zahlreicher Meidungstabus alte Beziehungen abgebrochen werden, während die mit den Helfern bestehenden Beziehungen weiter ausgebaut werden können (vgl. RIEBE, 1987).

Wenn sich nicht schon während der Hexereidiskussionen herauskristallisiert, wer sich an der Racheaktion beteiligen möchte, wird sofort im Anschluß an die Diskussion mit der Bildung einer entsprechenden Aktionsgruppe begonnen. Sowohl bei der Rekrutierung als auch bei der gesamten Organisation des Unternehmens stehen einige der engeren Verwandten des Verstorbenen oder einige bekannte Kriegerpersönlichkeiten im Vordergrund des Geschehens. Im allgemeinen haben alle Beteiligten kognatische oder affine Verwandtschaftsbeziehungen zu der verstorbenen Person. Die Einbeziehung der Ahnen ist ein essentieller Bestandteil des Vorbereitungsrituals für den Kampf, da in der Vorstellungswelt der Kobon die Ahnen und andere Geistwesen wegen ihrer vielfältigen Einflußmöglichkeiten auf das alltägliche Leben einen zentralen Stellenwert einnehmen. Es gilt einerseits, die Unterstützung der Ahnen für das erfolgreiche Gelingen des Unternehmens herbeizuführen, und andererseits, durch eine kriegerische Aktion auch den Ärger der Ahnen zu besänftigen.

Die Tötung der Person, die das Ziel der Rache ist, erfolgt nach den gleichen Regeln wie die Durchführung einer Tierjagd: Die Krieger verfolgen die erspähte Person, pirschen sich unauffällig an sie heran und erlegen sie mit Pfeil und Bogen und Steinaxt. Wenn sie während der Überraschungsattacke von Angehörigen des Opfers entdeckt werden, kommt es zu einem offenen Schlagabtausch, der dann zu einem nach bestimmten Regeln ablaufenden Kampf, an dem sich bis zu hundert Personen auf jeder Seite beteiligen, eskalieren kann. Die Bogenschützen der ersten Kampfreihen sind durch große Holzschilde geschützt, in die Muster geschnitzt sind, u. a. Rauten als Zeichen einer erfolgreichen Tötung, die die Feinde beeindrucken und abschrecken sollen. Die hinteren Reihen konzentrieren sich darauf, den Feind mit weiten Pfeilschüssen zu erreichen. Die Kämpfe können einige Tage oder mehrere Wochen dauern. Wenn Opfer zu beklagen sind, werden kurze Kampfpausen eingelegt. Die Kämpfe werden beendet, wenn das Interesse der Beteiligten abnimmt oder wenn beide Seiten übereinkommen, eine Kampfbeendigungs-Zeremonie abzuhalten. Diese Zeremonie bezieht sich allerdings nur auf den offenen Kampf, Überraschungsüberfälle auf einzelne Personen sind dadurch nicht ausgeschlossen. Sie kommen insbesondere immer dann wieder vor, wenn die Bilanz der Opfer unausgeglichen ist.

Neben Friedenszeremonien, die nach offenen Kämpfen abgehalten werden und vor allem dann relativ wirksam sind, wenn zwischen beiden Fraktionen eine ausgeglichene Bilanz an Getöteten besteht, gibt es eine Reihe von Mechanismen, die verhindern, daß die Racheaktionen in einer ungebremsten Spirale der Gewalt eskalieren. Erstens bestehen Meidungstabus zwischen dem Töter und seinen Helfern einerseits und den nahen Angehörigen der oder des Getöteten andererseits. Zweitens werden Racheaktionen aus strategischen Gründen hinausgeschoben und dann häufig ganz fallen gelassen. Drittens können gefährliche Situationen, in denen Racheaktionen drohen, präventiv umgangen werden, indem man kurzfristig in ein entfernteres Gebiet zu Verwandten zieht. Und viertens besitzt jedes Individuum ein umfangreiches soziales Netzwerk, in dem besonders Personen, die in väterlicher Linie miteinander verwandt sind, Solidaritätsbereitschaft zeigen. Darüber hinaus können aber auch bestimmte kognatische Verwandte anderer Linien und bestimmte angeheiratete Verwandte, mit denen man über ein intensives Brautgabe-System verbunden ist, um Unterstützung gebeten werden. Diese Netzwerke binden das Individuum in eine Art Sicherheitszirkel ein, mit dem man zur Abschreckung gegen mögliche Racheaktionen drohen kann. Sehr häufig sind jedoch diese Mechanismen der Konfliktreduzierung nicht in der Lage, Rache- und Gegenracheaktionen mit den entsprechenden Gewaltanwendungen zu verhindern.

Ist eine solche Racheaktion erfolgreich abgeschlossen, wird eine Siegeszeremonie abgehalten. Sie besteht aus einem gemeinsamen Tanz und Mahl, an dem sich die geschmückten Krieger sowie andere Angehörige der zu rächenden Person beteiligen. Durch zahlreiche symbolische Handlungen wird dabei die Freude über die erfolgreiche Rache und der Schmerz über den Verlust der zu rächenden Personen ausgedrückt. Auch mit den Ahnen wird wieder über Opfergaben Kontakt hergestellt. Als letztes finden die Kompensationszahlungen statt, die die nahen Angehörigen der zu rächenden Person an die weiter entfernten Verwandten, die an der Racheaktion teilgenommen haben, leisten. Ein großer Teil der Schweine und Wertgegenstände der verstorbenen Person wird dabei verteilt.

Sowohl unter sozialstrukturellen als auch unter politisch-strategischen Gesichtspunkten ist diese Verteilung von zentraler Bedeutung. Diejenigen Personen, welche die Verteilung organisieren, und die häufig auch selbst als Krieger an der Racheaktion beteiligt waren, legen damit den Grundstein für weitere zukünftige Gabentransaktionen und setzen neue Schwerpunkte hinsichtlich der Beziehungen in ihren Netzwerken. Kompensationszahlungen bei den Siegeszeremonien stellen für die Organisatoren eine der zentralen Gelegenheiten dar, ihren Ruf als generöse Geber aufbauen zu können. Junge Männer haben z. B. kaum andere Möglichkeiten, Wertgegenstände zu erhalten als über die Teilnahme an solchen Racheaktionen. Und wer von den Organisatoren dann diese Situation strategisch nützt, um durch die Kompensationsleistungen eine Reputation als generöser Geber aufzubauen oder zu bestätigen, kann auch in Zukunft mit Unterstützungsleistungen rechnen und weitere soziale Netzwerke aufbauen.

Alle Männer, die an einer erfolgreichen Racheaktion teilgenommen haben, erwerben sich dadurch die Reputation, gute Krieger zu sein. Diese Reputation impliziert, daß man Zugang zu materiellen Ressourcen hat, sei es als Organisator oder als Empfänger von Kompensationszahlungen, und damit auch die Möglichkeit besitzt, soziale Netze aufzubauen. Sie bedeutet aber vor allem, daß man in der Lage ist, zugefügten Schaden durch kulturell legitimierte und kanalisierte Gewalt in Form von Racheaktionen auszugleichen. Die Bereitschaft zur Anwendung balancierender Rachegewalt wird durch ein Kriegerideal gestützt, das diese innerhalb entsprechender kultureller Regeln angewandte Gewalt positiv besetzt. Zu zahlreichen Anlässen, insbesondere aber während der Initiation, wird den heranwachsenden Männern die Tugend der Tapferkeit und Stärke im Kampf vermittelt. Dies bedeutet aber nicht, daß die Kobon-Männer auf eine prinzipiell aggressiv ausgerichtete Kriegerrolle hin sozialisiert werden, sondern vielmehr, daß sie dazu erzogen werden, Gewalt in denjenigen Situationen, in denen sie als kulturell erforderlich gilt, auszuüben.

Gewalt wird also kulturell geregelt. Die legitimierende Regel für die Anwendung von Gewalt ist dabei das Reziprozitäts-Prinzip oder die *tit-for-
tat*-Strategie: Der Verlust eines Angehörigen, der durch eine Hexe verur-
sacht wurde, wird durch die Tötung dieser schuldigen Hexe ausgeglichen,
wobei der Auslöser der Vergeltung die Wut über den Verlust ist (vgl.
SCHIEFFELIN, 1976; TROMPF, 1994).

Kulturelle Transformationen

Die vorangegangene Darstellung der kulturellen Einbindung von Gewalt
bezog sich auf die vorkoloniale Situation; genauer, auf einen Zeitraum,
der nur einige Jahre vor der Kontaktierung durch die australische Administration lag (50er und 60er Jahre). Die australische Kolonialordnung löste
vielfältige Transformationsprozesse in der Kobon-Kultur aus. So wurde
insbesondere die Anwendung physischer Gewalt verboten und statt dessen die Zahlung von Kompensation in Unrechtsfällen propagiert. Deshalb
ist heutzutage eine mögliche Reaktion auf die Tötung eines Verwandten
durch einen Hexer, sich direkt an diesen oder seinen Auftraggeber zu
wenden und für den Tod Kompensationszahlungen einzufordern. Daneben
besteht die ‚traditionelle' Rache in modifizierter Form weiter: Direkte,
durch Hexerei-Anklagen legitimierte, physische Attacken sind nun durch
die Anwendung symbolischer Gewalt in Form von Gegen-Hexerei ersetzt
worden.
   Auch heute wird, wie in den Jahren vor der Kontaktierung durch die
australische Kolonialadministration, nach dem Tod eines Angehörigen
darüber diskutiert, wer für dessen Tod verantwortlich ist. Da aber heutzutage die gewaltsame Tötung von Personen verboten ist, kann die Hexe oder
der Hexer nicht mehr mittels physischer Gewalt getötet werden. Man greift
deshalb auf das Mittel der Gegen-Hexerei zurück, um sie oder ihn zu töten. Alle Personen, die an der Gegen-Hexerei-Aktion beteiligt sind, müssen dabei in gleicher Weise mit Kompensationszahlungen bedacht werden, wie früher die Krieger, die bei der Tötung eines Hexen-Feindes
geholfen hatten. Vor dem ersten Kontakt mit den australischen Patrol-
Officers erwarben die politisch wichtigen Männer ihren sozialen Status in
erster Linie durch die Teilnahme an Racheaktionen und erst in zweiter
Linie durch die damit verknüpften Tauschtransaktionen. Heute gewinnen
sie sozialen Status aufgrund von ökonomischen Tätigkeiten wie Kaf-
feeanbau, Zwischenhandel und einer erhöhten Schweineproduktion, vor
allem aber durch den manipulativen Umgang mit Wertgegenständen, die
im Zusammenhang mit Hexerei-Anklagen erworben werden. Hierbei wird

Geld immer wichtiger. Damit ist nicht impliziert, daß politisch bedeutende Männer notwendigerweise auch Hexer sein müssen, denn Hexer haben
weiterhin eine schlechte Reputation, so daß niemand als Hexer gelten will.
Aber die politisch aktiven Personen sind diejenigen, die Hexereianklagen
erheben, als Mittelsmänner bei den Kompensationszahlungen für Gegen-
Hexerei agieren und Beziehungen zu Hexern haben. Sie greifen auf Verbindungen zu Hexen zurück, um politische Macht zu erlangen. Die Art des
Hexerei-Diskurses hat sich also mit dem Wandel seiner sozialen Bewertung verändert. Bevor die Anwendung physischer Gewalt verboten war,
galt Hexerei als moralisch absolut verwerflich. Heute hat das Praktizieren von Hexerei zwar immer noch stark antisoziale Konnotationen, aber
ambitionierte Männer sind darauf angewiesen, Hexen direkt zu kennen
oder zumindest Leute, denen Hexer bekannt sind, damit sie diese Hexer
gegen Bezahlung beauftragen können, andere Hexer, die für den Tod von
Angehörigen verantwortlich sind, mittels Gegen-Hexerei zu töten.

Früher hat nur eine kleine Zahl von Männern geholfen, einen Toten
mittels eines Überraschungsüberfalles zu rächen, und dafür Kompensation erhalten. Heute versuchen sehr viele, ihre Hilfe den nahen Angehörigen eines Toten anzubieten, wobei sie natürlich hierfür bezahlt werden
wollen. Die Zunahme der Hilfsangebote läßt sich einerseits darauf zurückführen, daß sich die Leute häufiger als früher zu Gemeinschaftätigkeiten,
vor allem administrativer und kirchlicher Art, treffen. Andererseits ist die
Gefahr nicht mehr so groß wie früher, bei einer solchen Rache-Aktion
getötet zu werden. Gegen eine Zahlung von bis zu 1000 Kina (= 1500 DM)
versprechen sie den Angehörigen eines Toten, einen Gegen-Hexer zu beauftragen. Wenn im Anschluß an den Tod eines Familienmitglieds eine
andere Person aus einer anderen Familie oder Verwandtschaftsgruppe
stirbt, melden sich ebenfalls Hexerei-Vermittler. Sie behaupten dann, daß
sie aus eigener Initiative einen Hexer oder den Bekannten eines Hexers
beauftragt hätten, die zuletzt verstorbene Person mit Gegen-Hexerei zu
töten. Für ihre Initiative fordern sie dann eine entsprechende Bezahlung.
Wenn die Familie sich weigert zu zahlen, und einige Zeit später ein weiteres Familienmitglied stirbt, werden sie von den Personen, die die Zahlungen für ihre Hexerei-Dienstleistungen gefordert hatten, daran erinnert,
daß sich der Hexer an ihnen gerächt habe. Diese Forderungen sind heutzutage so häufig, daß die von der staatlichen Verwaltung eingesetzten Dorf-
vorsteher bei Gemeindeversammlungen dazu aufrufen, es zu unterlassen,
bei der Familie eines Verstorbenen Zahlungen für die Vermittlung von
Gegen-Hexerei einzufordern. Sie weisen darauf hin, daß dies dazu führt,
daß sich die Menschen aus Angst vor überhöhten Forderungen verstecken
und nicht mehr zur gemeinsamen Dorfarbeit erscheinen.[2]

Seit dem Verbot der Anwendung direkter, physischer Gewalt kam es also zu einer Umbewertung der Hexerei und einer zunehmenden Durchdringung des gesamten Tauschsystems mit der Hexerei-Ideologie. Sowohl das Zustandekommen einer Tauschtransaktion als auch die Verweigerung einer derartigen Transaktion werden jetzt immer stärker mit Hexerei in Zusammenhang gebracht. In bestimmten Situationen kann ersteres als Bezahlung für eine geplante Racheaktion interpretiert werden, letzteres als Verweigerung der Bezahlung für eine durchgeführte Racheaktion. Deshalb können sowohl das Geben als auch die Verweigerung einer Gabe als Legitimation für zukünftige Racheaktionen verwendet werden. Da Hexerei heute nicht nur als Anklageinstrument, sondern auch als Angriffsstrategie eingesetzt wird, haben die Verdächtigungen, daß Transaktionen bzw. die Verweigerung von Transaktionen mit Hexerei in Zusammenhang stehen, entsprechend zugenommen. Früher galt Hexerei als das antisoziale Verhalten schlechthin. Heute ist Hexerei gegen die eigene Gruppe zwar weiterhin verpönt, jedoch hat sich die Einstellung ihr gegenüber verändert. Die Beauftragung von Gegen-Hexerei wird akzeptiert, wenn Mitglieder der eigenen Gruppe Opfer von fremden Hexerei-Aktivitäten geworden sind und sie deshalb gerächt werden sollen. Mit dieser Erweiterung der pragmatischen Verwendung des Hexerei-Konzepts von einer Anklage-Strategie zu einer Anklage- und Angriffs-Strategie werden Tauschtransaktionen zunehmend in das Hexerei-Idiom eingebunden. Dabei geht es dann nicht mehr nur um die Durchführung einer klar definierten Racheaktion, sondern um den Erwerb materieller Ressoucen aller Art über den manipulativen Umgang mit Hexerei Vorwürfen.

Die Kobon im Spannungsfeld von Konflikt und Kooperation

Im Mittelpunkt des Aufsatzes stand das Verwobensein von gewaltsam ausgetragenem Konflikt und kooperativem Handeln. Beide wurden als Modalitäten einer gleichen Handlungsstrategie gesehen, nämlich der *tit-for-tat*-Strategie, die in der Ethnologie auch als Reziprozitäts-Prinzip bezeichnet wird. Diese Strategie hat bei den Kobon zwei grundlegende Ausprägungen: Sie dient einerseits als Grundlage für den Aufbau friedlicher Beziehungen (z. B. durch Gabentausch oder Hilfeleistungen) und andererseits der Regelung von Konfliktsituationen, insbesondere ihrer gewaltsamen Austragung (vgl. LIZOT, 1994; THURNWALD, 1957). Die Dynamik der Gewalt als integraler Bestandteil von Racheaktionen ist mit einer komplexen Hexerei-Ideologie verknüpft, nach deren kultureller Logik die Gewalt als notwendiger Teil des gesellschaftlichen Zusammenlebens akzeptiert wird. Gewalt wird also nicht als etwas prinzipiell Negatives gesehen, das überwunden werden muß, um eine harmonische und stabile gesamtgesellschaftliche Ordnung herzustellen, sondern gewaltsames und kooperatives Handeln werden – in Abhängigkeit von der jeweiligen sozialen Situation – als gleichwertige Bestandteile des gesellschaftlichen Zusammenlebens betrachtet (vgl. auch KNAUFT, 1990; STRATHERN, 1985). Im Denken der Kobon sind Kooperation und Konflikt von ein und demselben kulturellen Grundprinzip durchdrungen, was sich im Begriff *pen* manifestiert: Gleiches wird mit Gleichem vergolten.

1) Wenn ich hier von ‚Schuld' spreche, gehe ich vom Weltbild der Kobon aus; in einer etischen, d. h. von außen herangetragenen Perspektive, könnten die schuldigen Personen auch als Opfer der Hexereiankläger gesehen werden.
2) Vgl. auch Riebe, 1987: 228ff, zum Wandel der Hexerei bei den benachbarten Kalam.

Godelier, M., 1986, Die Produktion der Großen Männer. Macht und männliche Vorherrschaft bei den Baruya in Neuguinea. Frankfurt/M.
Görlich, J., 1992, Tausch als rationales Handeln. Zeremonieller Gabentausch und Tauschhandel im Hochland von Papua-Neuguinea. Berlin.
Knauft, B. M., 1990, Melanesian Warfare: A Theoretical History. In: Oceania, 60: 250-311.
Lizot, J., 1994, Words in the Night: The Ceremonial Dialogue – One Expression of Peaceful Relationships among the Yanomami. In: L. E. Sponsel / T. Gregor (Hg.), The Anthropology of Peace and Nonviolence. Boulder: 213-240.
Riebe, I., 1987, Kalam Witchcraft. A Historical Perspective. In: M. Stephen (Hg.), Sorcerer and Witch in Melanesia. Melbourne: 211-245.
Schieffelin, E. L., 1976, The Sorrow of the Lonely and the Burning of the Dancers. New York.
Strathern, M., 1985, Discovering ‚Social Control'. In: Journal of Law and Society, 12: 111-34.
Thurnwald, R., 1957, Gegenseitigkeit im Aufbau und Funktionieren der Gesellungen und der Institutionen. In: R. Thurnwald, Grundfragen menschlicher Gesellung. Ausgewählte Schriften. Berlin: 87-103.
Trompf, G. W., 1994, Payback. The Logic of Retribution in Melanesian Religions. Cambridge.

Erwin Orywal
Die Ehre der Gewalt

Recht und Rache in Balutschistan

„... ich tötete den ersten Mann, als ich zwölf Jahre alt war. Er hatte mich beleidigt. Was er genau gesagt oder gemacht hatte, habe ich heute vergessen, aber ich habe ihn erschossen. Wissen Sie, ich bin etwas aufbrausend..."

Diese Aussage machte im Oktober des Jahres 1946 ein knapp zwanzigjähriger Jugendlicher mit Namen Akbar Khan Bugti in einem Interview mit einer englischen Journalistin.[1] Der Satz verleitet dazu, sich unter diesem Jugendlichen einen gemeingefährlichen Killer vorzustellen. Aber weit gefehlt! Denn seine nächsten Worte verraten uns mehr über ihn.

„Wie auch immer man das beurteilen mag, als ältester Sohn des Stammeschefs hatte ich das absolute Recht, so in unserem Territorium zu handeln."

Er ist also der Sohn eines Stammeschefs, und somit Angehöriger einer machtvollen Familie, was es ihm anscheinend ermöglichte, mit dem Recht des Stärkeren ausgestattet, im Einflußbereich der Familie nach Gutdünken zu agieren. Dies ist aber nur zum Teil richtig! Denn, man höre, es ist nicht das Recht des Stärkeren, auf das er sich beruft, sondern:

„unser Stammesgesetz, nachdem diese Tat kein Kapitalverbrechen war."

Was aber mag das für ein Gesetz sein, so fragt man sich, insbesondere, wenn Herr Bugti noch ausführt, daß:

„Wir absolute Herrschaft über unsere Leute ausüben..."

Dies kann kein Gesetz sein, das den Reichen und Mächtigen auch noch im 20. Jahrhundert in einem Nationalstaat absolutistische Rechte einräumt, so würden wir wohl Herrn Bugti antworten. Aber wiederum gefehlt! Vielleicht gibt es noch einen letzten Einwand: Was sagen denn die Betroffenen, die Stammesmitglieder, zu diesem angeblichen Gesetz?

„... sie akzeptieren es als Bestandteil ihrer Tradition. "

Das sagt jedenfalls Herr Bugti. Wir werden das prüfen! Aber, Vorsicht, Herr Bugti ist nicht Irgendwer. Nawab Sardar Akbar Schahbas Khan Bugti, so sein vollständiger Name, ist nicht nur der Chef des Stamms der Bugti-Balutschen in der südpakistanischen Provinz Balutschistan, sondern er war in den 70er Jahren Gouverneur und von 1987 – 1989 sogar der Ministerpräsident der Provinz Balutschistan. Dies klingt nach einer Geschichte aus 1001 Nacht, jedoch ist sie Wirklichkeit. Und um diese, von unserer so verschiedenen Wirklichkeit zu verstehen, müssen wir tiefer eindringen in das, was andere Kulturen unter Recht verstehen. Allerdings ist diese Geschichte, oder diese Wirklichkeit, noch weitaus komplizierter. Denn außer dem Stammesrecht in Balutschistan gibt es noch weitere Rechtssysteme: Nämlich das staatliche, an europäischen Vorstellungen ausgerichtete Recht Pakistans, und das islamische Recht, die Scharia. Bevor wir jedoch in die ethnologische Analyse unserer Geschichte einsteigen, sollten wir vorab nochmals Akbar Khan Bugti zu Wort kommen lassen. Denn mit dieser Geschichte sind weitere verknüpft, die wir hören werden, und weitere, die wir nicht hören werden. Wichtig zu wissen ist, daß solche Geschichten zwar einen Anfang und ein Ende haben, jedoch fangen sie häufig wieder von vorne an.

„Auch meinen Vater hat man getötet, genauer gesagt, vergiftet. Ich
weiß sogar, wer es war! Es war sein Halb-Bruder, mein Onkel also. "

Als ältestem Sohn seines getöteten Vaters, Nawab Mehrab Khan Bugti, oblag Akbar Khan Bugti die in väterlicher Linie vererbte Pflicht, die Position des Stammeschef *(Sardar)* einzunehmen und Führer und Vorbild für seine zum damaligen Zeitpunkt ca. 42. 000 Menschen umfassenden Stammesmitglieder zu sein. Da er aber bis zu seinem zwanzigsten Lebensjahr das Aitchison College in Lahore besuchte, eines der besten und berühmtesten Colleges Britisch-Indiens, dessen regionaler Bestandteil Pakistan bis zu seiner Gründung im August 1947 war, vertrat ihn sein Onkel auf dieser Position. Möglicherweise war der Wunsch des Onkels, die Position des Stammeschefs einzunehmen, das Motiv für den Mord. Nach Abschluß seiner schulischen Ausbildung jedoch übernahm Akbar Bugti als der einzig legitime Nachfolger wieder das Amt des Sardars. Welche Konsequenzen erwarteten nun den Onkel? Eine Strafanzeige wegen Mordes oder die Rache seines Neffen? Sylvia Matheson, die englische Journalistin, überwand nach langem Zögern ihre Bedenken und stellte Akbar Bugti die direkte Frage:

„Nun, Sardar, was gedenken sie denn gegen ihren Onkel zu unternehmen? Werden Sie ihn auch vergiften? "

„Um Gottes Willen, nein," antwortete Akbar Bugti mit einem schockierten Gesichtsausdruck, *„Vergiften wäre viel zu gut für diesen Mann. Außerdem würde dies das Entstehen einer Blutrachefehde bedeuten, die ich nicht möchte."* Hören wir hier nun die Überzeugung eines durch Bildung, Erfahrung oder Alter gereiften Mannes, der den Teufelskreis der Blutrache durchbrechen möchte, zumal sich Fehden zwischen den Adelsfamilien durchaus auf die ganzen Stammesmitglieder ausdehnen und einen Stammeskrieg erzeugen können? Denkt Akbar Bugti vielleicht an die Zahlung eines Blutgelds zur Kompensation des Verlusts des Vaters, eine traditionell bestehende Möglichkeit zur Vermeidung weiterer Auseinandersetzungen mit Todesfolgen?

„Nein, ich werde solange auf eine günstige Gelegenheit warten, bis ich die ganze Familie loswerden kann – diskret, versteht sich!"

Mit einem vielsagenden Lachen wechselte er das Gesprächsthema, und bald darauf war auch die Besuchszeit von Sylvia Matheson bei dem Sardar der Bugti-Balutschen beendet. Die Geschichte allerdings fand noch nicht ihr Ende. Ungefähr ein Jahr später, kurz nachdem Pakistan und Indien die Unabhängigkeit von der britischen Kolonialmacht erhalten hatten, kehrte Sylvia Matheson wieder nach Quetta zurück, der kleinen Hauptstadt der Wüsten- und Steppenprovinz Balutschistans. Dort erfuhr sie, daß Akbar Bugtis Onkel in einer Nacht- und Nebelaktion mit seiner Familie das Stammesterritorium im Nordosten Balutschistans verlassen hatte, veranlaßt durch Gerüchte über Akbar Bugtis Willen, seinen Vater zu rächen. Drei Jahre später, 1951, ereilte den Onkel sein vorgezeichnetes Schicksal: Unbekannte ermordeten ihn in Jacobabad, eine Kleinstadt am Rande des Bugti Territoriums.

Unsere Geschichte über Sardar Akbar Khan Bugti und Blutrachfehden in Balutschistan ist damit aber immer noch nicht beendet. Acht Jahre später, im Oktober 1959, fand man in der Provinzhauptstadt Quetta die Leiche von Sardar Haibat Khan Bugti. Haibat Khan entstammte dem gleichen Bugti-Klan wie Akbar Khan, dem Rahedscha-Klan. Der Stamm der Bugti-Balutschen ist in sieben Klans unterteilt, von denen aufgrund des Senioratsprinzips, d. h. der genealogischen Nähe zum Klangründer, der Rahedscha-Klan der bedeutendste ist. Dieser Klan ist wiederum in sieben Abstammungslinien (Sippen) unterteilt, von denen die Bibraksai-Linie den Stammesadel *(Sardar Khel)* darstellt. Haibat Khan war der Schwiegervater von Akbar Khans Bruder, Ahmad Nawas Bugti, und der Onkel, d. h. der Mutterbruder, von Akbar Bugtis erster Frau (vgl. Schaubild). Der Bruder des ermordeten Haibat Khan, Mir Ghulam Haidar, beschuldigte Akbar

Bugti des Mordes. Akbar Bugti wurde darauf hin verhaftet und als erster Stammeschef von der Militärregierung Pakistans wegen Mordes angeklagt.

Die Anklage, die großes Aufsehen und den heftigsten Protest weiterer Stammesführer erregte, gründete auf einem geographischen Zufall und dem komplizierten Rechtssystem Pakistans. Quetta, die Provinzhauptstadt Balutschistans, fiel unter die Rechtshoheit des staatlichen Rechts, und nach diesem Recht war und ist Mord ein Kapitalverbrechen. Einige Stammesgebiete außerhalb der Quetta-Region hingegen, wie beispielsweise die Territorien der Marri- und Bugti-Balutschen, standen nach wie vor unter der Rechtshoheit des traditionellen Rechts der Balutschen, das sogenannte *Rawadsch*. Nach diesem Recht ist Mord kein Kapitalverbrechen, das von den Landesbehörden verfolgt werden muß, sondern eine Rechtsangelegenheit, die entweder auf der individuellen Ebene durch einen Gegenmord in Form der Blutrache entschieden wird, oder auf der überindividuellen Ebene durch einen Beschluß der Stammesratsversammlung *(Dschirga)*, die zur Beilegung der Angelegenheit und Kompensation der Tat die Zahlung eines Blutgelds *(Hon Baha)* vorschlagen oder verordnen kann. Da nun die Leiche Haibat Khans im Zuständigkeitsbereich des staatlichen Rechts gefunden wurde, konnte Anklage gegen Akbar Khan Bugti erhoben werden.

Der Urteilsspruch, der sich auf die Aussage Arschu Khans stützte, ein Diener und Vertrauter Akbar Khans, erfolge im Frühjahr 1960 und lautete auf Todesstrafe. Der Urteilsspruch war das Signal für Tausende von Bugti-Kriegern, sich im Stammesgebiet zusammenzufinden und ihre Bereitschaft zur Befreiung ihres Stammeschefs zu demonstrieren. Die Führer und Unterführer des Stammes zogen in die Provinzhauptstadt, um dort die Freilassung des Sardars zu fordern. Die Regierungsbehörden sahen sich veranlaßt, der Gefährlichkeit dieser Situation durch die Entsendung von mehreren hundert Pischin Scouts, vorwiegend der paschtunischen Volksgruppe zugehörigen Milizen, in das Territorium der Bugti vorzubeugen. Dort standen sich nun Regierungstruppen und Balutsch gegenüber, und der kleinste Funke hätte genügt, um, ähnlich wie im Frühjahr des vorausgegangenen Jahres, zu einem über das Bugti-Territorium hinausgehenden Aufstand zu führen. Diese Gefahr mußte dringend vermieden werden, und folglich wurde die Todesstrafe für Akbar Bugti auf Fürsprache hoher Regierungsmitglieder, u. a. dem damaligen Außenminister und Vater der derzeitigen Präsidentin Benasir Bhutto, Sulfiqar Ali Bhutto, umgewandelt. Der Vorgang um die Umwandlung der Strafe ist etwas undurchsichtig, was allerdings nicht verwunderlich ist, in einem Land, in dem mit Einfluß, Macht und Geld vieles machbar ist. Akbar Bugtis Strafe wurde zunächst in eine 14jährige Verbannung, und dann in eine lebenslange, d. h. 25jährige Haftstrafe, umgewandelt. Er wurde in das Gefängnis von Hyderabad in der Provinz Sindh verlegt, wo er als ‚A-Klasse'-Gefangener seine Strafe verbüßen sollte. Auch hier wird wieder eine bis heute bestehende Besonderheit des pakistanischen Strafrechts ersichtlich, natürlich nur für Angehörige reicher und machtvoller Familien: A-Klassen-Inhaftierte genießen das Recht, jederzeit Besucher zu empfangen, eine eigene Zelle zu bewohnen, Essen nach eigener Wahl zu empfangen und sogar von eigenen Bediensteten betreut zu werden.

Trotz der Höhe der Strafe war für Akbar Bugtis Familien- und Stammesmitglieder zunächst einmal die Tatsache entscheidend, daß er weiterhin als Symbolfigur des Bugti-Stammes präsent war und jederzeit konsultiert werden konnte. Er konnte sozusagen von der Zelle aus seinen politischen und sozialen Verpflichtungen nachkommen. Die Gefahr eines Auseinanderbrechens des Bugti-Stamms, die schon einmal zur Zeit des Ur-Großvaters von Akbar Bugti, Sardar Ghulam Murtasa Khan, aufgrund einer psychischen Krankheit bestanden hatte, war somit vorläufig gebannt. Gleichfalls die Gefahr eines landesweiten Balutsch-Aufstands. Um allerdings der durchaus bestehenden Möglichkeit von Rivalitäten zwischen den Sippen oder Klanen der Bugti um die Regentschaft vorzubeugen, war es ratsam, seinen ältesten Sohn, Salim Bugti, als Sardar des Stammes einzusetzen. Denn schließlich war auch das einzige ergründbare Motiv für den Mord an Haibat Khan dessen angebliche Absicht, Zwietracht zwischen Akbar Bugti und seinem Bruder, dem Schwiegersohn von Haibat Khan, zu stiften. Mit Hilfe seines Schwiegersohns wäre es dann möglich gewesen, sich einen größeren Einfluß auf die Stammespolitik und möglicherweise auch einen Zugriff auf fruchtbare Ländereien der Bibraksal-Sippe in der Nähe der Stadt Larkhana zu verschaffen. Nicht auszuschließen ist auch die Möglichkeit, daß die Erbfeinde der Bugti, die Masari-Balutsch, ihre Hände im Spiel hatten, um den Einfluß von Sardar Akbar Khan Bugti zu schwächen. Denn die Tochter von Haibat Khans Bruder, Ghulam Haidar, hatte kürzlich den Neffen des Stammeschefs der Masari-Balutsch geheiratet, und Heiratsbeziehungen werden von den Adelsfamilien in Balutschistan immer als Mittel zur Herstellung politischer Allianzen und gemeinsamer Interessen angesehen. Und schließlich und endlich mußte die Verurteilung Akbar Khans in den Augen der Familienmitglieder des ermordeten Haibat Khan noch lange nicht bedeuten, daß der Mord hiermit gesühnt war. Es gab ja noch das *Rawadsch*, das Stammesrecht der Balutsch, das im Falle Akbar Khan Bugti noch nicht gesprochen hatte. Nur er hatte es bisher, direkt oder indirekt, zur Regelung seiner Rechtsangelegenheiten angewendet, und daher ist es nun an der Zeit, diesem Rechtsverständnis auf den Grund zu gehen; das Ende unserer Geschichte ist allerdings, wie wohl zu vermuten, noch nicht erreicht.

Die Ursprünge des *Rawadsch* lassen sich auf das 15. Jahrhundert zurückführen. Seine Verhaltens- und Sanktionsregeln sind aus den in Form
von Erzählungen und Balladen überlieferten Taten von Stammesführern
abgeleitet, die in dieser Zeit, die als die ‚klassische Periode' der Balutsch-
Kultur angesehen wird, ihre vorbildlichen Taten als tapfere Männer und
Krieger, Eroberer und Staatsgründer, aber auch Dichter und Gelehrte,
vollbrachten. In der Sichtweise der Balutsch nehmen diese Männer daher
die Stellung von Kulturheroen ein, und ihre Verhaltensweisen zur Klärung
von Interessensgegensätzen wurden als verbindliche Normen- und Werte
mündlich weitergegeben. Verhaltensvorschriften, die sanktioniert werden
können, haben rechtliche Qualität, und dieses Rechtsverständnis entspricht
in seinem Kern auch dem unseren. Die Unterschiede zur westlich geprägten Auffassung von Recht begründen sich jedoch durch zwei Tatsachen:
Zum einen ist das Stammesrecht der Balutsch, wie auch eine Vielzahl
weiterer traditioneller Rechtssysteme in dieser Welt, nicht kodifiziert, d.
h. schriftlich festgelegt. Zum zweiten erfolgt das Sprechen von Recht, also
die Feststellung einer Normverletzung und das Verhängen von Sanktionen,
nicht ausschließlich durch hierfür zuständige Gerichts-Instanzen. Solche
Gerichts-Instanzen, oder Ratsversammlungen *(Dschirga)*, wie sie in Balutschistan genannt werden, können sich eines Falles annehmen, sie müssen es jedoch nicht. Aufgrund dieser Abweichungen vom westlich geprägten Rechtsverständnis wird dem Stammesrecht der Balutsch auch von
staatlicher Seite die Legitimität abgesprochen; es gilt als ‚*black law'*, als
Un-Recht. Andererseits jedoch wird es als Gewohnheitsrecht in den als
‚*tribal areas'* verwaltungstechnisch ausgewiesenen Sonderregionen akzeptiert, wie auch das Beispiel unserer Geschichte zeigt.

   Das zentrale Rechtsgut des *Rawadsch*, und somit auch der zentrale
Rechtsbegriff, ist die Ehre *(Ladsch-o-Maiyar)*. Nach der Vorstellung des
Rawadsch ist jeder Balutsch-Mann und jede Balutsch-Frau von Geburt aus
mit Ehre ausgestattet. Diese persönliche Ehre überträgt sich, im Falle der
Männer, auch auf ihren Besitz und ihre engeren Familienmitglieder. Jeder verheiratete Mann ist daher individuell verpflichtet, seine Frau, und
hierbei insbesondere die spezifisch weibliche Ehre der sexuellen Reinheit,
seine Kinder, sein Haus und Hof, sein Land und sein Vieh sowie sein ge-
samtes Hab und Gut zu schützen. Weiterhin wird erwartet, daß er auch die
Ehre seiner Brüder und unverheirateten Schwestern sowie die Ehre seiner Eltern verteidigt, wenn diese hierzu nicht in der Lage sind. Eine solche Beistandsverpflichtung in Ehrangelegenheiten kann sogar für Freunde, den Klan oder den ganzen Stamm gelten. Zwei weitere Bereiche, die
mit der Ehre des Haushaltsvorstandes oder des ganzen Stammes belegt
sind, sind das Asylrecht *(Bahot)* und das Gastrecht *(Mehmani)*. Das Asyl-

sind, sind das Asylrecht *(Bahot)* und das Gastrecht *(Mehmani)*. Das Asylrecht verpflichtet jeden Balutsch, einen in seinem Haus oder in seinem Territorium Asylsuchenden nicht nur aufzunehmen, sondern ihn mit allen Möglichkeiten zu schützen, also auch unter Einsatz seines Lebens. Die gleiche Verpflichtung obliegt einem Gastgeber gegenüber den Gästen seines Hauses. Von noch größerer Bedeutung sind die Ehrverpflichtungen eines Sardars, eines Stammeschefs. In den Augen der Stammesmitglieder symbolisiert der Sardar die Integrität und Identität des ganzen Stammes. Ein Fehlverhalten in Ehrangelegenheiten kann daher als ein Fehlverhalten des Stammes ausgelegt werden, und der Stamm wäre somit dem Spott *(Schiran)* der Nachbarstämme ausgesetzt.

Spott und Hohn zu vermeiden, und damit den Vorwurf, im Sinne des *Rawadsch* nicht ehrenvoll gehandelt zu haben und ein Ehrloser *(Maiyari)* zu sein, ist die Handlungsmaxime eines Balutsch-Mannes, um als ehrenwertes Mitglied seiner Gesellschaft anerkannt zu werden. Aber nicht nur dieses, in traditionellen Zeiten überlebenswichtige Recht auf Mitgliedschaft im Stammesverband, sondern auch seine Männlichkeit wird durch das Ausmaß seiner persönlichen Ehre definiert. Dieses geschlechtsdefinierende Verständnis von Ehre wird eindrucksvoll durch folgende Informanten-Aussage verdeutlicht: *Ein Mann ohne Besitz ist ein armer Mann, ein Mann ohne Ehre jedoch ist kein Mann!* Ein wie auch immer gearteter Angriff auf die einem Mann anvertrauten Personen und Güter ist daher ein Angriff auf seine persönliche Ehre, und diese gilt es wieder herzustellen, und zwar mit allen Mitteln und Kosten. Fehlt er in dieser Beziehung, dann werden Sanktionen ausgesprochen, entweder kollektiv, durch die lokale Gemeinschaft, in der er lebt, oder durch eine Ratsversammlung. In früheren Zeiten wurden in der Regel folgende Sanktionen auferlegt: Man verweigerte ihm eine Ehefrau, zog ihn zu Strafarbeiten heran, verurteilte ihn zu materiellen Zahlungen oder Gefängnis, oder man verbrannte sein Haus, bzw. Zelt, und seinen Besitz. Auch in der heutigen Zeit können durchaus noch solche Sanktionen in den abgelegenen und weitgehend traditionell strukturierten Gebieten Balutschistans ausgesprochen werden. Allerdings besteht heute die Möglichkeit, sich durch eine Migration in andere Gebiete, insbesondere in die Städte Pakistans, diesen Sanktionen zu entziehen. Zurück bleibt allerdings eine Geschichte von ehrlosem Handeln, und je nach dem Ausmaß seiner Ehrlosigkeit hat auch die Ehre seiner Verwandten Schaden genommen.

Diese persönlichkeits- und gesellschaftskonstituierende Bedeutung von Ehre nachzuvollziehen, ist auch für einen Außenstehenden möglich. Warum aber, so wird man sich fragen, muß die Wiederherstellung einer verletzten Ehre mit Gewalt, in Form der Blutrache, geschehen? Um dies zu verstehen, müssen wir uns näher mit dem Männlichkeitsideal vertraut machen, so wie es durch den Ehrbegriff in der Balutsch-Gesellschaft geformt wird. Der ideale Mann ist in der Sichtweise der Balutsch-Gesellschaft nur ein tapferer und mutiger Mann. Er ist ein Mann, der jederzeit bereit ist, im Falle einer Ehrverletzung die ‚richtige Antwort' *(Dschor Dschawab)* zu geben. Er ist ein *Nangdar*, ein Mann, der nach dem Prinzip der Ehre handelt, und dieses Prinzip verpflichtet ihn, ein *Beirgir* zu sein, ein Rächer, dessen richtige Antwort auf eine Ehrverletzung nur die Vergeltung mit Blut, die Blutrache also *(Beir)*, sein kann. Ein in Sinne des *Ladsch-o-Maiyar* ‚richtiger Mann' ist aber nicht nur der Beschützer und Rächer seiner persönlichen Angelegenheiten, sondern auch die des Stammes. Angriffe von feindlichen Stämmen sind Angriffe auf die kollektive Ehre der Stammesmitglieder. Die richtige Antwort gibt dann den Feinden der *Sahm Dschan*, der Mann in seiner weiteren Funktion als Krieger des Stammes. Das Männlichkeitsideal des tapferen und mutigen Mannes wird somit um ein Kriegerideal erweitert, und dieses Kriegerideal ist uns in der heutigen Zeit durch den vielzitierten Begriff des *Mudschahed* (Plural: *Mudschaheddin*), des ‚Freiheitskämpfers' vertraut.

Das richtige Verhalten als tapferer Mann und Krieger dient aber nicht nur dazu, eine verletzte Ehre wiederherzustellen, sondern es dient auch zur Maximierung der persönlichen und kollektiven Ehre. Nicht nur die Verteidigung im Falle eines Angriffs, sondern auch der Angriff auf einen feindlichen Stamm wird als eine durchaus ehrenwerte Tat angesehen, die den Ruhm und das Prestige, und somit die Ehre der Stammeskrieger vermehrt. Ein erfolgreicher Krieger zu sein, bedeutete, mit dem symbolischen Kapital der Ehre belohnt zu werden. Allerdings ist diese symbolische Belohnung nicht das einzige Motiv für kriegerische Taten. Auch die Möglichkeit, in Form der Kriegsbeute materiell belohnt zu werden, war ein zweites entscheidendes Motiv. Erfolgreiche Raub- oder Kriegszüge erbrachten in der Regel Sklaven, Tiere, Land, Waffen und weitere Güter als Beute. Diese Chancen, symbolisches und materielles Kapital zu maximieren sowie die Tatsache, immer durch feindliche Nachbarn (z. B. Afghanen, Moghul, Britisch-Indien) bedrängt worden zu sein, führten bei den Balutsch zur Ausbildung einer Kriegstradition, die sich über Jahrhunderte zurückverfolgen läßt. Diese Ehrvorstellungen, die insbesondere im Falle eines Angriffs auf die Identität und Integrität des Stammes wirksam werden, waren auch die entscheidende Ursache für den in den Jahren 1973 - 1977 verlaufenen Bürgerkrieg zwischen den Balutsch und der pakistanischen Armee; der bisher letzte Krieg in einer Reihe von vielen, die seit der Staatsgründung im Jahre 1947 zwischen Balutsch und Armee stattgefunden haben. In dieser Geschichte hat Akbar Khan Bugti auch eine prominente Rolle als Führer seines Stammes und als einer der zentralen Führer seines Volkes gespielt, jedoch ist dies eine der Geschichten, die wir nicht hören werden. Wenn wir nun akzeptieren, daß trotz aller Einflüsse der modernen Zeiten das *Rawadsch* und seine abgeleiteten Prinzipien ein zentraler Bestandteil des Normen- und Wertesystems der Balutsch-Gesellschaft sind, dann müssen wir auch zumindest verstehen, warum Akbar Khan Bugti nach den Überzeugungen seiner Gesellschaft ein ‚Ehrenmann' ist und kein gesetzesloser Killer. Als Führer und Symbolfigur seines Stammes unterlag er noch weit mehr als jeder andere Balutsch von weniger hervorgehobener Bedeutung der Verpflichtung *(Badal)*, so ehrenvoll wie nur möglich *(Pur Maiyar)* als Mann und als Führer seines Stammes zu handeln. Und nach diesen Überzeugungen muß selbst die kleinste Schmach mit Blut vergolten werden, denn nur gewaltsames Handeln ist ehrenvolles Handeln. Die Versuche seiner Klanverwandten, Zwietracht im Stamm zu verbreiten und sich Besitztümer seiner Vorfahren anzueignen, stellten dabei Tatbestände dar, die keinen Interpretationsspielraum mehr zuließen. Der Rückgriff auf das traditionelle Recht der Rache zur Herstellung von Gerechtigkeit insbesondere bei einem vorausgegangenen Rachemord wird in Anbetracht der in Pakistan gängigen Rechtssprechungspraxis noch verständlicher. Die Verfolgung einer Straftat und die Höhe des Strafmaßes können, wie viele Fälle belegen, durch die Zahlung von Bestechungsgeldern und klientelistischen Verbindungen beeinflußt werden. Solche Tatbestände untergraben das Vertrauensverhältnis der Bevölkerung in die Rechtsprechung, die in deren Augen von wirtschaftlichen oder politischen Interessen geleitet wird. Selbst wenn daher ‚modern' denkende Balutsch das Stammesrecht als eine überkommene Tradition ablehnen, die nur zu einem Teufelskreis von Rache und Gegenrache führt, laufen sie Gefahr, keine Gerechtigkeit zu erlangen; und dieser Gedanke ist möglicherweise schwerer zu ertragen als der Vorwurf, ein Feigling zu sein.

Das Eingebundensein der überwiegenden Mehrheit der Bevölkerung Balutschistans in die anerzogenen Traditionen einerseits und die Unsicherheit, um nicht zu sagen Beliebigkeit, der modernen Rechtstraditionen des Staates Pakistan andererseits läßt sich wiederum anhand unserer Geschichte um Sardar Akbar Khan Bugti nachzeichnen. Wir hatten eingangs schon erfahren, daß auch sein Vater, Mehrab Khan, das Opfer von Stammesintrigen geworden war. Diese Geschichte ist wiederum ein Spiegelbild der Intrigengeschichte, die wir schon kennen. Akbar Khan Bugtis Großvater, Schahbas Khan, hatte seinen Sohn Mehrab Khan in den Jahren 1903 - 1905 verpflichtet, als Repräsentant der Balutsch an der Persisch-Afghanischen Grenzkommission unter der Leitung von McMahon teilzunehmen. Während seiner Abwesenheit gelang es dem Bruder Schahbas Khans, und Onkel von Mehrab Khan, den Bugti Stamm gegen Mehrab Khan aufzuwiegeln. Über diese Tat war Dschelamb Khan, ein Freund Mehrab Khans aus der Dschaffrani-Sippe des Masori-Klans, der nach dem Rahedscha-Klan zweitwichtigste Klan der Bugti, so erzürnt, daß er mehrere Gefolgsleute des Aufrührers tötete. Dschelamb Khan wurde dann im Gegenzug auf Anstiftung von Mehrab Khans Halbbruder getötet. – Wir erinnern uns, daß Akbar Bugti in seinem Interview eingangs diesen Halbbruder aus der zweiten Ehe seines Vaters des Mordes bezichtigt hatte. – In welchem Jahr der Mord an Dschelamb Khan geschehen ist, erfahren wir nicht, jedoch wird berichtet, daß sein Sohn, Mian Khan, einige Jahre, bis 1938, wartete, um seinen Vater zu rächen. Er tötete 9 von 14 Brüdern der Bakhschwani-Sippe des Masori-Klans, die an der Ermordung seines Vaters beteiligt waren. Ein Jahr später tötete dann Dschamal Khan, ein Cousin des Vaters von Akbar Khan Bugti und der Sohn des Initiators dieser Geschichte, Akbar Bugtis Vater. Hier erfahren wir nun den eigentlichen Hintergrund für Akbar Khan Bugtis Aussage, die seinen Onkel als den Mörder seines Vaters bezichtigte: Er war der Anstifter zum Mord an dem besten Freund seines Vaters und damit auch die Ursache für den Mord an seinem Vater durch Dschamal Khan.

Kehren wir nun noch einmal zurück in das Frühjahr 1960, als der Urteilsspruch über Akbar Khan Bugti für den durch eine Zeugenaussage belegten Mord an dem Onkel seiner Frau gefällt worden war. Die 25-jährige Haftstrafe, die zunächst in eine Todesstrafe und dann in Verbannung umgewandelt worden war, dauerte 18 Monate. Nach dieser Zeit wurde Akbar Bugti gegen eine Zahlung von 50.000 Rupies – eine Summe, die zum heutigen Zeitpunkt weniger als 5000 D-Mark beträgt – ohne weitere Auflagen freigelassen. Ungefähr ein halbes Jahr später wurde Akbar Bugti wiederum verhaftet, jedoch wurden ihm dieses Mal politische Aktivitäten zu Last gelegt. Als Fazit unserer Geschichte um Sardar Akbar Khan Bugti und die Blutrachefehden in dem Rahedscha- und Masori-Klan der Bugti-Balutsch bleibt nun festzuhalten, daß in der Vater- und Großvater-Generation mindestens 12 Menschen ihr Leben infolge der Stammesintrigen haben lassen müssen. Die vernunftbedingte Notwendigkeit, diesen Teufelskreis zu durchbrechen, hatte Akbar Khan Bugti schon einmal im Interview mit Sylvia Matheson betont. Jedoch bestehen aufgrund der geschilderten Ereignisse ernsthafte Zweifel an seiner damaligen Aufrichtigkeit. Nach seiner Entlassung aus dem Gefängnis allerdings erfahren wir von einem konkreten Versuch, die zwischen ihm und der Familie des 1959 ermordeten Haibat Khans schwebende Blutrachefehde zu beenden. Als Kompensation für den Tod Haibat Khans bot Akbar Khan Bugti der Fa-

Haidars, des Bruders des Ermordeten, zwei seiner Töchter als Heiratspartnerinnen und eine Summe von 50.000 Rupies an. War dies nun das Ende unserer Geschichte und das Ende der Blutrachefehden im Bugti-Stamm? Leider nein! Denn im Jahr 1965 wurde in dem kleinen Örtchen Sui im südöstlichen Bugti-Gebiet gewaltsam die Tür eines Hauses geöffnet und mehrere bewaffnete Männer stürmten herein. *„Sag Deiner Frau, daß sie verschwinden soll"*, lautete der Befehl dieser Männer, und dann waren nur noch Schüsse zu hören. Ghulam Haidar, der Mann, der Akbar Khan Bugti des Mordes an seinem Bruder bezichtigt hatte, sank tödlich getroffen auf den Fußboden. Er war nunmehr der dreizehnte Ermordete in dieser Geschichte. Akbar Khan Bugti hingegen erfreut sich weiterhin als rüstiger und politisch aktiver Mittsechziger seines Lebens. Aber, wie gesagt, solche Geschichten fangen in Balutschistan häufig wieder von vorne an, denn ein bekanntes Sprichwort sagt: *„Die Rache der Balutsch ist lebendig wie ein junger Hase – auch noch nach zweihundert Jahren. "*

1) Die hier in deutscher Übersetzung zitierten Aussagen wurden 1967 von Sylvia A. Matheson in ihrem Buch *The Tigers of Baluchistan*, London, publiziert (2. Auflg. 1975, Oxford University Press, Karachi/Lahore).

Verwandtschaftliche Verbindungen der in der Fallgeschichte genannten Personen

Rahedscha-Klan
Bibraksai-Sippe

Unverbundene Linien deuten weitere Klanmitglieder an
Die Eheverbindungen sind nur teilweise dargestellt
Die Kinder der zweiten Ehefrau sind gesondert dargestellt
Die gestrichelten Kästchen zeigen die ermordeten Personen

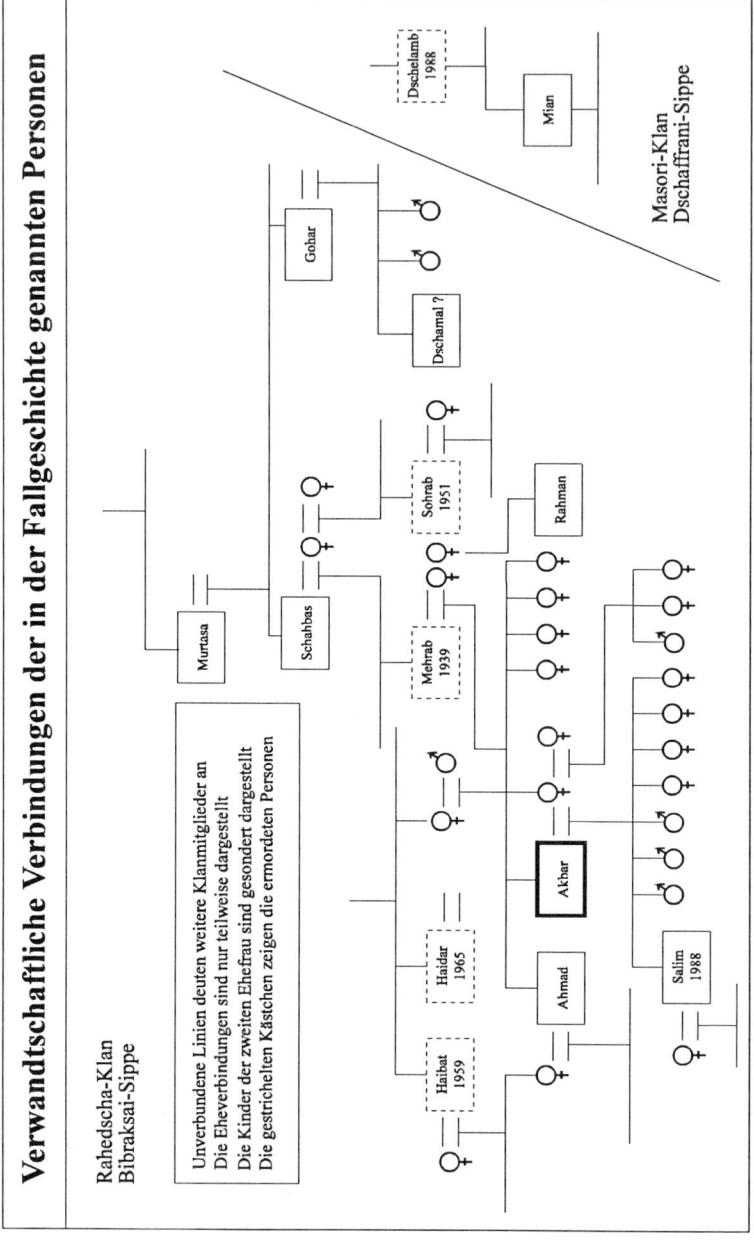

Masori-Klan
Dschaffrani-Sippe

Andrea Hilgers
Prügelnde Mädchen auf unseren Schulhöfen

„... Wir haben uns in die Haare gekriegt und uns total verprügelt. Ich habe immer gegen eine Stelle am Bein getreten und an den Haaren gezogen und habe sie herumgewirbelt. Ich hab' echt büschelweise die Haare vom Kopf gerissen. Ja, und dann hab' ich auch gewonnen."

Bei dieser kurzen Beschreibung eines Schulhofstreites denkt man sicherlich zunächst an einen jener ‚Klassenzimmer-Rambos', die in letzter Zeit nicht nur das Interesse sensationshungriger Medien geweckt haben. Auch seriöse Jugend- und Gewaltforscher kommen derzeit immer wieder zu dem einhelligen Ergebnis: *„Gewalt an Schulen ist in erster Linie ein Jungen-Phänomen".* So lautet dann auch der Titel und das Ergebnis einer Studie, die über aggressives Verhalten von Schülerinnen und Schülern auf dem Schulgelände durchgeführt wurde (FREITAG/HURRELMANN, 1993).

Es drängt sich daher nicht gerade die Vorstellung auf, daß hier ein Mädchen von einer Prügelei mit ihrer Klassenkameradin berichtet. Die siebzehnjährige Sybille, Gymnasiastin aus Köln, erzählt neben neunzehn anderen Schülerinnen, die im Rahmen einer Vorstudie ausführlich interviewt wurden, ungewohnte Details über ihre Erfahrungen mit Schlägereien in und außerhalb der Schule. Bis auf zwei ältere Mädchen, die sich an solcherlei Aktivitäten nicht erinnern können, wissen alle von mitunter regelmäßigen körperlichen Auseinandersetzungen zu berichten.

„Früher, als ich kleiner war, da hab' ich mich oft geprügelt, aber irgendwann, da setzt ja mal das Gehirn ein ..."

Was Sybille hier andeutet, bestätigen auch die anderen Schülerinnen: Vor allem im jüngeren Alter – und zwar von der Grundschule an – aber auch in den höheren Klassen kommt es immer wieder vor, daß die Mädchen kräftig zulangen. Und es sind noch nicht einmal die Geschlechtsgenossinnen, die vorwiegend die Prügel einstecken müssen:

„Nur die Jungen hauen wir. Wenn ich mit 'nem Jungen Krach habe,
dann hau' ich und wenn ich mit'nem Mädchen Krach habe, dann sage
ich: ‚Du blöde Kuh!'" (Judith, 12, Gymnasiastin aus Herzogenrath)

„Ich prügel' mich auch mit Jungen. Dann tue ich denen auch schon
mal richtig weh." (Melanie, 12, Realschülerin aus Kohlscheid)

„Letztes Mal, da hat mich einer total wütend gemacht. Ich wollte ihn
sogar umbringen – es war nicht nur Spaß, sondern richtig Ernst".
(Petra, 15, Gymnasiastin aus Köln)

Wie passen diese Aussagen, die eine bei Mädchen in der Regel nicht er-
wartete Gewaltbereitschaft deutlich an den Tag legen, zu den alltäglichen
Beobachtungen von Lehrerinnen und Lehrern, die gewalttätige Konfliktlösungen vor allem bei Jungen feststellen und hierin mit den Ergebnissen
der empirischen Studien auffallend übereinstimmen?

Belege für diese Beobachtungen finden sich zunächst in den Statistiken
des neuesten Berichtes des Bundesverbandes der Gemeinde-Unfallver-
sicherungen (1993), die die Schülerinnen und Schüler während ihres Schul-
besuchs versichern: Jungen prügeln sich in der Schule häufiger und brutaler als Mädchen, und bei ihren Raufereien wird doppelt so oft ein anderes
Kind körperlich verletzt. Vergleichbare Daten liefert auch die aktuelle
Polizeiliche Kriminalstatistik aus Nordrhein-Westfalen (1993) zu jugendlicher (Gewalt)-Kriminalität. Wie in jedem Jahr weist sie überwie-gend
Jungen und Männer als Tatverdächtige aus. Diese Daten scheinen bei erster und oberflächlicher Betrachtung in einem Widerspruch zu den zitierten Selbstbekenntnissen der Schülerinnen aus den vorliegenden Interviews
zu stehen. Bei genauerem Hinsehen können jedoch gerade die prügelnden Mädchen auf unseren Schulhöfen interessante Anhaltspunkte für eine
differenzierte Analyse der Gewalttätigkeiten liefern.

Liest man sich nämlich genauer in genannte Statistiken ein, so läßt sich
unter anderem rekonstruieren, wie sich das Ausmaß von Prügeleien auf
dem Schulhof im Laufe der letzten zehn Jahre entwickelt hat. Und hier
zeichnet sich eine auffällige Veränderung ab. Insgesamt gesehen haben die
Raufereien mit Verletzungsfolgen, je nach Schulform mehr oder weniger,
zugenommen. Der Zuwachs bei den Mädchen als Täterinnen ist jedoch
deutlich größer als bei den Jungen. Heute prügeln sich 64 % mehr Mädchen als noch vor zehn Jahren so brutal, daß Blut fließt. Auch wenn die
Gesamtzahl der prügelnden Jungen nach wie vor höher liegt – die Mädchen holen in diesem Bereich kräftig auf. Ein genauer Blick auf die Entwicklung in der Kriminalstatistik bietet ähnliche Anhaltspunkte: Wie die
Prügeleien von Mädchen auf dem Schulhof haben auch die kriminellen
Delikte von Mädchen und Frauen stärker zugenommen als die der Jungen
und Männer – wenn auch auf insgesamt niedrigerem Niveau. Vor allem

im Bereich der schweren und gefährlichen Körperverletzungen legten die Mädchen im Vergleich zum Vorjahr bis zu 42 % zu, während die Jungen bei brutalen Schlägereien und anderen Gewalttätigkeiten in einigen Altersgruppen sogar seltener als Täter dingfest gemacht wurden. Immer mehr Mädchen – aber auch Frauen – setzen ihre Aggressionen in immer brutaleres körperliches Verhalten um. Und wie die Interviews mit den Schülerinnen zeigen, bekennen sie sich auch offenherzig zu diesem Verhalten.

Geschlechterstereotype im Wandel

Ein Schlüssel für die sich hier offensichtlich abzeichnenden Veränderungen findet sich in den Aussagen der Mädchen selbst: Sie sind nicht mehr bereit, sich alles gefallen zu lassen und weisen Versuche, sie in eine untergeordnete Rolle zu drängen, immer häufiger auch mit physischer Gegenwehr zurück. Insbesondere körperliche Übergriffe von Jungen werden mit Gewalttätigkeiten beantwortet.

„Die Jungen versuchen, den Mädchen vom ersten Schuljahr an zu zeigen: ,Ja, Rambo ist ein Mann, und ihr Mädchen seid nicht gefragt!' Dabei können wir Mädchen total brutal werden. Und dann gucken die Jungen blöd.“ (Judith, 12, Gymnasiastin aus Herzogenrath)

„Da war so ein Junge, der war in der zweiten Klasse, und der hat mich halt immer geärgert. Der ist in die Mädchentoilette gelaufen und dann hat er die Tür aufgemacht. Da wollte ich ihm die Tür vor der Nase zuknallen – und dann hatte er eben die Finger dazwischen ...“ (Mareike, 10, Realschülerin aus Köln)

„Ein Junge, der wollte mir einen Knaller in den Pullover stecken. Das hatte er schon ein paarmal versucht. Da habe ich ihm gedroht: ,Laß das, sonst hast du eine hängen!' Und er hat es nicht gelassen – da hab' ich ihn verhauen.“ (Anja, 13, Realschülerin aus Übach)

Interessant ist, daß auch andere Begründungen, die bisher ausschließlich den Jungen als Legitimation für eine Schlägerei vorbehalten waren, von den Mädchen angeführt werden. Da ist zum einen die Rivalität um einen Jungen. Auch Mädchen prügeln sich offensichtlich untereinander, wenn ihnen der Freund ausgespannt werden soll:

„Zwei Mädchen können sich tierisch streiten um'nen Typen. Ich bin der Meinung, daß Mädchen da genauso aggressiv sind wie Jungen.“ (Sybille, 17, Gymnasiastin aus Wiehl)

Konflikte, die durch Ehrverletzungen ausgelöst werden, können Mädchen ebenfalls zu Schlägerinnen werden lassen. Bisher spielte vor allem unter Jungen der Ausdruck ,Hurensohn' oder die Bezeichnung der Mutter als

‚Nutte' eine prägnante Rolle. Es ist nicht unbedingt nötig, daß die an einem Streit Beteiligten wissen, was sie da unterstellen. Der Beleidigte kennt jedoch die Bedeutung dieser Handlung, die einer Kriegserklärung gleichkommt, da er sich den ‚Hurensohn' nicht gefallen lassen kann. Er weiß, es heißt: ‚Komm, wir wollen uns jetzt prügeln!' und schlägt sofort zu. Ein solcher Begründungszusammenhang für eine Schlägerei, bei dem die Verletzung der eigenen oder der Ehre der Mutter scheinbar zwangsläufig eine Wiedergutmachung erfordert, wird erstaunlicherweise mittlerweile auch von Mädchen als Auslöser für Handgreiflichkeiten angeführt:

„... wenn einer meine Mutter einmischt und sagt, ich wäre eine ‚Hurentochter', dann greife ich an!" (Babsie, 12, Hauptschülerin aus Köln)

„Wenn man halt ‚Hure' zu mir sagt, oder sonst was, das gar nicht stimmt, dann flippe ich aus!" (Sabrina, 13, Gymnasiastin aus Köln)

„Einmal kommt mir einer entgegen und beleidigt mich, meint: ‚Hi, Schlampe!' und ich frag' ihn, was das soll. Und da springt der mich einfach an. Also, da raste ich aus ...also, dem geht's dann ziemlich dreckig ...ich setz' den eine zeitlang einfach außer Gefecht." (Verena, 19, Gymnasiastin aus Köln)

Aggressives und gewalttätiges Verhalten in Konfliktsituationen, wie es insbesondere durch die angesprochenen sozialen Positionskämpfe, körperliche Übergriffe, die Konkurrenz um eine Partnerin sowie durch Ehrverletzungen entsteht, wurde bislang nur für Jungen oder Männer in einem gewissen Ausmaß akzeptiert. Die hier aufgeführten Äußerungen zeigen jedoch anschaulich, daß die befragten Schülerinnen sich männliche Argumentationsmuster und Verhaltensweisen zu eigen gemacht haben, die den Rahmen des traditionellen Weiblichkeitsbildes eindeutig verlassen. Daß Mädchen und Frauen ihr traditionelles Geschlechterstereotyp überschreiten bzw. erweitern, ist schon seit längerem auch in anderen Bereichen bekannt. So streben Mädchen mittlerweile genauso wie Jungen eine gute Schulbildung sowie eine qualifizierte Berufstätigkeit für ihre Lebensplanung an, sie stellen ihr technisches Verständnis zunehmend unter Beweis und ergreifen immer häufiger Männerberufe. Die traditionelle Vorstellung, eine ‚Nur-Hausfrau' zu werden, ist zunehmend unattraktiv geworden oder wird sogar mitleidig belächelt. Selbst beim Zigarettenkonsum, einem völlig anderen, bisher stark männlich geprägten Verhaltensbereich, haben Mädchen und Frauen inzwischen gleichgezogen und rauchen ‚wie die Männer'.

Dieser Einstellungswandel ist darauf zurückzuführen, daß die traditionelle geschlechtsspezifische Arbeitsteilung und mit ihr die zugehörigen Geschlechterrollen und Stereotype in den letzten zweihundert Jahren in unserer Gesellschaft zunehmend an Bedeutung und Funktionalität verloren haben. Geringere Körperkraft und biologische Bindung der Frau durch Schwangerschaft und Geburt sind für viele Tätigkeiten zu einem untergeordneten Faktor geworden. Dazu hat unter anderem die Umstrukturierung der Arbeit von körperlicher zu technologisch vermittelter, eher geistiger Arbeit beigetragen. Die ursprüngliche, traditionelle Geschlechterdifferenzierung ist daher weitgehend überflüssig geworden. Bislang haben vor allem die Frauen für sich Vorteile in diesen Veränderungen gesehen und sie aktiv vorangetrieben. Dadurch sind zum einen ihre Aufgaben in der heutigen Zeit erweitert und den bisherigen Aufgaben der Männer ähnlicher geworden. Zum anderen haben sich auch die entsprechenden Vorstellungen davon, wie Frau und Mann zu sein und sich zu verhalten haben, zwar zunächst zögerlich, doch mittlerweile ebenfalls deutlich wahrnehmbar verändert. Auch das stereotype Weiblichkeitsbild hat sich dabei stärker an das männliche angeglichen, während umgekehrt das Männlichkeitsbild nur eingeschränkt beeinflußt wurde. Auf diese Weise hat sich, unauffälliger als in den anderen Bereichen, das Weiblichkeitsbild auch für offen aggressive, gewaltförmige Verhaltensweisen geöffnet, die bislang häufig als eines der wichtigsten Elemente von Männlichkeit angesehen wurden. Sicherlich haben auch jene Medienvorbilder, die zeigen, wie leicht man sich mit Gewalt erfolgreich durchsetzen kann, zu einer insgesamt veränderten Grundhaltung beigetragen.

Eine weitere wichtige Voraussetzung für gewaltsames Verhalten wird durch das Vorbild der Eltern geschaffen: Wenn zuhause Konflikte häufig mit Gewalt gelöst werden, sei es zwischen den Eltern oder im Umgang mit den Kindern, dann nimmt die Wahrscheinlichkeit zu, daß auch für die nächste Generation eher die ‚schlagkräftigen‘ Argumente zählen. So haben auch nahezu alle der befragten Schülerinnen ihre ersten Erfahrungen mit Prügel durch die Eltern gemacht:

„Ja, meine Mutter, die hat mich früher oft geschlagen." (Lara, 15, Gymnasiastin aus Bensberg)

„Ich bin von meiner Mutter geschlagen worden, bis ich ungefähr siebzehn war ..." (Stella, 20, Kollegschülerin aus Leverkusen)

Über solche Äußerungen wird sich nicht wundern, wer realisiert, daß 60% bis 80% aller Eltern in den westlichen Industriegesellschaften ihre Kinder vom Säuglingsalter an mit körperlichen Strafen erziehen. Der berühmte ‚Klaps auf den Po‘ oder ‚ein paar hinter die Ohren‘ sind noch die gelindesten Erziehungsmittel. Es ist daher nicht erstaunlich, daß Mädchen und Frauen in Konkurrenzsituationen, wie sie sich zum Beispiel für Schülerinnen in der Schule oder auch in privaten Beziehungen ergeben, immer häufiger ihr neu gewonnenes Terrain wie Jungen und Männer mit Gewalt verteidigen – insbesondere, wenn bisherige Durchsetzungsstrategien wie verbales Argumentieren versagen.

Dieses neue Verhältnis von Mädchen und Frauen zu Gewalt läßt sich auch in einem ganz anderen kulturellen Bereich im wahrsten Sinne des Wortes ablesen: In einigen Gattungen der Frauenliteratur bringen Autorinnen in den letzten Jahren zunehmend Bücher auf den Markt, deren weibliche Protagonistinnen sich bestens auf Gewalt verstehen. Als Täterinnen begehen sie blutrünstige Verbrechen oder rächen sich durch ausgeklügelte Demütigungen und sadistische Quälereien an unliebsamen Geliebten oder Ehemännern. Unter Einsatz brutaler Gewalt lösen die Heldinnen als clevere Detektivinnen komplizierte Fälle:

> *„Mir zuckte es in den Händen, ihm den Unterkiefer zu zerschmettern.... Ich erreichte ihn mit einem einzigen Satz und versetzte ihm einen so harten Handkantenschlag auf den Arm mit der Pistole, daß der Unterarmknochen brach.... Sein rechter Arm hing völlig verdreht nach unten – ich hatte ihm die Elle zertrümmert. ‚Ihr Jungs seid nicht mehr als ein Haufen Dreck, und ich würde euch alle drei liebend gern erschießen.“* (PARETZKY, 1986: 259 f.)

Welche Bedeutung muß man solchen Veröffentlichungen zubilligen, da sie doch zunächst einmal nur von fiktiven und nicht von realen Personen handeln? Man kann durchaus vermuten, daß es sich hier um Wunschbilder und in diesem Sinne sicherlich auch um Vorbilder handelt. Die hier beschriebenen ‚Mords-Frauen‘ haben nicht nur Aggressionen, sondern sie sind auch in der Lage, diese in Handlungen umzusetzen – so wie es sich vielleicht die Autorin oder manche Leserin für sich selber wünscht, aber (noch) nicht zu leben wagt. Gedanken und auch Phantasien sind nicht unabhängig von gesellschaftlichen Entwicklungen und geistigen Strömungen. Nicht jeder Gedanke drängt sich zu jeder beliebigen Zeit in den Kopf. Das soll keineswegs bedeuten, daß Gedanken lediglich Abziehbilder der Realität sind; sie verweisen jedoch zumindest auf etwas in dieser Zeit Vorstellbares. In der hier angesprochenen Literatur wird ein anderes Bild von Weiblichkeit vermittelt, das vielleicht schon das Selbstbild von Mädchen (und Frauen) beeinflußt hat. Die Interviewaussage einer Schülerin, die viele Jahre Kampfsport trainiert hat, ähnelt der zitierten Passage aus dem Frauenkriminalroman auf frappierende Weise:

> *„Einmal ist einer mit'nem Messer auf mich losgegangen und da habe ich halt getreten. Ich wollte eigentlich seine Hand treffen, aber irgendwie ist der schneller auf mich losgegangen, als ich eingeschätzt hatte. Nun, da habe ich ihn halt falsch erwischt – und irgendwie hat sich dann seine Stimmlage etwas verändert..."* (Veronika, 19, Gymnasiastin aus Köln)

Die angeführten Beispiele zeigen, daß das neue Weiblichkeitsbild nicht nur um jene Attribute des Männlichkeitsbildes erweitert worden ist, die – wie z. B. Durchsetzungsfähigkeit oder Selbstvertrauen – als sozial akzeptiert gelten, sondern auch um die umstrittenen, ‚unweiblichen' Handlungsweisen wie gewalttätiges Verhalten. Daß Lehrerinnen und Lehrer von dieser Entwicklung bei ihren Schülerinnen offensichtlich erst ansatzweise Kenntnis nehmen, hängt mit zweierlei Wirkungsmechanismen der traditionellen Geschlechterstereotype zusammen. Sie wirken bereits bei der Wahrnehmung der Lehrkräfte, so daß körperliche Ausschreitungen von Mädchen nicht in ihrem tatsächlichen Ausmaß wahrgenommen und nicht in gleichem Maße geahndet werden wie jene von Jungen. Da ‚nicht sein kann, was nicht sein darf', werden sie einfach nicht gesehen. Aber nicht alle Rangeleien spielen sich unmittelbar im Blickfeld der Lehrerinnen und Lehrer ab. Für Jungen bedeutet es nach wie vor einen großen Ansehensverlust, entsprechend ihrem fast ungebrochen gültigen Männlichkeitsbild, wenn sie von einem Mädchen verprügelt werden. Deshalb können sie wohl in den seltensten Fällen solche Vorfälle eingestehen, von schweren Übergriffen mit Verletzungsfolgen einmal abgesehen. Die interviewten Schülerinnen jedenfalls geben es zu.

Der Mythos vom friedfertigen Geschlecht

In der Regel weisen Frauen eine Neigung zu Aggressivität und Gewalttätigkeit, wie sie kulturübergreifend in stärkerem Ausmaß bei Jungen und Männern beobachtet wird, immer entschieden von sich. Sie seien, so heißt es übereinstimmend, das friedliche und friedliebende Geschlecht, Männer dagegen das aggressive und gewalttätige. Auch Feministinnen sehen sich gerne in der Rolle der ‚friedfertigen Frau', die Margarete MITSCHERLICH (1985) in ihrem gleichnamigen Buch ausführlich beschrieben hat. So unterschiedlich die feministischen Strömungen einerseits auch sind – hier jene, die eine grundsätzliche Gleichheit von Frau und Mann annehmen und anstreben, dort andere, die von einer wesensmäßigen Andersartigkeit der Frau ausgehen und diese als höherwertig betrachten – im Hinblick auf Aggressivität und Gewalt herrscht Einigkeit: Weiblichkeit wird in einem umfassenden Sinne als konstruktiv und friedfertig konzipiert. Die Männer seien, in Polarität dazu, in einem ebenso umfassenden Sinne zerstörerisch und vor allem gewalttätig. Für alle anderen Geschlechterdifferenzen bemühen sich feministische Wissenschaftlerinnen um den Nachweis, daß nicht angeborene, biologisch bedingte Ursachen verantwortlich seien, sondern vor allem der Einfluß von Erziehung

und Umwelt. Nur für erhöhte Aggressivität nehmen auch sie unhinterfragt
an, daß sie ein genetisch bedingtes Merkmal von Männlichkeit sei.

Simone de BEAUVOIR, die als eine der ersten auf die Bedeutung
unterschiedlicher Sozialisationserfahrungen von Frauen und Männern
verwiesen hat, formuliert 1949, daß der Frau schon von Natur aus der Weg
der Gewalt verwehrt sei. Aus gutem Grund und bitterer Erfahrung haben
sich Frauen, seit sie in der Öffentlichkeit Wort und Feder ergriffen haben,
gegen jene durch Religion und Philosophie vorgenommenen diskrimi-
nierenden Zuschreibungen und Zuordnungen gewehrt, die sie mit Chaos,
Finsternis und allem Schlechten menschlicher Existenz in Verbindung
gebracht hatten. Spätestens seit es die Frauenbewegung gibt, ist der Mythos vom friedfertigeren, humaneren und besseren weiblichen Geschlecht
in immer neuen Variationen aufgetaucht. Dabei wurde allerdings aus
Schwarz Weiß, und aus Weiß wurde Schwarz – mit allen Problemen, die
bei dieser Art polarisierten Schwarz-Weiß-Denkens auftauchen, wenn es
mit Differenzen konfrontiert wird, wie sie im wirklichen Leben bestehen.
Lida Gustava HEYMANN, Vertreterin des radikalen Flügels der bürgerlichen Frauenbewegung, schreibt 1917:

*„... seitdem Vaterrecht herrscht, ist das Zusammenleben der Menschen
der Erde in Familie und Staat auf Gewalt aufgebaut ...Diesem männlich zerstörenden Prinzip ist das weiblich aufbauende Prinzip der
gegenseitigen Hilfe, der Güte, des Verstehens und Entgegenkommens
diametral entgegengesetzt. "*

In die gleiche Richtung weist die Auffassung, die Jutta LIMBACH, jüngst
berufene Oberste Richterin am Bundesverfassungsgericht, in einem aktuellen Interview mit dem Spiegel (28/1994, 60) vertreten hat: *„Ich meine,
daß Frauen mehr als Männer Gewalt verabscheuen und die Leiden des
Krieges fürchten. "*

Auf den ersten, oberflächlichen Blick leuchtet auch hier die Argumentation ein: Schließlich führen die Männer Kriege, vergewaltigen
Frauen und mißbrauchen Kinder. Die offensichtlich häufigeren und
brutaleren Prügeleien der Jungens werden dabei als Vorstufe der gewalttätigen Männlichkeit betrachtet. Die Täter-Opfer-Relation ist eindeutig definiert: Männer sind Täter, Frauen sind Opfer. In Frauenlexika und -hand-
büchern finden sich unter dem Stichwort ‚Gewalt' keine Gewalt-Täterin-
nen. Frauen erleiden körperliche, sexuelle und auch sogenannte
‚strukturelle' Gewalt und sind damit per se unschuldig. Selbst wenn *„Frau-
en, die töten"* einmal Gegenstand einer Untersuchung werden (JONES,
1986), wird ihr Handeln allenfalls als Reaktion auf lange ertragene Demütigungen und Mißhandlungen gesehen. Vor diesem Hintergrund wurde in
Michigan, USA, von Rechtsanwältinnen und Feministinnen ein Komitee

gegründet, das sich dafür einsetzt, solche Tötungsdelikte rechtlich wie eine Art Notwehr zu behandeln – auch wenn es sich hierbei häufig um eine Art von ‚Präventivschlägen' handelt.

Keinesfalls sollen in diesem Zusammenhang männliche Aggressionen und insbesondere Gewalt von Männern gegen Frauen gerechtfertigt oder verharmlost werden, und andererseits sollen Mädchen und Frauen nicht in übermäßiger und damit unzulässiger Weise für das Auftreten von Gewalt verantwortlich gemacht werden. Angesichts der Tatsache jedoch, daß es (viel zu viele) Männer gibt, die sich gewalttätig verhalten, kann man allerdings allzu leicht in die Versuchung geraten, Frauen schon allein deshalb als unschuldige Opfer und bessere Menschen wahrzunehmen. Eine Schuldzuweisung a priori an ‚die Jungen' und an ‚die Männer' verstellt nicht nur den Blick auf die Tatsache, daß sich auch Mädchen und Frauen auf vielfältige Weise destruktiv und gewalttätig verhalten. Die prügelnden Schülerinnen sind hierfür nur ein aktuelles Beispiel. Es geraten dann auch solche wichtigen Fragen aus dem Blickfeld, ob Frauen ihre aggressiven Impulse möglicherweise auf eine andere, eher indirekte Art ausleben oder ob zwischen der Gewalttätigkeit von Jungen und Männern sowie dem Verhalten von Mädchen und Frauen ein interaktionistischer Zusammenhang bestehen könnte. Mädchen und Jungen, Frauen und Männer, bewegen sich in einem Interaktionsgefüge, in dem sich unter anderem auch die Geschlechterrollen gegenseitig beeinflussen. Um solche Wirkungsmechanismen transparenter machen zu können, müssen allerdings dann auch solche Realitäten zur Kenntnis genommen werden, die (für Frauen) vielleicht unangenehm, wenig schmeichelhaft und ernüchternd sind.

Eine dieser Realitäten ist eben darin zu sehen, daß Mädchen und Frauen, unter bestimmten Bedingungen und häufiger als vielfach wahr- und angenommen, sich schon in der Vergangenheit gewalttätig verhalten haben und es heute anscheinend immer häufiger tun. Es lassen sich zahlreiche Belege dafür finden, daß sie offensichtlich in ähnlicher Weise und in vergleichbarem Ausmaß wie Jungen und Männer ihre Macht gegenüber Schwächeren mißbrauchen, wenn sie sich in einer überlegenen Position befinden. Die Tatsache beispielsweise, daß Mütter in der Deliktgruppe ‚Mißhandlung von Kindern' und ‚Mißhandlung von Schutzbefohlenen' im Vergleich zu sonstigen Gewaltdelikten nahezu genauso häufig wie Männer vertreten sind, hat in der Gewaltdiskussion bisher wenig Beachtung gefunden. Ebenso ist der Sachverhalt, daß Gewalt gegen alte Menschen überwiegend von Frauen begangen wird, bisher nicht aufgegriffen worden. Der insgesamt niedrige Anteil von Mädchen und Frauen an Gewaltdelikten wird gemeinhin als Beweis gewertet, daß sie tatsächlich weniger aggressiv und gewalttätig seien als ihre männlichen Mitmenschen. Wenn man jedoch einbezieht, daß Frauen in Bereichen, in denen sie körperlich überlegen sind und über Macht verfügen, in hohem Maße zu Gewalttaten neigen, dann drängt sich der Eindruck auf, daß die empirisch sichtbare größere Friedfertigkeit der Mädchen und Frauen eher durch eine realistische Einschätzung ihrer körperlichen Kräfte und den daraus resultierenden Verzicht auf handgreifliche Auseinandersetzung zustande kommt. Auch die befragten Schülerinnen geben zu, daß sie in Konfliktsituationen eher zu Gewalttätigkeiten bereit sind, wenn ihre körperliche Überlegenheit gesichert ist:

> *„Ich würde auch angreifen, wenn das jetzt einer aus meiner Klasse ist, von dem ich denke, der ist nicht so stark. Kommt drauf an. Wenn das ein Großer ist, würde ich den Lehrer holen."* (Judith, 12, Gymnasiastin aus Herzogenrath)

> *„Also wenn's ein Junge ist, dann würde ich so schnell nichts tun, weil Jungs halt stärker sind, bei Mädchen – denen würde ich auch eine reinhauen."* (Anke, 14, Gymnasiastin aus Aachen)

> *„Als Mädchen habe ich keine Angst vor Jungen. Es gibt so viele Jungen, die sagen immer ganz doll: ‚Ich schlage keine Mädchen!‘ Mit denen hat man es dann ganz leicht."* (Lara, 15, Gymnasiastin aus Bensberg)

Gewaltverzicht, wenn sie es mit einem körperlich überlegenen Gegner zu tun haben, geringe Hemmungen, wenn es sich um eine in etwa ebenbürtige oder sogar schwächere Person handelt – auf diesen Nenner ließen sich die vorliegenden Ergebnisse zur Mädchen- und Frauengewalt bringen. Jedoch ist weder der auffallend hohe Anteil von Frauen an Kindesmißhandlungen im privaten Bereich bisher Gegenstand der feministischen Diskussion gewesen, noch die Gewalttaten von Mädchen und Frauen im eher gesellschaftlich-politischen Raum. Daß der Frauenanteil an Gewaltdelikten in den Industrienationen knapp fünfundzwanzig, in den übrigen Ländern kaum drei bis fünf Prozent ausmacht, wird in gewohnter Weise als Beweis für die geringere weibliche Aggressivität gewertet. Die Frage, ob an den Zahlen nicht ablesbar ist, daß der Anteil der kriminellen Täterinnen in einem erkennbaren Zusammenhang mit ihrer gesellschaftlichen Rolle und ihrer in den Industrieländern vergleichsweise größeren gesellschaftlichen Macht steht, wird gar nicht erst gestellt.

Die *power*-Frau' oder: Frauen als Macht-Akteure

Auch die Geschichte hält etliche Beispiele für diesen engen Zusammenhang von Macht und Gewalt bereit, der anscheinend bei den Frauen zu Gewalttätigkeiten führen konnte – unabhängig davon, ob sie ihre Geschlechterrolle in Frage stellten oder akzeptierten. Ein Sprengen der weiblichen Rolle erleichtert es jedoch offensichtlich, Friedfertigkeit und Einfühlsamkeit mit Schwächeren aufzukündigen und tatsächlich verfügbare Macht zu mißbrauchen. Da waren zum Beispiel die Frauen, die an Sklavenhandel und Sklavenhaltung beteiligt waren. Frauen, die als weiße Herrinnen in den Kolonien Teilhaberinnen an der Macht gegenüber der einheimischen Bevölkerung waren. Da gab es die Frauen im Dritten Reich, die als Aufseherinnen in Konzentrationslagern tätig waren oder sich als Krankenschwestern und Ärztinnen aktiv am ,Euthanasie-Programm' beteiligten. Da gibt es heute jene Frauen, die sich freiwillig als Soldatinnen, in Revolutionen und Befreiungskriegen, im antifaschistischen Widerstand oder als Mitglieder in terroristischen Vereinigungen an bewaffneten Auseinandersetzungen beteiligen. Sie betrachten die Teilnahme an diesen Auseinandersetzungen nicht länger als ,Männerangelegenheit' im Sinne traditioneller Arbeitsteilung. Dabei geht es nicht um die Frage, ob und wann bewaffnete Kämpfe legitim sein können, sondern lediglich um die Tatsache, daß auch Frauen zu Mitteln offener Gewalt greifen.

Weitere Beispiele liefern jene Frauen, die politische Macht und Führungspositionen innehaben oder -hatten und ihre Bekanntheit nicht gerade dadurch erlangten, daß sie ihr Zepter mit Sanftmut schwangen: Indira Gandhi verhängte über Indien den Ausnahmezustand und führte Krieg gegen Pakistan. Chiang Ch'ing, die Gattin Mao Tse-tungs, war während der chinesischen Kulturrevolution federführend daran beteiligt, daß Hunderttausende in die Verbannung und in den Tod getrieben wurden. Sirimavo Bandaranaike schreckte als Regierungschefin von Sri Lanka nicht davor zurück, einen gegen sie gerichteten Putsch blutig niederzuschlagen, und Golda Meir überfiel 1973 im Jom-Kippur-Krieg die West-Bank und annektierte sie. Margaret Thatcher schließlich reagierte im Falkland-Konflikt knallhart mit Waffengewalt – alles in allem eine nicht gerade friedfertige Bilanz weiblicher Regierungstätigkeit (vgl. HEYNE, 1993: 114 f.).

Die ,sanfte Gewalt' der Frau

Die Auflistung dieser Beispiele zeigt ebenso eindringlich wie die individuellen Bekenntnisse der Schülerinnen in den Interviews, daß Mädchen und Frauen zu offenen Gewalttätigkeiten nicht nur in der Lage sind, sondern daß sie in Situationen, in denen sie aufgrund ihrer Position oder aufgrund körperlicher Überlegenheit Macht über Schwächere haben, sich auch gewalttätig verhalten. Neben dieser meist ignorierten oder geleugneten Realität gibt es noch eine weitere, nicht weniger versöhnliche: Aggression äußert sich bei Frauen vielfach in einer anderen Form als in Brachialgewalt. Frauen haben eine eigene Art, gewalttätig zu sein und diese Art ist sehr viel indirekter und verdeckter. Diese indirekten Formen von Gewalt können als eine Art Kompromiß von Frauen angesehen werden, die zwar einerseits das Bedürfnis haben, Aggressionen destruktiv auszuagieren, gleichzeitig aber der Rolle der friedfertigen Frau nach außen wie vor sich selbst treu bleiben wollen.

Man muß davon ausgehen, daß Mädchen und Frauen sich in weit höherem Maße indirekt und verdeckt gewalttätig verhalten als Jungen und Männer. Die wohl häufigste Form ist der verbale Angriff, der zwar durchaus offen in Erscheinung tritt, dessen Folgen aber in Gestalt einer psychischen Verletzung nicht äußerlich feststellbar sind. Daher wird durch die jene Gewaltdefinitionen, die von einer physischen Schädigung ausgehen, das große Arsenal indirekter Gewalthandlungen von Frauen gar nicht erfaßt. Daß psychische Gewalt oft sehr viel schmerzhafter und folgenreicher für das Opfer sein kann, ist auch den interviewten Schülerinnen klar. Ausnahmslos und ohne Einschränkungen ordnen alle Mädchen verbale Attacken und auch andere psychische Druckmittel unter den Begriff Gewalt:

> *„Es gibt auch seelische Gewalt, wenn zum Beispiel jemand erpreßt wird oder man zwingt ihn zu etwas, das er nicht will.... Seelische Gewalt ist meistens noch schlimmer als körperliche. Die heilt nicht so schnell, das braucht mehr Zeit."* (Anja, 13, Realschülerin aus Übach)

> *„Gewalt fängt nicht erst bei den Fäusten an, schon kleiner – zum Beispiel einen mit Wörtern verletzen."* (Judith, 12, Gymnasiastin aus Herzogenrath)

> *„Es gibt auch verbale Gewalt, die finde ich viel schlimmer. Weil man da viel verletzter ist. Wenn man körperlich verletzt ist, dann tut's halt weh und blutet. Man kann solche Gewalt mit der Zeit vergessen. Aber bei verbaler Gewalt, da tut's im Innern weh – das ist eben viel schlimmer, das kann man nicht so schnell vergessen."* (Petra, 15, Gymnasiastin aus Köln)

> *„Wenn man jemanden wirklich so provozieren würde, daß es dann zu Gewalt kommt, allein diese Provokation ist schon Gewalt."* (Manuela, 18, Handelsschülerin aus Köln)

Und obwohl alle Schülerinnen davon ausgehen, daß verbale Verletzungen – ob durch Beschimpfen, Herabsetzen, Ignorieren oder Ausspielen der Schwächen des Gegenübers – unter Umständen schwerwiegendere Folgen haben können als eine ordentliche Prügelei, geben sie zu, von diesen vielfältigen Gewaltformen durchaus Gebrauch zu machen.

„Ich teile auch ganz gern mal aus. Sticheleien oder so etwas. Ich versuche die Schwächen des anderen dann auszunutzen." (Martina, 18, Gymnasiastin aus Köln)

„Die Mädchen sind halt fieser gegen andere Mädchen, beim Sprechen und beim Reden – so vielmehr schlangenhaft, so hinterhältig. Die Jungen würden sich nie so unterschwellig verhalten." (Lara, 15, Gymnasiastin aus Bensberg)

„Mädchen sind halt sehr gemein mit Hänseleien, Sticheleien und versuchen, den anderen mit Worten zu verletzen. Und dann wird hintenrum verspottet und alles ausgeplaudert. Ich würde sagen, daß das weitaus asozialer ist als richtiges Kämpfen." (Alice, 19, Gymnasiastin aus Köln)

Nach ihrer eigenen Einschätzung bewerten die Schülerinnen ihr Verhalten unumwunden als gewalttätig, und ihre tagtäglichen Erfahrungen geben ihnen recht. Sie erleben, wie die verbalen und psychischen Tricks treffen – entweder bei ihrem Gegenüber oder an der eigenen Seele. Das wohl extremste Beispiel für die zerstörerische Wirksamkeit dieser Psycho-Attacken lieferten Schülerinnen der sechsten Klasse eines Kölner Gymnasiums. Sie hänselten, denunzierten und grenzten eine Mitschülerin so lange aus ihrer Clique aus, bis diese versuchte, Selbstmord zu begehen. Und dies konnte geschehen, ohne daß den Lehrerinnen und Lehrern der Klasse irgend etwas Ungewöhnliches aufgefallen wäre.

Ein weiterer Aspekt verdient in diesem Zusammenhang besondere Beachtung. Schon lange ist bekannt, daß körperlichen Auseinandersetzungen in den meisten Fällen verbale Aggressionen vorausgehen. Besonders raffinierte verbale Konfliktstrategien werden seit jeher durch die Geschlechterstereotype vor allem mit dem weiblichen Geschlecht in Verbindung gebracht: Frauen beschimpfen, stellen bloß, setzen herab, demütigen, hetzen, entwerten, machen Vorwürfe, verspotten, üben dauernde Kritik, ironisieren und pflegen Sarkasmus. Daß diese sprachlichen Aktionen, so sexistisch ihre Aufzählung auch erscheinen mag, tatsächlich bei Mädchen und Frauen zur Anwendung kommen, haben die Interviews eindringlich dokumentiert. Die Frage, welche Auswirkungen diese Verbalangriffe auf Jungen haben könnten, wurde jedoch bisher nicht gestellt. Lediglich in einer Studie zu Gewalt und Rechtsextremismus in Nordrhein-Westfalen (UTZMANN-KROMBHOLZ, 1994) gaben 44% der Jungen zu Protokoll, von Mädchen zu Gewalttätigkeiten provoziert oder angestachelt worden zu sein. Diesen Interaktionszusammenhang kennen auch die in Köln und Umgebung befragten Schülerinnen:

„Wenn man Jungs in ein Wortgefecht verwickelt – spätestens nach dem zweiten, dritten Satz, da hat man'ne dicke Schlägerei." (Alice, 19, Gymnasiastin aus Köln) *„Die Jungs, die können (von Mädchen) leicht provoziert werden und neigen dann dazu, zuzuschlagen. Die Mädchen sind da etwas zurückhaltender und benutzen erst mal negative Wörter."* (Stelia, 20, Kollegschülerin aus Leverkusen)

Der verbale ‚Erstschlag‘, offensichtlich häufig von Mädchen ausgeführt, scheint eine Reihe der anschließend beobachtbaren Prügeleien von Jungen auszulösen. Die Frage, wer nun TäterIn und wer Opfer ist, läßt sich vor dem Hintergrund dieses komplexen Interaktionsprozesses gar nicht mehr so einfach beantworten. Fest steht jedenfalls, daß indirekte, psychische Gewalt, die als eine Form von Gewalt in vielen sozialwissenschaftlichen Definitionen explizit angesprochen wird, nur schwer zu beobachten ist. Noch schwerer ist sie in ihrem Ausmaß zu erfassen und in ihren Auswirkungen für die Opfer einzuschätzen. Dies mag ein Grund dafür sein, daß sich empirische Untersuchungen zum diesem Themenbereich nahezu ausschließlich auf die beobachtbaren Folgen direkter, physischer Gewalt konzentrieren: Wunden, Knochenbrüche, Sachbeschädigungen kann man in Augenschein nehmen, zählen oder als finanziellen Schaden kalkulieren. Verdecktere Gewaltformen, wie sie offensichtlich vor allem von Mädchen und Frauen praktiziert werden, fallen dabei entsprechend wenig auf, und es kann sich wiederum der Eindruck festschreiben, das weibliche Geschlecht sei weniger gewalttätig.

Um die in den Schülerinnen-Interviews eingefangene Realität angemessener analysieren zu können, ist eine definitorische Abgrenzung der Begriffe ‚Gewalt‘ und ‚Aggression‘ erforderlich. Bewährt hat sich in diesem Zusammenhang ein Mehr-Faktoren-Modell der Sozialpsychologen TANNENBAUM und ZILLMANN (1992). Sie beschreiben Aggression als einen zunächst lediglich physiologischen Erregungszustand des Organismus. In eine solche Art körperlicher Alarmbereitschaft wird ein Mensch immer dann versetzt, wenn er in eine Konfliktsituation gerät. Auf welche Art und Weise der Konflikt dann bewältigt wird, darüber entscheidet ein weiterer Faktor, der als ‚geistige Formung‘ der Erregung beschrieben wird: Erfahrungen mit vergleichbaren Situationen, Erinnerungen an (vermeintlich) ähnliche Erlebnisse und entsprechende Interpretationen der aktuellen Situation bestimmen die möglichen Reaktionen. Werden konstruktive Verhaltensweisen zur Konfliktlösung angewendet, wirken sie wie entwarnende Signale auf den Organismus (z. B. eine Entschuldigung) und die aggressive Erregung kann wieder abgebaut werden. Destruktive Konfliktlösungen dagegen, wie z. B. verbale oder andere Formen psychischer Angriffe sowie körperliche Übergriffe, die einen Konflikt weiter schüren, werden in diesem Zusammenhang als Gewalt bezeichnet. Von der neurophysiologischen Ausstattung her ist es jedem Menschen, männlich wie weiblich, jederzeit möglich, aggressiv zu reagieren. Damit ist Aggression nichts grundsätzlich Negatives. Auch die lateinische Ursprungsbedeutung des Wortes *aggredi* (Infinitiv Passiv) heißt zunächst einmal ‚herangehen‘ oder ‚etwas in Angriff nehmen‘ im Sinne von ‚anfassen‘. Ob eine aggressive Erregung in der Folge mit gewalttätigem Verhalten endet, hängt von dem geistigen Beitrag ab, durch den die entsprechende Situation definiert wird. Und im Rahmen dieses Prozesses, der den Umgang mit Konflikten bestimmt, spielen Lernerfahrungen die zentrale Rolle.

Man kann davon ausgehen, daß Mädchen und Frauen grundsätzlich gleichermaßen zu aggressiven Reaktionen in der Lage sind wie Jungen und Männer. Selbst wenn diese leichter aggressiv zu erregen sein sollten, was zahlreiche Biologen auf das männliche Hormon Testosteron zurückführen, heißt das noch nicht, daß Jungen und Männer ihre Aggressionen auch gewalttätig ausleben müssen. Auch Frauen bedien(t)en sich, je nach Situation und dem Maß der ihnen zur Verfügung stehenden Macht, eines breitgefächerten Arsenals direkter und auch indirekter Formen von Gewalt, wobei die Folgen indirekter, psychischer Gewalt für die Betroffenen genauso schädlich sein können, wie diejenigen direkter, destruktiver Handlungen. Wie mit Aggressionen in Konflikten umgegangen wird, ob eher körperliche oder verbale Strategien zur Konfliktbewältigung gewählt werden, das hängt entscheidend von sozialen Lernprozessen ab. Und hier haben Mädchen und Jungen bisher in der Regel Unterschiedliches gelernt.

Wenn die weibliche Geschlechtsrolle in immer stärkerem Ausmaß auch um Aspekte der männlichen erweitert wird, wenn Mädchen und Frauen zunehmend gewalttätiges Verhalten von Frauen erleben, ob im Elternhaus, im Freundinnenkreis oder in den Medien, und sie, so wie sich die Entwicklung derzeit abzeichnet, ihre Aggressionen immer häufiger handfest und schlagfertig ausagieren und damit Erfolg haben, dann wird der Mythos von der friedfertigen Frau sicher nicht mehr lange überleben.

Freitag, M. / K. Hurrelmann, 1993, Gewalt an Schulen – In erster Linie ein Jungen-Phänomen. In: Neue Deutsche Schule, Sonderausgabe „Gewalt an Schulen", Essen: 3-4.

Heyne, C., 1993, Täterinnen. Offene und versteckte Aggression von Frauen. Zürich.

Jones, A., 1986, Die Abrechnung: Frauen, die töten. In: Psychologie heute, 13/6: 37-43.

Mitscherlich, M., 1992, Die friedfertige Frau. Eine psychoanalytische Untersuchung zur Aggression der Geschlechter. Frankfurt.

Paretzky, S., 1986, Schadenersatz. München.

Tannenbaum, P. / D. Zillmann, 1992, zit. nach G. Schmidtchen, Das Rätsel der Gewalt. Zur Sozialpsychologie der Aggression. In: AJS-Information, 28/6: 2.

Utzmann-Krombholz, H., 1994, Rechtsextremismus und Gewalt: Affinitäten und Resistenzen von Mädchen und jungen Frauen. Studie im Auftrag des Ministeriums für die Gleichstellung von Frau und Mann in NRW, Düsseldorf.

Yad-e Schahidan

Testament eines iranischen Märtyrers

Ich bin voller Liebe und Zuversicht an die Front gezogen, denn mein Körper konnte das Höllenfeuer nicht ertragen. Warum? Weil ich mit Leib und Seele den Weg des Imam Hosseins gehen will. Wir werden alle einst zu Gott zurückkehren. Umso besser ist es daher, den blutigen Weg zu gehen; wir folgen dem Weg Imam Hosseins, wir leben wie Hossein und werden als Märtyrer sterben. Oh, mein Gott, Du bist Zeuge, daß der Märtyrertod mein freier Wille ist. Ich bin nur ein Tropfen im Meer der Märtyrer.

Mein Testatment an meine Familie, an mein liebes Kind und meine Frau lautet: Ergreift meine zu Boden gefallene Waffe und setzt meinen Weg fort. Mein Kind, Du befindest Dich zur Zeit in der Festung Schule. Du mußt wissen, daß diese Festung sehr wichtig ist. Du kannst mit Deiner Ausbildung einen hohen Rang erreichen, einen Zipfel dieser Revolution ergreifen oder an der Front die Feinde der Religion und des Vaterlandes bekämpfen. Ich verlange von Dir, daß Du die Gebete einhälst und dem Weg des geliebten Imam folgst. Die iranische Gesellschaft muß islamisch werden! In Deinen Taten sollst Du Dich immer um die Zufriedenheit Gottes bemühen. Respektiere die Älteren! Du weißt, daß Du Deiner Großmutter sehr viel zu verdanken hast.

Mutter, ich wünsche mir, Dich noch einmal in die Arme schließen und Deine Wärme spüren zu können. Vergib mir all das Schlechte, was ich Dir angetan habe.

Meine gute und liebe Frau, Dich habe ich immer wegen Deiner Ehrlichkeit und Güte geliebt. Vertraue immer auf Gott und suche immer seinen Rat.

Meine liebe und gute Mutter, Dir vertraue ich A. an und Euch alle Gott. Schwestern, verzeiht mir, daß ich Euch nicht gesondert geschrieben habe.

Lebt wohl, werdet glücklich, denkt immer an Gott und vernachlässigt Eure Gebete nicht!

Übersetzt von *Shahnaz Nadjmabadi*.
Aus: JAHAD, Nr. 108, 1367 (1987), S. 51.

Aparna Rao
Die Konstruktion von Schande

Gedanken zur Eskalation eines Konflikts

„Kaschmir", sagte der Maurer Ahad, *„ist wie eine schöne Frau, die von zwei Männern begehrt wird – die aber keinen von beiden will. Deshalb vergewaltigen sie die Frau und denken, daß sie sie nun bekommen können, da sie Schande über sie gebracht haben. Aber sie irren sich."* Es war im April 1991. Wir saßen in Ahads Haus in der Altstadt von Srinagar. In seinem Haus hört man Tag und Nacht Gewehrsalven. Jedes Viertel der Stadt ist der Hoheitsbereich einer bewaffneten Gruppe und ihres Kommandanten. Auch in den besseren Zeiten, die die Stadt gesehen hat, wagten sich nur wenige Nichtansässige in die engen, verwinkelten Gassen, die heute ihren Bewohnern Sicherheit geben. Dieses Labyrinth ist ein Alptraum für die indischen Soldaten und paramilitärischen Einheiten, die an den Haupteingängen der Gassensysteme in Bunkern und hinter Sandsäcken Stellung bezogen haben. Seit 1990 gibt es in Kaschmir etwa vierhunderttausend Sicherheitskräfte, wie sie offiziell genannt werden, die mit Gewalt versuchen, dreiundhalb Millionen Kaschmiri unter ihrer Kontrolle zu halten. Die Frankfurter Allgemeine Zeitung schrieb hierzu:

> *„Folter, Brandschatzung und Vergewaltigung sind alltäglich geworden. Jeden Tag sterben zehn, manchmal fünfzig Menschen, die meisten sind unbeteiligte Zivilisten. Mit bisher fünfzehn- bis zwanzigtausend Opfern ist die Zahl der Toten, die in den beiden indisch-pakistanischen Kriegen 1948 und 1965* (um Kaschmir) *zu beklagen waren, schon weit überschritten."*
> (HAUBOLD, 4.9.1993).

In Ahads Nachbarviertel wurden fünf Frauen verschiedenen Alters vor allen Bewohnern des Viertels nackt ausgezogen. Es wurde auch berichtet, daß eine schwangere Frau vor den Augen ihres kleinen Sohnes vergewaltigt worden war. In zwei Haushalten wurden Bargeld und Schmucksachen gestohlen. Ein siebzigjähriger Mann und zwei Jugendliche im Alter von etwa sechzehn Jahren wurden verhaftet und zum nicht weit entfernten Verhör-Zentrum gebracht. Keiner weiß, ob sie jemals wieder lebendig zurückkehren werden, denn es hatte ein *crack down* stattgefunden – sechsunddreißig lange Stunden.

> *„Beim crack down umstellen die Soldaten etwa vier Uhr morgens einen Stadtteil, sie suchen ‚Militante‘ oder ‚Terroristen‘, wie die für die Loslösung Kaschmirs von Indien kämpfenden jungen Männer genannt werden. ‚Alle Männer zwischen sieben und siebzig Jahren vor die Häuser treten, alle Frauen und Mädchen in den Wohnungnen bleiben‘ schallt es aus denm Megaphon."*
> (Haubold, 4.9.1993).

Die Männer warten oft stundenlang ohne Nahrung oder Wasser in Sonne, Regen oder Schnee bis sie entweder als ‚verdächtig‘, d. h. anti-indisch, oder als ‚unschuldig‘ identifiziert worden sind. Wie bei allen *crack downs*, waren auch hier wieder die Spitzel *(mukhbir)*, die im Militärjargon die *„Katzen"*[1] genannt werden, beim Fangen der *„Mäuse"* behilflich, d. h. beim Identifizieren von Verdächtigen. *"Alle diese Katzen"*, so sagte mir ein indischer Brigadier, *„waren früher auch nur Mäuse, wie alle Kaschmiri."*

Eine Frage der Perspektive

Bei dem Kaschmir-Konflikt handelt es sich um eine seit mehr als fünf Jahren mit Waffengewalt ausgetragene Auseinandersetzung zwischen militärischen und paramilitärischen Einheiten eines Staates (Indien) und einer teilweise in Kampfgruppen organisierten Zivilbevölkerung einer Region (Kaschmir), von denen einige direkt oder indirekt durch Pakistan mit Waffen, Geldern und militärischer Ausbildung unterstützt werden. In der Sichtweise der Betroffenen wird diese Auseinandersetzung entweder als Aufstand, Krieg oder Bürgerkrieg bezeichnet oder aber als Freiheitskampf. Entsprechend wird auch die bewaffnete Zivilbevölkerung entweder als Terroristen *(taqribkar)*, Guerrilla und Rebellen oder als Freiheitskämpfer oder Kämpfer-im-heiligen-Krieg *(mudschahedin)* klassifiziert. Eine neutrale Bezeichnung, die auch von vielen Beteiligten beider Konflikt-Parteien benutzt wird, ist *„Militante"* *(dehschatgard)*.

In der Sichtweise wissenschaftlicher Analysen zur Erklärung von Konflikten wird vielfach entweder ein polit-ökonomischer oder ein sogenannter kultureller Ansatz favorisiert. Ersterer sieht den Konflikt als das Ergebnis von materiellen Interessen bzw. von Klasseninteressen. Der zweite Ansatz erklärt Konflikt als das Resultat von Problemen, die sich aufgrund des Zusammenlebens von Menschen mit unterschiedlichen Kulturen innerhalb

eines Nationalstaats ergeben können. Obgleich im Falle Kaschmirs beide
Ansätze anzuwenden wären, möchte ich jedoch den Schwerpunkt meiner
Analyse auf die Darstellung der Manipulation von Emotionen und Idealen innerhalb und zwischen den betroffenen Parteien legen. Ich meine
zeigen zu können, daß wie auch in anderen Konfliktfällen Südasiens (vgl.
z. B. DE SILVA, 1995) ein enger Zusammenhang zwischen politischen,
wirtschaftlichen und kulturspezifischen Konstruktionen und Manipulationen von Gefühlen, Selbstbildern und Idealen besteht; ein Zusammenhang, der zum Verständniß der Entstehung dieses Konfliktes, aber auch
ihrer aktuellen gewaltsamen Austragung beiträgt. Mit jeder Handlung, sei
sie politisch, wirtschaftlich oder ‚ethnisch' motiviert, ein Akt von Macht,
Lebensstil oder Identität, sind auch immer Emotionen verknüpft – oder,
weit mehr noch, sie sind der letztendliche Auslöser für Handlungen, unabhängig davon, ob sie bewußt oder unbewußt eingesetzt oder zugegeben
werden. Auch wenn nach Meinung einiger Autoren (z. B. BERGER, 1970)
das Konzept der Ehre in Europa durch das der Würde ersetzt wurde, so
handelt es sich doch letztendlich um eine zugrunde liegende Emotion, die,
wenn auch in unterschiedlicher Ausprägung, in wohl in allen Kulturen zu
finden ist. In den Gesellschaften Südasiens jedoch ist den Gefühlen der
‚Schande' und der ‚Ehre' sowohl in den privaten als auch in den öffentlichen Sphären eine herausragende Bedeutung beizumessen.[2] In bezug auf
den Kaschmir-Konflikt finden diese Begriffe auch ihre Anwendung in der
indischen Presse (z. B. EPW, 1993: 2315). In diesem Kapitel versuche ich
daher zu zeigen, daß das Gefühl der Schande seit ca. dem Beginn des 20.
Jahrhunderts, insbesondere aber in den letzten 50 Jahren, zunehmend die
Basis der Wahrnehmung und der Einschätzung aller folgenden Erfahrungen darstellt (vgl. BOURDIEU, 1979: 169). Einer meiner Kaschmiri-Bekannten, der mit der Dschammu-Kashmir-Befreiungs-Front (JKLF) sympathisiert, brachte dies folgendermaßen zum Ausdruck: *„Die gegenwärtige*
(politische) *Bewegung versucht eine Situation zu schaffen, in der wir uns*
unserer Traditionen nicht mehr schämen müssen."

Die Sprache der Schande:
Koloniale Kategorien vom Tapferen und vom Ängstlichen

In zahlreichen Gesellschaften gehen Begriffe wie männlich und tapfer,
furchtlos und ehrenhaft Hand in Hand, ebenso wie auch weiblich und
ängstlich, ehrlos und feige als zusammengehörig betrachtet werden. So
stellt der Kolonialbeamte LAWRENCE (1895/1981: 275) die Kaschmiri,
die von sich selber berichten, daß sie *„einst ein ehrenvolles und tapferes*

Volk waren" (1895/1981: 274), als „... *ängstliche, und in gewisser Weise verweichlichte Kreaturen"* dar, und KNIGHT (1893: 111) beschreibt sie als eine „... *bärtige Verhöhnung der menschlichen Rasse, die sich nicht schämen zu wehklagen und zu weinen und sich zu Tode fürchtend, zu Boden zu werfen „*. Diese Vorurteile decken sich mit denen einheimischer Bevölkerungsgruppen. So schrieb z. B. der berühmte indisch-pakistanische Dichter Mohammad Iqbal: „*Der Kaschmiri ...(ist) ohne Selbstwertgefühl – (er) schämt sich seiner selbst.*" (Zitiert nach WANI und NAQASH, 1993: 16). Die bereits erwähnte Metapher der Mäuse für die Kaschmiri bezieht sich auch auf deren angebliche Furchtsamkeit. Alle diese Vorstellungen lassen sich wahrscheinlich durch die Tatsache erklären, daß Kaschmir in den letzten fünfhundert Jahren immer wieder angegriffen und besiegt wurde; nie aber waren die Kaschmiri die Angreifer. Kaschmir blickt auf eine lange Geschichte der Unterdrückung durch ‚Fremde' zurück, die mit der Herrschaft der Afghanen (Paschtunen) im 18. Jahrhundert einen Höhepunkt an Brutalität erreichte. Dieses ausbeuterische Regime, mit dem noch heute sprichwörtlichen Raub und Verkauf von Frauen in die Harems der Reichen vieler Länder, endete Anfang des 19. Jahrhunderts, als die Sikh-Herrschaft begann – die Lage der Kaschmiri verbesserte sich allerdings nur wenig. Die Kaschmiri haben auf ihre Weise Widerstand geleistet, jedoch war, mit Ausnahme des Aufstands gegen die Sikh im Jahre 1842, ihr Weg selten blutig. Den Sikh folgten ihre ehemaligen Vassalen, die Dogra. Bis in die 20er Jahre des 20. Jahrhunderts hinein waren die Kaschmiri – und vor allem die Kaschmiri Muslime – Opfer unbeschreiblicher wirtschaftlicher und sozialer Ausbeutung. In den 30er Jahren begann dann der organisierte Widerstand. Der 13. Juli 1931, der Tag, an dem bei Demonstrationen gegen die Dogra-Herrschaft viele Kaschmiri von der Polizei getötet wurden, wird seitdem als der ‚Tag der Märtyrer' gefeiert. Er symbolisiert die zurückgewonnene Ehre *(isat)* der Kaschmiri, die ihnen in all den Jahren der Unterdrückung geraubt worden war.

Die Dogra verachteten die Kaschmiri. Sie vermißten bei ihnen alle diejenigen Normen und Werte, die ihnen selber so wichtig waren: insbesondere eine Männlichkeits-Ideologie, deren zentrale Inhalte die Tapferkeit und die Bereitschaft zum Kampf waren. Zur Zeit der Dogra-Herrschaft entstanden Geschichten, die die ‚unmartialischen' Kaschmiri lächerlich machten. So auch die folgende:

„... als die ehemaligen (Dogra) *Herrscher Kaschmirs ...ein Bataillon aufstellten, das ausschließlich aus Kaschmiri bestand, war der erste Auftrag, der ihm erteilt wurde, ein Marsch von Srinagar nach Dschammu. Der Kommandant meldete, daß seine Männer zum Ab-*

marsch bereit seien – allerdings wünschten sie Polizeischutz auf dem Weg. (India Today, 15.1.1990).

Gewalt *per se* wurde von den Kaschmiri wohl tatsächlich nicht positiv betrachtet. Beobachter wie LAWRENCE schrieben: „ *Vor dem Anblick von Blut graut es ihnen* " (S. 278). Diese Abscheu wurde in den meisten der sie umgebenden, von kämpferischen Männlichkeitsidealen geprägten Gesellschaften als ein Zeichen für Feigheit und fehlende Männlichkeit verstanden. Die positiv geprägten Vorstellungen von Gewalt bei einigen Kulturen Südasiens wurden von den Briten benutzt, um ihre Macht auszubauen. Ab ca. 1860 entwickelten sie ein politisches Konzept, das für die Region noch heute Konsequenzen hat. Der zentrale Begriff dieses Konzepts ist der der „*martial races*", d. h. die Vorstellung von ,kämpferischen, martialischen, im Kampf tüchtigen Rassen'. Als die Briten in der frühen Phase der Kolonialisierung in verschiedenen Teilen Südasiens Krieg führten, waren die Versuche des Widerstandes fast überall erfolglos. Als sich jedoch 1857 in Teilen des Subkontinents verschiedene Gruppen verbündeten, um einen Befreiungskrieg, *mutiny* genannt, gegen die Briten zu führen, kämpften einige der Lokalgruppen als Verbündete auf ihrer Seite. Diese Gruppen, ehemalige Feinde der Kolonialherren, waren den Briten bereits als tapfere Krieger bekannt (z. B. CAPLAN, 1991: 578ff.). Nun kämpften sie auf der ,richtigen' Seite. Die Verbindung von Kampfbereitschaft und politischer Treue führte in zunehmendem Maße dazu, daß die Mitglieder dieser ,martialischen' Gruppen (z. B. Sikh, Gurkha, Dogra, Paschtunen) als besonders geeignete Soldaten für die Kolonialarmee rekrutiert wurden. Diese *martial races* galten als ,von Natur aus' männlicher, kämpferischer und damit ehrenvoller als andere Gruppen; sie wurden gleichfalls „... *ermutigt ...sich selbst als ,martial race' zu betrachten.* " (McLEOD, 1989: 749).

Die postkolonialen Kategorien und die Konstruktion von Schande

„(Die Kaschmiri) *waren in keiner Weise kriegerisch und daher sehr verschieden von einigen ihrer Nachbarn. Sie liebten ein sanftes und ruhiges Leben. Vielleicht war es diese Sanftheit, die abenteuerlustige Nachbarn anzog und letztlich zu den Schwierigkeiten führte, die der Teilung Indiens folgten.* " (Jawaharlal NEHRU, 1962).

Im August 1947 entstanden die zwei neuen Staaten Indien und Pakistan. Der Dogra-Maharadscha von Kaschmir wollte sich weder Indien noch Pakistan anschließen und versuchte, Kaschmir zum unabhängigen Staat zu deklarieren. Am 25. Oktober 1947 wurde Kaschmir von paschtunischen

Söldnern, die von Pakistan bezahlt wurden, angegriffen. Der Maharadscha
bat Indien um Hilfe. Für diese Hilfe machte Indien allerdings die Angliederung Kaschmirs an die indische Union zur Bedingung. Am 26.
Oktober 1947 unterzeichnete der Maharadscha den provisorischen Beitritt Kaschmirs. Nun sandte Indien Truppen nach Kaschmir, und die Invasoren wurden aus großen Teilen des Gebietes zurückgeschlagen. Während dieser
Kämpfe verhängte die UNO einen Waffenstillstand als dessen Folge Kaschmir in zwei Hoheitslager aufgeteilt wurde: Das Kaschmir-Tal, das östlich
der Waffenstillstandslinie lag, kam unter indische Kontrolle, und das Gebiet westlich dieser Linie, das sogenannte *„freie Kaschmir"* –*Azad Kaschmir*, unter die pakistanische. Im Jahre 1948 brachte Indien das ‚Kaschmir
Problem' vor die UNO (UNR 1958), und Indiens Premierminister Nehru
versprach, eine Volksbefragung in Kaschmir durchzuführen, so daß die
Kaschmiri selbst über ihre Zukunft entscheiden können. Dieses Plebiszit
hat jedoch bis heute nicht stattgefunden. Im selben Jahr wurde dann die
Dschammu-Kaschmir-Liberation Front (JKLF) mit dem Ziel gegründet,
Kaschmir von Indien und Pakistan loszulösen und einen eigenen Staat zu
gründen. Im Jahr 1972 unterzeichneten Indien und Pakistan eine Erklärung, in der vereinbart worden war, den Konflikt um das *„disputed terri-
tory"* Kaschmir durch bilaterale Verhandlungen zu lösen. Diese Vereinba-
rung besagte somit, daß die dritte Fraktion, die Kaschmiri, von den
Verhandlungen ausgeschlossen waren.[3]

Die Entstehung von Feindbildern

Zumeist spricht man von Nationalstaaten, als ob es sich bei ihnen um
monolithische Einheiten handelte, die allenfalls in ethnische und religiöse Gruppen oder Klassen unterteilt sind. Diese Kategorien werden dann
so behandelt, als ob es sich bei ihnen um denkende und fühlende Einheiten handelte. Spricht man aber von solchen staatlichen Interaktionen, so
kann man eigentlich nur von den Handlungen und Diskursen der Individuen sprechen, d. h. den politischen Akteuren innerhalb dieser Einheiten.
Deren Handlungsmotivationen stehen somit auch in Verbindung mit Emotionen. Diese Emotionen sind kulturspezifische Konstrukte, die dann im
Rahmen des politischen und ökonomischen Lebens Bedeutung gewinnen.
Von solchen Emotionen sprach zum Beispiel Ahad, indem er Indien und
Pakistan als zwei ‚geile Männer' bezeichnete. Um den Kaschmir-Konflikt
besser begreifen zu können, müssen wir ihn daher auch im Zusammenhang mit den empfundenen Gefühlen der Kränkung und des Verrats betrachten. So hat Indien Pakistan bis heute nicht verziehen, daß es die Tei-

lung des Subkontinents wollte. Andererseits hat Pakistan Indien die Rolle, die es bei der Entstehung Bangladeschs im Jahre 1971 spielte, nicht vergeben. In ähnlicher Weise haben Indien und Pakistan auch Kaschmir nicht verziehen. Indien konnte es nicht verwinden, daß Kaschmir nicht integraler Teil der indischen Union mit seiner ‚säkularen Demokratie‘ sein wollte, und Pakistan konnte nicht verstehen, daß Kaschmir nicht Teil eines Staates mit islamischen Idealen sein wollte. Diese Gefühle des Verrats und des verletzten Stolzes haben auf der politischen Ebene zur Konstruktion von Feindbildern geführt. Die Angliederung Kaschmirs an eines der beiden Länder wäre eine Schande für das jeweils andere. Erlangte Kaschmir aber die Unabhängigkeit, so würden beide Staaten ihr Gesicht verlieren. Im Indien nach der Teilung stand neben der Sorge um die Rettung der ‚nationalen Ehre‘ das Bild von den tapferen Wächtern dieser Ehre, heldenhaften Soldaten, deren Pflicht es ist, auch die *„ängstlichen Kaschmiri"* (KARIM, 1991: 87) vor dem Feind, vor Pakistan, zu beschützen. Da aber die Kaschmiri seit der Teilung des Landes unabhängig sein wollten, hat sich in Indien das Gefühl von unzuverlässigen oder sogar verräterischen Kaschmiri entwickelt. Als Folge entstand bei allen Beteiligten das Gefühl des Mißtrauens.

Auf indischer Seite wurde dies besonders dadurch deutlich, daß die 1948 versprochene Volksbefragung nie stattfand und nur wenig investiert wurde, um Arbeitsplätze zu schaffen. Die Regierung Kaschmirs erhielt jedoch hohe finanzielle Zuwendungen von der Zentralregierung in Delhi, und in den Städten entstand eine Schicht von wohlhabenden Kaschmiri, die ein System extremer Korruption und Patronage entwickelte. Dieses System verhinderte jedoch, daß Vorleistungen der einen oder anderen Seite als Vertrauensbeweis hätten angesehen werden können. Die Strukturprobleme Kaschmirs wuchsen über die Jahre und die Führer der Congress-Partei in Delhi versuchten, jede aufkeimende Opposition zu unterdrücken. Während sie damit beschäftigt waren, die Ehre des Landes durch das Festhalten Kaschmirs zu schützen, setzte Pakistan seine Bemühungen zur Schürung der Unzufriedenheit fort, um wiederum seine Ehre hochzuhalten. Seit 1953 konnten die Pakistani viele Kaschmiri davon überzeugen, daß sie die wahren und treuen Freunde seien, die ihnen in den Zeiten der Not beistehen, was ihnen durch die indischen Unterdrückungsmaßnahmen vereinfacht wurde. Doch trotz der mehrheitlichen Unzufriedenheit und des Gefühls, daß Indien kein Recht habe, sie zu dominieren, gab es keine Aufstände. Dies ist auch durch die Wirtschaftslage zu begründen, die sich, trotz aller Probleme, in weiten Teilen Kaschmirs wesentlich verbessert hatte. Bis hinein in die 80er Jahre bestand zwar bei der Mehrheit der Kaschmiri die Überzeugung, daß Kaschmir nicht Teil Indiens sei, aber nur für weni-

ge hatte das Modell einer Abspaltung von Indien handlungsleitende Qualität, denn nur eine Überzeugung muß nicht notwendigerweise den Anlaß
zum Handeln geben (TAYLOR, 1993). Dschaved Ahmad Mir, bis zu seiner Verhaftung im Frühjahr 1994 Oberkommandeur der JKLF in Kaschmir, formulierte dies in seinen Erinnerungen folgendermaßen:

> „... *1982 verteilten wir zum ersten Mal Kasetten mit* (Reden des in
> Delhi gehängten und seit den 80er Jahren als Märtyrer verehrten)
> *Maqbool Butt und einige Filme mit Aufnahmen vom Guerillakrieg in
> Afghanistan, doch erhielten wir nur sehr schwache Reaktionen...1987-
> 1988 versuchten wir erneut, die Jugend zu erreichen. Zu dieser Zeit
> hatten wir nur 10-15 Gewehre. Wir erließen heimliche Aufrufe an
> Freiwillige, doch wir hatten keinen Erfolg. Die Leute hatten Angst vor
> uns ...Dies waren die schlimmsten Jahre meines Lebens. Ich verbrachte
> viele Tage ohne Nahrung und ich schlief auf Friedhöfen ...Wir wur-
> den wie Unberührbare behandelt. Niemand sympathisierte mit uns ...* "

Im Unterschied zu vielen anderen Regionen Südasiens haben Krieger- und
Heldenideale in Kaschmir keine Tradition. Allerdings können Traditionen
geschaffen werden. So wird beispielsweise heute ein Mann wie Yasin
Malik, der jetzige Chef der inzwischen gespaltenen JKLF bzw. KLF, als
Held verehrt, obwohl angenommen wird, daß er fünf indische Luftwaf-
fenoffiziere getötet und die Tochter des damaligen Innenministers, eines
Kaschmiri-Muslims, als Geisel genommen hat. Nahezu jeden Tag hört man
jetzt auch Slogans wie: *„Indische Hunde geht nach Hause".* Wie kam es
zu diesem Wandel? Wodurch wurde das Modell einer Abspaltung von Indien zu einem kulturellen Leitmodell, welches das Denken und Fühlen der
Kaschmiri soweit beherrschte, daß sie nun bereit waren, ihr Leben aufs
Spiel zu setzen? Wie läßt es sich erklären, daß aus sporadischen Protest-
aktionen ein mittlerweile mehrjähriger Bürgerkrieg entstand? Ein wesentlicher Faktor ist m. E. darin zu sehen, daß die Jugend Kaschmirs in zunehmendem Maße ein Bild davon bekam, wie sie von anderen, insbesondere von Indern, gesehen wurde. Dies führte zu einem Wandel ihres
Selbstbildes sowohl als Kaschmiri als auch Muslime.

Die Herausforderung durch die Schande

In der Hoffnung Stimmen zu gewinnen, wurden von verschiedenen Parteien während der 70er Jahre systematisch Spannungen zwischen den
Muslimen, die die überwiegende Mehrheit der Bevölkerung Kaschmirs
stellen, und der Hindu-Minderheit erzeugt. Diese Spannungen wurden ab
1986/87 für alle offensichtlich, als einige Tempel angegriffen und Hindus
getötet wurden. 1990/91 bewirkten sie dann die Flucht von ca. 260,000

Menschen, überwiegend Hindus, nach Dschammu und zu anderen indischen Orten. 1991 sagte mir ein muslimischer Rechtsanwalt in Srinagar: *„Die Kaschmiri Hindus* (Pandits) *haben schon immer alles getan, um die Kaschmiri Muslime in den Augen der Inder herabzusetzen.*" Es gab das – allerdings mir unwahrscheinlich erscheinende – Gerücht, daß alle Verhörenden in den Folterkammern militärischer und paramilitärischer Einheiten Kaschmiri Hindus seien, denn *„wer sonst könnte die Verhöre in Kaschmiri führen"*, so ein Kämpfer der Gruppe Al Umar. Ein Kämpfer der Allah Tigers formulierte es noch drastischer: *„Die Kaschmiri Pandits sind wie die Juden. Sie sind die geborenen Verräter."* Andererseits hörte man aber auch nicht selten von Muslimen, daß *„Kaschmir viel von seinem Charakter einbüßen wird, wenn die Hindus nicht zurückkehren."* Ein Organisator der JKLF vertrat sogar die Meinung, daß *„Kaschmiri-Kultur und Kaschmiri-Lebensart eine Mischung von uns* (Muslimen) *und ihnen* (Hindus) *ist, – und der eine kann nicht ohne den anderen sein"*.

Das Jahr 1987 war nicht nur wegen der zunehmenden inter-religiösen Spannungen wichtig. In diesem Jahr fanden auch die bisher letzten Wahlen in Kaschmir statt, in denen etwa 60% der Bürger ihre Stimmen abgaben. Nach der vorherrschenden Meinung gewann die größte Oppositionspartei, doch die Ergebnisse seien schamlos gefälscht worden, so daß Farooq Abdullah, dessen National Conference Partei ein Wahlbündnis mit der Congress Partei eingegangen war, wieder der Ministerpräsident des Landes wurde. Diese Ernennung Abdullahs zum Ministerpräsidenten verstärkte aufs Neue das Gefühl der Ohnmacht der Kaschmiri. Die Anhänger und Mitglieder der größten Oppositionspartei, die Muslim United Front, die sich sowohl aus der JKLF als auch islamischen Gruppierungen zusammensetzte, betrachteten den erhofften Sieg als Lösung für die politischen und wirtschaftlichen Probleme Kaschmirs. Als jedoch diese Hoffnung, die politische Macht auf friedliche Weise zu erhalten, durch die Entscheidung der zentralen Wahlkommission Indiens zunichte gemacht wurde, gingen viele der Kandidaten in den Untergrund und bereiteten sich auf den bewaffneten Kampf vor. In der breiten Masse der Bevölkerung wuchs das Gefühl, Widerstand gegen eine Macht leisten zu müssen, *„die immer angenommen hatte, daß wir durch Einschüchterungen zum Schweigen gebracht werden können"*. (Abdul Madschid Dar, damaliger Kommandant der Hisb-ul Mudschahedin, 1991).

Das seit 1947 bestehende Konfliktpotential wurde durch die kränkende und ehrabschneidende politische und ökonomische Praxis Indiens sowie die Aktivitäten Pakistans dermaßen verstärkt, daß nun der Wille zum Kampf durchbrach. Der bereits populäre Slogan *„ham kya chahte haiñ – azadi! – was wollen wir – Freiheit!"*, der bisher jedoch nur den Wunsch

zum Ausdruck brachte, wurde ab 1988/89 durch Hinzufügung der Zeile
„*chhin ke lengey azadi! – wir werden die Freiheit erringen*" zum Schlacht-
ruf. Im Juni 1990 rief Amanullah Khan, der Chef der damals noch
vereinten JKLF, die Unabhängigkeit Kaschmirs aus. Er schlug einen
Regierungsstab vor, in dem sich auch der Sohn des letzten Dogra-Mahara-
dschas Kaschmirs, der 1947 die Unabhängigkeit für Kaschmir verlangt
hatte, befinden sollte. Am 14. August 1990, dem Unabhängigkeitstag Pakistans, deklarierten in Lahore nun auch die afghanischen *Mudschahedin*-
Führer Gulbuddin Hekmatyar und Ghulam Mohammad Safi von der *Hisb-
ul Mudschahedin* den heiligen Krieg *(Dschihad)* Kaschmirs gegen die
indische Regierung. Bei der weitaus populäreren, aber ärmeren und weniger gut organisierten JKLF verlief die Entwicklung hin zum bewaffneten Kampf eher beiläufig. Schulfreunde, Nachbarn und Verwandte kamen
zusammen und tauschten ihre Meinungen über die Demütigungen Kaschmirs aus. Allmählich jedoch entwickelte sich der gemeinsame Wunsch
„*Indien zu zeigen, daß auch wir Widerstand leisten können, so wie es richtige Männer nach Meinung der Inder vermögen.*" (Ein Kämpfer, 1992).
    Ein wesentlicher Faktor, der die Beteiligung der Massen vorantrieb,
waren die kriegerischen Auseinandersetzungen in den Nachbargebieten
und bei anderen islamischen Bevölkerungen. Die wichtigsten waren hierbei die *Intifada* in Palästina, der Krieg der Afghanen gegen die Sowjetunion, die als Freund Indiens bekannt war, und der Konflikt im Pandsch-
ab, in dem viele Sikhs „*ihre Fähigkeit bezeugt haben, schahid* (d. h.
Märtyrer) *für ihre Sache zu werden, – und als Muslime sollten wir dies
eigentlich noch besser können*". (Ein Hisb-ul Mudschahedin Kämpfer,
1991). Auch das Auseinanderbrechen des Ostblocks und der Golf-Krieg
spielten eine Rolle. In einem Dorf wurde mir erzählt, daß „*Saddam Hus-
sein, nachdem er seine Feinde geschlagen hat, auf einem weißen Pferd rei-
tend, Kaschmir befreien wird*". Die verschiedenen Symbole, die die wach-
sende Bereitschaft zum Kampf demonstrierten, orientierten sich an den
Heldenidealen der kämpfenden Gruppen in den benachbarten Regionen
und islamischen Legenden (z. B. Alis Pferd). Auch wurde jetzt das alte
Bild vom sprichwörtlich ‚brutalen Afghanen' durch das Bild des Afghanen als tapferem Kämpfer ersetzt.
    In einer Gesellschaft jedoch, in der sich die Erziehung von Kindern
nicht am Ideal eines gewalttätigen Heldentums orientiert, sind die Hemmungen vor dem Griff zu den Waffen zweifellos stärker, als in einer Gesellschaft, in der Gewalt ein hohes Prestige hat. Bis heute weisen die Kaschmiri nicht die Tradition von Nachbargruppen auf, nach der jeder ‚richtige'
Mann eine Waffe besitzt; auch der erleichterte Zugang zu Waffen hat daran wenig verändert. Selbst in den Lebensgeschichten der bekannten Kämp-

fer, die in den Zeitungen Srinagars veröffentlicht werden, spiegeln sich
die Ideale eines Heldentums nicht wider. Auch die islamische Märtyrer-
ideologie, wie man sie zum Teil aus der afghanischen Presse kennt (ED-
WARDS, 1995), fehlt hier. Aber wie in vielen anderen Gesellschaften
werden auch hier „... *Erinnerungen oft als politischer Ausdruck benutzt*
...der seine Stärke durch eine kluge Auswahl der Episoden gewinnt. Er-
zählen ...bedeutet sowohl das erneute Durchleben schemenhafter Erinne-
rungen als auch seine Kinder zu motivieren, Vergeltung zu üben." (RO-
SALDO, 1980: 31). Alle Lebensgeschichten der Kämpfer schildern, wie
sie als Jugendliche gedemütigt, verhaftet und oft sogar gefoltert wurden,
weil sie demonstrierten, mit Steinen warfen oder anti-indische Slogans
riefen. Je länger allerdings der Konflikt andauert, desto höher ist die Wahrscheinlichkeit, daß mehr und mehr Kinder zu Kämpfern und ‚professionellen Helden' sozialisiert werden, die dann, wie beispielsweise in Palästina (PETEET, 1994), Gewalt und sogar Folter als wichtige Elemente des
Übergangs in das Erwachsenenalter ansehen. Dies trifft insbesondere auf
die Kinder ärmerer Familien zu, die auch während der Unruhen keinerlei
Ausbildung erhalten (DEWAN, 1994: 265). Die Kinder reicherer Familien werden seit 1992/93 zunehmend in indischen Internaten erzogen, und
zunehmend investieren diese Familien in Immobilien in indischen Städten. Je länger der Konflikt andauert, desto stärker könnte dann diese wirtschaftlich und intelektuell bedeutsame Schicht ‚indianisiert' werden,
wodurch letztendlich das Gegenteil dessen erreicht würde, was ursprünglich von der Mehrheit der Kaschmiri angestrebt worden war.

Für viele der ärmeren Jugendlichen ist mittlerweile die Überzeugung,
sich für die „*heilige Sache*" (Yasin Malik in Frontline, 1.7.1994) der Befreiung von einem korrupten und illegitimen System einsetzen zu müssen,
sozial und moralisch verpflichtend geworden, und in vielen Familien
wächst die Erwartung, daß ein Sohn sich am Kampf beteiligt. So sagten
mir Frauen, die bereits einen Sohn im Kampf verloren hatten, daß sie gerne
auch ihre noch verbliebenen jüngeren Söhne in den Kampf schicken würden: „*Ich werde ihn selber schicken – wenn es sein muß, in den Tod. Wenn*
er nicht geht, werde ich ihn als seine Mutter töten – denn wozu ist ein Sohn
gut, wenn er Schande über die Familie gebracht hat?" Über Srinagar verteilt finden sich nun mehr als fünfundzwanzig Märtyrer- bzw. Heldenfriedhöfe (*schahid margusar*), geschmückt mit den Fahnen der
verschiedenen Kampfeinheiten. Allerdings betrachten sich nur einige
Kämpfer, von denen viele in Pakistan oder Afghanistan ausgebildet werden, als heilige Krieger des Islams und auch die Wahl der Kampfeinheiten, von denen es mittlerweile zwischen 70 und 130 (Frontline 1.7.1994,
India Today 30.6.1994) geben soll, hängt zunehmend weniger von einer

bestimmten Ideologie ab, als von persönlichen Bindungen und Freundschaften.
   Stark ideologisch motiviert kämpfen jedoch mittlerweile Söldner aus
mindestens zwölf Ländern (z. B. Afghanistan, Sudan, Jemen, Türkei,
Tadschikistan), die sich als „*Soldaten des Islam*" bezeichnen, in erster
Linie, um den Islam in dieser Region zu verteidigen. Sie sollen aber auch
mit ihrer Tapferkeit den Kaschmiri ein Vorbild sein, denn, wie einer mir
erklärte, sollte „*für einen Muslim das Martyrium die Seeligkeit*" sein. Sie
gehören der internationalen Organisation *Harkat-ul Dschihad-e Islami* an,
werden überwiegend mit Geldern aus Pakistan und Saudi Arabien bezahlt
und kämpfen zusammen mit den Kaschmiri Kämpfern der *Harkat-ul
Mudschahedin* im Rahmen eines Dachverbandes, nämlich des *Harkat-ul
Ansar*.[4] Die Beziehungen zwischen den Kaschmiri und diesen Kämpfern
sind ambivalent. Einerseits befürchten ihre Führer eine ideologische Bevor-
mundung: „*Wir entscheiden selber über unser Schicksal, niemand wird
unsere Freiheitsbewegung entführen!*" (Abdul Ghani Lone, nach KLEIN,
1995: 3). Andererseits jedoch verehrt und bewundert das Volk Männer wie
Abu Dschindal, ein Führer der Harkat-ul Ansar, der für einige fast ein
Heiliger ist, oder den dem islamischen Ideal entsprechenden Kämpfer Mast
Gul, die monatelang „*... über 2000 Mann von einer der größten Armeen
der Welt zum Narren gehalten haben ...*" (Frontline, 16.6.1995). Die ex-
treme Ineffizienz der indischen Streitkräfte und Behörden (India Today,
31.7.1995), die bei der Zerstörung des Schreins des heiligen Scheich
Nuruddin und der heiligen Stätte in Tschrar-e Scharif im Mai 1995 zutage
trat, fördert einerseits deren Lächerlichkeit und andererseits wiederum die
Bewunderung für die bewaffneten Helden aus den islamischen Ländern.
   Die Wiederherstellung der Ehre in Kaschmir wird von der breiten
Masse jedoch nicht durch Waffen, sondern vor allem durch Streiks und
andere Formen passiven Widerstands versucht durchzusetzen, und die Art
und Weise, wie die indischen Autoritäten auf diese Formen des Protestes
reagieren, hat ihren Willen zum Widerstand gestärkt. Die tägliche Schi-
kane, die Vergewaltigungen, das Brandschatzen von Häusern und Geschäften während der Suchaktionen, die Inhaftierung von mehr als 20.000
Kaschmiri (Frühjahr 1991) über Monate hinweg ohne Anklage, deren
Bezeichnung als Kriminelle und nicht als politische Gefangene, die Geisel-
nahme der jüngeren Brüder vieler Kämpfer und die Folterungen, oft bis
zum Tode – all dies konnte nur die Verachtung und den Haß der Kaschmiri
gegenüber Indien schüren. Diese Verachtung drückt sich wiederum in der
Sprache der Ehrenhaftigkeit und Männlichkeit aus: So beschimpfen kleine Kinder schwerbewaffnete Männer mit „*Du grasfressende Kuh*" oder
„*ängstliche Kaninchen*" (SINGH, 1995). Die Verachtung und der Haß

werden durch die mangelnde Bereitschaft oder auch die Unfähigkeit der indischen Regierung vertieft, jene Fälle zu klären, in die nach Annahme der Kaschmiri ausländische oder islamisch-fundamentalistische Kräfte verwickelt waren; dies betrifft z. B. die Ermordung einiger Kaschmiri-Intellektueller, einige islamische Würdenträger oder die Zerstörung der Bibliothek der Hasratbal-Moschee in Srinagar.

Frieden durch Ehre?

„... die indische Regierung hat ihre Ehre aufs Spiel gesetzt, die pakistanischen territorialen Absichten in Kaschmir zu durchkreuzen. Aber vielleicht dämmert es ihr nun langsam, daß die größere Ehre darin liegt, es den Kaschmiri zu ermöglichen, ihren berechtigten und lange unterdrückten politischen Hoffnungen Ausdruck zu verleihen. "
(Frontline, 9.9.1994)

Bei der Sitzung der Menschenrechts-Kommission der UNO in Genf im März 1994 versuchte Pakistan die indischen Menschenrechtsverletzungen in Kaschmir zu thematisieren, um eine Verurteilung durch die internationale Gemeinschaft zu erreichen. Nachdem beide Parteien sich in alle Richtungen um Unterstützung bemüht hatten, entschloß sich die pakistanische Regierung den Antrag zurückzuziehen, da sie merkte, daß sie wenig Unterstützung zu erwarten hatte. Dieser Rückzug wurde in Indien wieder im Kontext der alten Ehre-und-Schande Beziehung der beiden Staaten gesehen und dementsprechend als ein Sieg Indiens und eine Niederlage Pakistans interpretiert. Der Führer der indischen Delegation ließ jedoch verlauten: *„Für uns, als eine große Nation, war es eine ziemliche Demütigung, herumzugehen und um Stimmen in einer Menschenrechtsangelegenheit zu betteln"*. (India Today, 31.3.1994).

In vielen Gesellschaften werden Emotionen und ihre Ausdrucksformen als etwas Irrationales betrachtet. Die Autoritäten, die sich selber als rational verstehen, glauben, daß sie in der Lage sind, das Beste für alle zu erreichen, und sehen diese Fähigkeit durch Emotionen unterminiert. Wenn lange aufgestaute Emotionen schließlich zur Gewalt führen, verwischt sich die Trennungslinie zwischen dem Dominierenden und dem Dominierten, dem Sieger und dem Besiegten, dem Folterer und dem Gefolterten, den ‚Katzen und den Mäusen'. Doch der Teufelskreis der durch Gewalt erzeugten Schande und durch Gegengewalt wiederhergestellten Ehre mit dem Effekt, daß die Gegenseite ihrerseits versucht, sich nun von der auf ihr lastenden Schande durch erneute Gewalt reinzuwaschen, ist nur schwer zu durchbrechen. Ghulam Nabi Butt, der Bruder Maqbool Butts, hat dies sicher erkannt, wenn er bezüglich einer Lösung des Kaschmir-Konflikts sagt:

„Die Gewehre allein können uns die Freiheit nicht bringen. Die Lösung liegt in Gesprächen an einem gemeinsamen Tisch". (India Today, 30.6.1994). Für eine dauerhafte Lösung jedoch müssen die Gespräche von allen Beteiligten als ehrenhaft empfunden werden. Für einen dauerhaften Frieden müssen die politischen und wirtschaftlichen Interessen der am Konflikt beteiligten Gruppen mit den historisch gewachsenen Gefühlen der Ehre und Schande in Einklang gebracht werden.

1) Nicht zu verwechseln mit den sog. *„schwarzen Katzen"* (Black Cats), die eine Sondereinheit innerhalb der indischen Streitkräfte bilden.

2) Bezeichnenderweise trägt der Roman von Tasleema Nasreen, durch den ihr Leben in Bangladesch in Gefahr geriet, den Titel *„Ladschdscha"* (Scham), und auch einer der frühen Romane Salman Rushdies, der in Pakistan spielt, trägt den Titel *„Shame"* (Schande).

3) Über diese wichtigen Aspekte des Kaschmir-Konflikts, die für uns als Hintergrundinformationen wichtig sind, wurde viel geschrieben. Einen guten Überblick bietet Rizvi, 1993; auch Abdullah, 1993, und Lamb, 1994.

4) Dieser Dachverband soll auch mit der Gruppe Al-Faran, die im Juli 1995 vier Europäer und zwei Amerikaner entführte, in Verbindung stehen.

Abdullah, S. M., 1993, Aatisch-e-Chinaar (Flames of the Chinar), New Delhi.

Berger, P., 1970, On the Obsolescence of the Concept of Honor. In: Archives Europeennes des Sociologie, 11: 339-347.

Bourdieu, P., 1979, Entwurf einer Theorie der Praxis.

Caplan, L., 1991, ‚Bravest of the Brave': Reprensentations of ‚The Gurkha' in British Military Writings. In: ModernAsian Studies, 25/3: 571-597.

De Silva, P. L., 1995, Studying Political Violence and its Cultural Constructions. In: Folk, 36: 61-90.

Dewan, R., 1994, ‚Humsheera', ‚Humsaya': Sisters, Neighbours. Women's Testimonies from Kashmir. In: Economic and Political Weekly, 29/41: 2654-2658.

Edwards, D. B., 1995, Print Islam: Media and Religious Revolution in Afghanistan. In: Anthropolical Quarterly, 68/3: 171-184.

EPW, 1993, A National Shame. Editorial. Economic and Political Weekly, 28/43: 2315.

Frontline. Madras.

Haubold, E., 1993, Tod in Kaschmir. Frankfurter Allgemeine Zeitung, Nr. 205, 4. 9. 1993.

India Today. Delhi.

Karim, A. (Maj. Gen.), 1991, Counter Terrorism. The Pakistan Factor. Delhi.

Klein, S., 1995, Die Entführung des Freiheitskampfes. In: Süddeutsche Zeitung, 192, 22. 8. 1995.

Knight 1893, Where Three Empires Meet. London.

Lamb, A., 1994, The Indian Claim to Jammu and Kashmir: Conditional Accession, Plebiscites and the Reference to the United Nations. Contemporary South Asia, 3/1: 67-72.

Lawrence, W. R., 1895 (1981), The Valley of Kashmir. Srinagar.

McLeod, W. H., 1989, Who is a Sikh. Oxford.

Nehru, J., 1962, Introduction. In: P. N. K. Bamzai, A History of Kashmir. Delhi.

Peteet, J., 1994, Male Gender and Rituals of Resistance in the Palestinian Intifada. A Cultural Politics of Violence. In: American Ethnologist, 21/1: 31-49.

Rizvi, G., 1993, South Asia in a Changing International Order (v. A. Kap. 2). New Delhi.

Rosaldo, R., 1980, Ilongot Headhunting 1883-1974. A Study in Society and History. Stanford.

Singh, T., 1995, Kashmir. A Tragedy of Errors. Delhi.

Taylor, M., 1993, Cooperation, Norms, and Moral Motivation. In: Analyse und Kritik, 15: 70-86.

UNR, 1958, Reports on Kashmir by United Nations Representatives. Karachi, Government of Pakistan Press.

Wani, G. M. / N. A. Naqash, 1993, Reflections on Kashmir Politics. New Delhi.

Bernt Glatzer

Schwert und Verantwortung

Paschtunische Männlichkeitsideale

In diesem Beitrag über Afghanistan ist hauptsächlich von den Paschtunen
die Rede, die die größte ethnische Gruppe des Landes bilden. ‚Afghan‘
und ‚Paschtun‘ (oder je nach Dialekt: Pakhtun, Pukhtun) waren ursprünglich Synonyme und werden von der ländlichen Bevölkerung auch heute
noch so verstanden. Von den 17 bis 20 Millionen Paschtunen leben knapp
die Hälfte in Afghanistan, die übrigen in Pakistan, in den halbautonomen
Stammesgebieten, in der Nordwest-Grenzprovinz und in Balutschistan.
Ihre Vorstellungen von Ehre und Schande, Stolz, Männlichkeit, Kampf und
Krieg werden auch von den anderen Ethnien Afghanistans weitgehend
geteilt, und bei den Kampfhandlungen während des jüngsten afghanischen
Krieges standen die anderen ethnischen Gruppen den Paschtunen nicht
nach. Über die Paschtunen jedoch liegen uns sehr ausführliche Selbst-
zeugnisse und Berichte vor, so daß diese hier im Vordergrund stehen.

Sieger oder Verlierer?

Auch fünf Jahre nach dem Abzug des ‚begrenzten Kontingents‘ der Roten Armee aus Afghanistan ist es noch zu früh, vom Ergebnis des Sowjetisch-Afghanischen Krieges (1979-1989) zu sprechen. Nur die Verlierer
stehen schon fest, aber wir wissen noch nicht, wer oder ob überhaupt jemand gewonnen hat. Viele Afghanen meinen heute voller Stolz, sie hätten die Sowjetunion zu Fall gebracht, den USA die Vormachtstellung in
der Welt und den Deutschen die Wiedervereinigung beschert. Daß die
afghanischen „heiligen Krieger", die mudschahedin, am Grab der Sowjetunion mitgeschaufelt haben, steht fest, aber inzwischen wurden auch sie
selbst zu Verlierern. Der Staat, der vor über 100 Jahren von Emir Abdur-
rahman dem Eisernen aus den Scherben vorangegangener, ähnlicher ‚Sie-

ge' zusammengeschmiedet worden war, existiert nicht mehr. Heute liegt
der Staat Afghanistan wieder in Trümmern. Im Norden herrscht der usbe-
kische *Warlord* Raschid Dostam und beschießt Kabul, im Osten versucht
Hadschi Qadir mit viel Geschick, wenn auch nicht immer erfolgreich,
mehrere verfeindete Paschtunenstämme zusammenzuhalten und hat für
Hunderttausende von Flüchtlingen aus Kabul zu sorgen. Das südöstliche
Khost und Gardez, wo vor dem Krieg mit dem ersten großen deutschen
integrierten land- und forstwirtschaftlichen Entwicklungsprojekt die moderne Zeit anbrechen sollte, ist zu einer gut funktionierenden, regulierten
Stammesanarchie zurückgekehrt, ohne daß dort der Staat vermißt würde.
Kandahar wird von einem Mehrparteien-Rat ehemaliger Kriegskomman-
danten verwaltet, wobei oft gefährliche innere Spannungen aufbrechen,
die gelegentlich zu offenen Kämpfen führen. Über das gebirgige Zentrum
wissen wir wenig. Es scheint in ein Schachbrett kleiner *mudschahedin*-
und Miliz-Kommandanturen, die gegnerischen Parteien angehören, auf-
gesplittert zu sein, und im Westen prosperiert das ‚Emirat von Herat' unter dem Tadschiken Ismail Khan.

Trotz des Rückfalls in vorstaatliche Zeiten kehrt heute in die meisten
dieser Gebiete wieder ziviles Leben ein, und der Wiederaufbau wird mit
internationaler Hilfe fast unbemerkt von der Weltöffentlichkeit recht erfolgreich vorangetrieben. Die Medien berichten heute meist nur über
Kabul, wo der Krieg noch fortgeführt wird, der aber trotz aller Deklara-
tionen kein *dschihad*, kein heiliger Krieg mehr ist, sondern ein Kampf der
‚Sieger' um die Beute. Längst sind dabei die Werte vergessen, die noch
bis 1992 im Vordergrund standen.

Der Afghanisch-Sowjetische Krieg hat wieder einmal gezeigt, daß Krieger egalitärer Stammesgesellschaften, die ihren geringen Grad an Organisation, Kommunikation und Spezialisierung durch die Kampfmoral des
Einzelnen, die individuelle kriegerische Kompetenz und dezentrale Ent-
scheidungsfähigkeit wettmachen können, großen und besser gerüsteten,
hierarchisch durchorganisierten Armeen überlegen sein können. Sie sind
aber kaum in der Lage, auch für das zivile Leben einen Nutzen daraus zu
ziehen.

Die paschtunische Ideologie von Gewalt, Kampf und Heldenmut wird
mit dem Begriff *turá* (wörtlich: das Schwert) zusammengefaßt. Jedoch sind
Gewaltbereitschaft und Kriegertum nur *ein* Aspekt des traditionellen
Persönlichkeitsbildes, nach dem die Jungen erzogen werden. Der andere
Aspekt ist *aql*: die Vernunft und die soziale Verantwortung. Dazu gehören soziale Urteilsfähigkeit, Großzügigkeit, Gastfreundschaft, Asyl-
gewährung, die Fähigkeit sozial integrierend zu wirken, Streit zu schlichten, Frieden zu stiften und für das materielle Wohl seiner Gruppe zu wirken.

Das Ideal von *turá* und *aql* bedingt das komplementäre Wissen, wann man das Schwert ziehen und wann man es wieder zugunsten der Sorge um Fortdauer und Einheit von Familie, Clan und Stamm einstecken muß. Wer diese beiden Aspekte des paschtunischen Männlichkeitsideals berücksichtigt, kann auch verstehen, wie Scharen von anarchischen Stammeskriegern im 19. und 20. Jahrhundert den großen Supermächten ihrer Zeit empfindliche Niederlagen beibringen konnten, und warum gleichsam am Tag nach dem Sieg über das ‚kommunistische' Regime die meisten Krieger ohne Umstände die Waffe weggelegt und den Pflug in die Hand genommen haben, manche zum ersten Mal im Leben.

Das Bild vom edlen Krieger

Schon oft in der Geschichte Afghanistans haben sich technisch, zahlenmäßig und organisatorisch überlegene Armeen *„blutende Wunden"* geholt, wie Gorbatschow es ausdrückte. Armeen der Perser und Moghuln erfuhren dies, und im 19. und 20. Jahrhundert mußten auch die Briten nach mehreren empfindlichen militärischen Niederlagen ihr Ziel aufgeben, das Land zu kolonialisieren. Im Jahr 1842 endete der Versuch des britischen Generalgouverneurs in Indien, Afghanistan dauerhaft militärisch zu besetzen und einen Marionetten-Emir auf den Thron von Kabul zu setzen, mit einem vollkommenen Desaster. Der britische Gesandte wurde ermordet und die britische Garnison von Kabul mit über 16. 000 Soldaten und Angehörigen beim Rückzug durch die vereisten Schluchten Ost-Afghanistans aufgerieben. Diese englische Niederlage, der weitere folgten, regte Theodor Fontane zu der Ballade *„Trauerspiel in Afghanistan"* an, die mit den Worten endet (zitiert nach SNOY, S. 73):

„Mit dreizehntausend der Zug begann, – Einer kam heim aus Afghanistan. "

In London litt man besonders unter der Schmach, daß nicht etwa das imperiale Rußland oder eine andere anerkannte Großmacht den Vormarsch der britischen Weltmacht aufgehalten hatte, sondern ein unorganisierter Haufen von *savages*, von ‚Wilden'. So wird denn auch verständlich, daß bei der geistigen Aufarbeitung des Desasters aus den *savages* bald die edlen Krieger wurden, Nachkommen der Soldaten Alexanders des Großen, oder *„stolze Arier"* – also eigentlich fast Europäer – gegen die zu verlieren nicht ganz so beschämend war. Die unverdorbenen Afghanen, so sagte man, hätten noch jene männlichen Tugenden der Antike bewahrt, die auch der eigenen Jugend als Vorbild dienen sollten; dies erinnert an die Idealisierung der Germanen durch den römischen Moralisten Tacitus.

Den Grundstein für die Idealisierung der Afghanen hatte schon 1815
der große schottische Afghanistanforscher Mountstuart ELPHINSTONE
in seinem Werk *Account of the Kingdom of Caubul* gelegt; bis heute ist es
das Standardwerk über die politische und soziale Organisation der Afghanen geblieben. In offener Sympathie für die anarchischen und streitbar
egalitären (*„republican"*) paschtunischen Stämme verglich er sie gern mit
dem Edelsten, was sich der schottische Humanist vorstellen konnte: nämlich schottische Clans und griechisch-römische Republikaner. Die afghanischen Dichter und Schriftsteller, traditionell polyglott, die ihr Volk in
britischen Schriften so nobel dargestellt sahen, nahmen das gern für bare
Münze. Sie malten weiter am Bild des edlen Afghanen, und es fand rasch
eine populäre Verbreitung bei den Stämmen zwischen Kabul und Peschawar und zwischen Swat und Südwasiristan. Von dort wurde es wiederum
von europäischen Autoren aufgegriffen und weitergesponnen, wenn sie die
militärischen Schlappen der Briten gegen die Afghanen zu erklären versuchten. So entstand in interkultureller Zusammenarbeit ein Persönlich-
keitsbild vom idealen Afghanen. Insbesondere bei denjenigen Stämmen,
die sich mit den mächtigen Nachbarn im Osten auseinanderzusetzen hatten, wurde es dann mit dem traditionellen Gewohnheitsrecht zu einem
Korpus verschmolzen: Dem *paschtunwali*, was annähernd als *„das Pasch-
tunentum"* übersetzt werden kann.

Paschtunwali – Die emische Sicht

Noch bei ELPHINSTONE kommt *paschtunwali* ausschließlich als ‚Gewohnheitsrecht der Afghanen' vor, in RAVERTYs Paschtuwörterbuch von
1860 heißt es schon „... *the manners and customs of the Afghan tribes, the
Afghan code."* Über 100 Jahre später stellte ich fest, daß bei den Ostpasch-
tunen das *paschtunwali* jetzt der „... *bewußte und von jedem* (Ost-)
*Paschtunen explizierbare Teil ihres Werte- und Normensystems (ist), durch
den sie sich von allen Nichtpaschtunen in positiver Weise zu unterscheiden glauben."* (GLATZER, S. 164). Ich stellte aber auch fest, daß bei
vielen paschtunischen Stämmen, insbesondere im Westen, das Wort *paschtunwali* gar nicht bekannt ist. Die traditionellen Normen werden dort, wie
bei den Balutschen, *rawadsch* genannt (vgl. Beitrag ORYWAL). Diese
Bezeichnung dient als zusammenfassender Ausdruck für die Eigenschaften des *ghairatman*, des *„Guten Paschtunen"* (JANATA/HASSAS; per-
sisch: *ghairatmand*), aber auch die des guten Tadschiken, Aimak und des
guten afghanischen Muslims schlechthin. Dieser Punkt, d. h., daß im
Gegensatz zum *paschtunwali* die Eigenschaft *ghairatman* nicht auf die
Paschtunen beschränkt ist, scheint mir wichtig und ist sicherlich mit den

harmonischeren interethnischen Beziehungen in Westafghanistan begründbar.

Das *paschtunwali* der östlichen Paschtunen dient als Erziehungsvorbild für die Jugend, als Leitlinie und Bewertungsmaßstab bei der Lösung von Konflikten, zur Abgrenzung gegenüber ethnisch Fremden, als Einladungskarte für friedliche Besucher, wobei die Gastfreundschaft bis zum materiellen Ruin des Gastgebers ganz oben auf der Liste der Tugenden des *paschtunwali* steht, aber auch als Warnung für alle, die sich in unfreundlicher Absicht nähern. Sie soll dieser furchterregende Katalog martialischer Eigenschaften der Paschtunen abschrecken. Die Tatsache, daß die östlichen Paschtunen ihr Persönlichkeitsideal quasi kodifiziert haben, erleichtert uns den Zugang zu den persönlichen Werteskalen und Handlungsmotiven der Akteure. Zu beachten ist allerdings, daß Einzelaspekte des *paschtunwali*, z. B. *turá*, wörtlich „*das Schwert*", also das Kämpfertum, nicht aus dem Zusammenhang gerissen, falsch gewichtet sowie andere Aspekte der Persönlichkeits- und Motivationsbildung übersehen werden dürfen.[1]

Nang: Ehre und Würde – Schande und Scham

Der zentrale Begriff des *paschtunwali* ist *nang*, d. h. Ehre, Würde, Mut und Tapferkeit, zugleich allerdings auch Scham und Schande. Ein *Nangialai* bringt seinem Stamm Ruhm und Ehre. Als *benanga*, „*ehr- und würdelos*", beschimpft zu werden, ist die denkbar schwerste Beleidigung im Paschtu. Der so herabgewürdigte verliert seine soziale Stellung, falls es ihm nicht gelingt, sein *nang* durch den Tod des Beleidigers wiederherzustellen. Zum Komplex des *nang* gehört das Wort *scharm*, das sich gut mit dem deutschen Wort ‚Scham' übersetzen läßt. *Scharm* umfaßt auch die Bedeutung von edler Bescheidenheit und Zurückhaltung sowie ihr Gegenteil, die Schamlosigkeit. Einem Jungen, der beim Gastmahl das Essen gierig verschlingt, wird der Vater als harmlose Ermahnung zuzischen: „*scharm nálare?!*", schämst du dich nicht?! Sagt man aber von einem Vater, der seine unverheiratete Tochter nicht am Flirt mit Nachbarjungen hindert, „*scharm nálari*", *er hat keine Scham*, so ist das eine ehrverletzende Beleidigung, die nur mit eindrucksvollen Maßnahmen wettgemacht werden kann.

Scharm hat vor allem mit dem Verhalten der Frauen und mit der Kontrolle der Männer über die weibliche Hälfte der Gesellschaft zu tun. Noch deutlicher wird das beim Begriff des *namus*, der im engeren Sinne die Ehrbarkeit der Frau und ihren Schutz durch die Männer bezeichnet. Im

deutlicher wird das beim Begriff des *namus*, der im engeren Sinne die
Ehrbarkeit der Frau und ihren Schutz durch die Männer bezeichnet. Im
weiteren Sinne bezeichnet *namus* den weiblichen Teil der Familie, des
Clans, des Stammes und der paschtunischen Gesellschaft sowie die zu
schützende Heimat. *Namus* impliziert zwar die Schutzbedürftigkeit der
Frauen, setzt aber nicht ihre Passivität voraus. Die paschtunische Folklo-
re besingt auch große Kriegsheldinnen, wie Malalai, die das Kriegsglück
in der Schlacht von Maiwand im zweiten Anglo-Afghanischen Krieg
(1878-1880) zugunsten der Afghanen gewendet haben soll (über das Verhältnis von Frauen zu Männern bei den Paschtunen vgl. TAPPER, im Krieg
vgl. SHALINSKY). Generell wird jungen Frauen aber Unvernunft, sexuelle Aktivität und mangelnde Selbstkontrolle unterstellt. Sie sind angeblich
eine leichte Beute für jeden illegitimen Liebhaber. Es gilt also, um *namus* zu bewahren, die Frauen der eigenen Familie unter strenger Kontrolle zu halten und – auch vor sich selbst – zu schützen. In Ostafghanistan
und in den Städten führt das dazu, daß Frauen vielfach Vollschleier tragen und hinter Mauern verborgen leben. Noch größer als die Angst vor
falschem oder zweifelhaftem Verhalten der Frauen scheint allerdings die
Angst vor dem Gerede der Nachbarn zu sein. Man vertritt daher die Meinung: wenn die Frauen unsichtbar sind, kann solches Gerede gar nicht erst
aufkommen.

Nomaden und traditionell eingestellte Paschtunen im Norden sehen in
der Seklusion der Frau eher eine Schwäche der Männer: „*Was brauchen
unsere Frauen eingesperrt zu sein, sind wir nicht Manns genug, sie auch
so zu kontrollieren?*" (vgl. TAPPER). Die Ehre der Männer ist also von
der Ehrbarkeit der Frauen abhängig und von der männlichen Fähigkeit,
diesen Bereich zu schützen und zu kontrollieren. Im *paschtunwali* wird
auch die Unantastbarkeit von Frauen *und* Land, bzw. Heimat, gleichgesetzt. „*Der Weg zu den Frauen führt übers Land*", oder auch „*Wer die Integrität der Familie und der Frauen nicht schützen kann, verliert auch sein
Land*", sind Äußerungen, die dies belegen. Die meisten Autoren sind sich
darüber einig, daß Angriffe auf das *namus*, auch nur vermeintliche, die
häufigste Ursache von Gewalttaten sind. Entsprechend wurde auch bei der
Rekrutierung der *mudschahedin* der Hinweise auf das kollektive *namus*
der Afghanen mit dem Aufruf zum ‚Heiligen Krieg' verbunden.

Weil Mädchen und Frauen unter Zwang eingeschult werden sollten,
brach schon 1978 in mehreren Provinzen Afghanistans gewalttätiger Widerstand gegen die neue sozialistische Regierung aus. Wie ich dort später
feststellte, hatten die Leute nichts gegen Schulbildung für Mädchen an
sich, aber sie wehrten sich ganz entschieden gegen jeden Eingriff von
außen in ihre familiären Angelegenheiten, insbesondere in Anbetracht der

Tatsache, daß es um Frauen ging. Die paschtunische Art, auf einen solchen Angriff auf das *namus* zu reagieren, ist Gewalt. Im übrigen traten dieselben Männer, die wegen der Zwangseinschulung ihrer Töchter den Widerstand in der Provinz Paktia begonnen hatten und später mit ihren Familien nach Pakistan geflohen waren, 1991 an das Dänische Hilfskomitee für Afghanische Flüchtlinge mit der Bitte heran, ihnen Jungen- und Mädchenschulen zu bauen. Erst danach wollten sie in die Heimat zurückkehren, selbst Lehrer einstellen und bezahlen. Das Projekt wurde ein Erfolg!

Tura – Das Schwert

Nang, die Ehre und Würde des Paschtunen, hat zwei wesentliche Seiten: zum einen Aggressivität, unbedingte Kampfbereitschaft und Mut bis zur Tollkühnheit, was durch *turá*, das Schwert, symbolisiert wird, und zum anderen *aql*, d. h. Vernunft und soziale Verantwortung. *Aql* manifestiert sich in überlegtem, vernünftigem Verhalten, das für die Gemeinschaft, von der Familie bis hin zur ganzen ethnischen Gruppe, von Nutzen ist. Es manifestiert sich weiterhin in materieller Unterstützung, in der Rechtssprechung und im Schlichten von Konflikten. Diese beiden Seiten des *nang* sind eng mit den Lebenszyklen der Jugend und des Alters verknüpft: Vom jungen Mann wird vor allem *turá* erwartet, er darf hitzköpfig sein und bei der kleinsten Provokation das Schwert (*turá*) ziehen, bzw. die Kalaschnikov in Anschlag bringen. Aggressivität soll die erste Reaktion sein, Denken die zweite. Die Tugend des *turá* muß noch nicht durch eine eigene *aql*-Fähigkeit gemildert sein, da sie der Kontrolle der Älteren, der ‚Weißbärte‘, unterliegt. Aus diesem Grunde werden auch die jungen Leute zum Gehorsam gegenüber den Älteren erzogen. Viele paschtunische Stämme unterhalten Stammesmilizen (*arbaki, laschkar*), die die Beschlüsse der egalitären Ratsversammlung (*dschirga*) ausführen und so das *turá* der Jungen in die richtige Bahn lenken.

In der südwestafghanischen Provinz Paktia, wo trotz eines großen deutschen Entwicklungsprojektes vor dem Kriege die Stammesstruktur stark und funktionsfähig geblieben ist, sind nach dem Ende des Nadschibullah-Regimes in Kabul (1992) die *mudschahedin* nach Hause zurückgekehrt, beteiligten sich am Wiederaufbau oder traten wieder den alten Stammesmilizen bei. Die Stammesräte, die internationale Organisationen für den Wiederaufbau um Hilfe baten – unter anderen die, für die ich von 1990 bis 1993 arbeitete – stellten uns ihre *arbaki* als Wachleute zur Verfügung. Ich habe diese verwegen aussehenden jungen Männer mit ihren langen

Bärten und struppigen Haaren trotz der langen Zeit, die sie als gut bewaffnete, aber mangelhaft organisierte Guerilleros in den Bergen verbracht hatten, als freundlich, wohlerzogen und hilfsbereit kennengelernt. *Turá* ist immer auf den Einzelnen bezogen. Mitglied einer kampferprobten Truppe zu sein, reicht nicht aus. Jeder muß Mut und Tapferkeit in Einzelaktionen beweisen. Der *turialai*, der die Eigenschaften des *turá* verkörpert, zeichnet sich durch individuelle Heldentaten aus. Er kämpft in erster Linie für seine persönliche Ehre und Autonomie, die seiner Familie und seines Clans, damit er und die Seinen in der Clan- und Stammesgemeinschaft gleichberechtigt und selbständig bleiben und sich keiner Willkür unterordnen müssen. Die *mudschahedin*-Kommandanten wurden meist als *primi inter pares* verstanden. Man beugte sich ihrer Kampferfahrung und ihren taktischen und vor allem logistischen Fähigkeiten. Die Kommandanten mußten ständig ihre Überlegenheit beweisen, denn es gab keine Heeresleitung, die die Autorität des Kommandanten hätte durchsetzen können. Der Gehorsam gegenüber den Alten wird vom ausgeprägten Egalitätsbewußtsein nicht betroffen, allerdings müssen die Alten darauf achten, daß ihre Anweisungen gerecht und in Einklang mit der Tradition sind.

Überspitzt ausgedrückt, kämpfte jeder *mudschahed* im Sowjetisch-Afghanischen Krieg seinen eigenen *dschihad*. Die individualistische Kampfweise der paschtunischen *mudschahedin* wurde von den Planern auf beiden Seiten als großes strategisches Problem empfunden und ließ manchen westlichen Sponsor und sympathisierenden Beobachter verzweifeln. Auch den *mudschahedin*-Parteien in Peschawar entglitt die Kontrolle. Sie mußten sich auf logistische und propagandistische Aufgaben beschränken. Wahrscheinlich lag der Erfolg der *mudschahedin* gerade darin begründet, daß die oft chaotischen Operationen der Rebellen für professionelle Strategen unberechenbar und unvorhersehbar waren, und wenn ein Kommandokopf der *mudschahedin* ausgeschaltet war, wuchsen oft hydraartig drei neue nach. Ähnlich war es den britischen Kolonialoffizieren ergangen, deren Regimenter zum Schluß auf über 100 Jahre Kampferfahrung mit Afghanen zurückblicken konnten. Auch diejenigen, die über eigene paschtunische Elitetruppen befehligten, waren seinerzeit ratlos. Noch heute erscheinen in England Bücher über das Rätsel der verlorenen Anglo- Afghanischen Kriege (1838-1839, 1878-1880, 1919).

Erziehung und Vorbild

Die Erziehung zum *turá* beginnt früh. Väter balgen ausgiebig mit ihren kleinen Söhnen im Alter zwischen 3 und 10 Jahren und ermutigen sie sogar, auf die Väter einzuboxen. Sanft wird zurückgeboxt, um den kleinen Kämpfer zu weiteren Runden zu ermutigen. Kampfspiele unter den Jungen werden beifällig kommentiert. Die Erziehung ist liebevoll unautoritär, der Vater soll Vorbild, nicht Strafinstanz sein. Auch bei ernsten Ratsversammlungen sind Kinder immer dabei und lernen dort allmählich den Kanon des *paschtunwali* oder des *gheiratman* als selbstverständlichen Wertmaßstab in der praktischen Anwendung kennen. In den Gäste- und Männerhäusern (*hudschra*) sind Kinder immer anwesend und hören vom *paschtunwali* und von den großen Taten der Väter und anderer Helden. Ein besonders beliebter Held, Vorbild für die Jugend vom Indus bis nach Herat und Gegenstand eines erfolgreichen Paschtufilms, ist Adschab Khan, eine historische Figur. Ich referiere seine Geschichte hier ohne die üblichen Ausschmückungen:

Das Cantonment von Kohat, südlich von Peschawar in Pakistan gelegen, gehörte zu den stärksten Militärfestungen des Britischen Empires. Von hier aus wurde jahrzehntelang Krieg gegen die rebellischen paschtunischen Stämme entlang der (britisch-)indisch-afghanischen Grenze geführt. Ehrgeizige englische Soldaten, die sich trotz der weltweiten Pax Britannica vor dem Feind einen Orden verdienen wollten, ließen sich beispielsweise an die *Frontier*, in die Grenzregion bei Kohat versetzen. Im Jahr 1923 fand wieder eine Kampagne statt, dieses Mal gegen die Bostikhel, einen Unterstamm der Afridi in den Stammesgebieten nahe Kohat. Bei dieser Gelegenheit drangen britische Soldaten in die Hütten der Bostikhel ein und kamen somit den paschtunischen Frauen zu nahe; jedenfalls sahen die Bostikhel das *namus* verletzt, und der Clan geriet in Aufruhr. Einige Wochen später drang der junge Bostikhel Adschab mit zwei Begleitern in das Cantonment von Kohat ein, überwand den mehrfachen Sicherheitskordon, überfiel den Bungalow eines Offiziers namens Ellis und entführte dessen Tochter Molly. Mollys Mutter wurde dabei unter ungeklärten Umständen getötet. In den Legenden wird Adschab allerdings von dem Mord freigesprochen. Die Männer entkamen unerkannt und zogen mit dem Mädchen im Triumphzug, Spottlieder auf die Kolonialmacht singend, durch das Afridi-Land. In Kohat, Delhi und London bildeten sich Krisenstäbe, die Zeitungen berichteten mit Mitgefühl für die Opfer und mit Hohn für den zahnlosen englischen Löwen weltweit über diese britische Schmach. Eine Militäraktion verbot sich mit Rücksicht auf die Sicherheit des Mädchens, aber den Afridi, bzw. den Bostikhel, wurden fürchterliche Kollektivstrafen angedroht.

Eine englische Krankenschwester machte sich nun ohne bewaffneten Schutz zu Fuß auf den Weg in das Afridi-Land. Ihr gelang es, Adschab zu treffen und zur Herausgabe des Mädchens zu überreden. Nach drei Wo-

chen war Molly Ellis unversehrt zurück in Kohat. Die Briten verlangten
von den Afridi die Auslieferung Adschabs. Dies stellte eine schwierige
Situation für den Stammesrat dar, denn die Auslieferung wäre ein Bruch
des *paschtunwali* gewesen. Die britische Drohung mit Vergeltung war jedoch durchaus ernst zu nehmen, denn schon 1919 hatten britische Flug-
zeuge paschtunische Dörfer bombardiert. Adschab zog sich deshalb freiwillig ins Exil nach Nordafghanistan zurück. In den Augen seiner Lands-
leute vollendete er damit seine Heldentat und verdiente sich den Ehrentitel
Khan. Im Jahr 1961 starb er hochgeehrt eines natürlichen Todes. Mit seiner Tat rettete er den Stamm vor den drastischen britischen Zwangs-
maßnahmen. Er hatte auf alles verzichtet, was der Stamm dem Einzelnen
bietet: Schutz, soziale Geborgenheit und materielle Sicherheit. Die Vertreibung vom Stammesland ist die Höchststrafe, die ein Stammesgericht
verhängen kann, und freiwilliges Exil das größte Opfer eines Paschtunen.
Zur Strafe mußten die Bostikhel den Briten 42.000 Rupien zahlen, und
Adschabs Landbesitz sowie sein Dorf wurde verwüstet. Wie es sich für
ein Heldenepos gehört, sollen sich Adschab Khan und das Mädchen heftig, aber unglücklich verliebt haben. Im Gegensatz jedoch zu den anderen Ausführungen der Geschichte, ist dies historisch nicht verbürgt (mehr
bei SPAIN, S. 154ff).

Epilog: 1982 folgte Miss Ellis einer Einladung des pakistanischen
Staates und fuhr in Begleitung des Gouverneurs der Northwest Frontier
Province von Peschawar nach Kohat, unterwegs von begeisterten Paschtunen umjubelt. Die Neffen von Adschab Khan boten Miss Ellis an, sie
auf Händen entlang des Wegs zu tragen, auf dem sie verschleppt worden
war – sie lehnte dieses Ansinnen jedoch freundlich ab.

Die Geschichte illustriert exemplarisch das *turá* und die paschtunischen
Werte von Kampf, Ehre und Scham: Die Kolonialmacht hatte das *namus,*
das Scham- und Ehrgefühl der Afridi, zutiefst verletzt. Schande und Verachtung wären den Afridi in den Augen aller Paschtunen sicher gewesen,
hätten sie nicht mit einer eindrucksvollen Aktion geantwortet. Eine Bestrafung der Schänder war unmöglich, denn zu groß war die britische
Übermacht. So blieb nur *badal*: Die Verpflichtung, Gleiches mit Gleichem
zu vergelten. Auf erlittene Schande nicht entsprechend zu reagieren wird
von denjenigen, die Schande zugefügt haben, als Schwäche und als soziale Unterlegenheit ausgelegt. Kann man den Schänder nicht töten, dann
muß man versuchen, auch ihm Schande zuzufügen. Gelingt dies nicht,
bleibt man auf Dauer ein Unterlegener und setzt sich der Lächerlichkeit
aus. Durch eine besonders tollkühne Tat kann aber die Schande nicht nur
wettgemacht, sondern sogar in Ruhm und Ehre verwandelt werden. Das
turá Adschab Khans strahlt in den Augen der Paschtunen deshalb so glän-

zend, weil er *allein* mit nur zwei Freunden das Britische Empire herausgefordert hatte. Nur die individuelle Tat bringt Ruhm, in dem sich allerdings auch der ganze Stamm sonnen darf. Die Bestrafung der Bostikhel durch die Briten mag drastisch klingen, in den Augen der Paschtunen jedoch war sie milde und hat die Schande der Briten nicht tilgen können. Die eine Schmach zog die nächste nach, bis zum Zusammenbruch des Britischen Empires – so die paschtunische Sicht.

Der ‚ganze' Mann: *Khan* und Kommandant

Zum Männlichkeitsideal des Paschtunen gehört aber nicht nur *turá*, sondern, wie schon erwähnt, auch *aql*, Vernunft und Verantwortung, wie sie Adschab durch das freiwillige Exil bewies. Ungezügeltes *turá* ist zunächst das Recht der Jugend, später jedoch müssen soziale Tugenden hinzu kommen, wie die Verantwortung für Familie, Clan und Stamm. Das Ziel eines ehrgeizigen Paschtunen ist es, *khan* (Herr) zu werden. Ein *khan* ist nur jemand, der *turá* bewiesen hat, der scharfen Verstand und Urteilsfähigkeit besitzt, den Normenkanon des *paschtunwali* beherrscht und der großzügige Gastfreundschaft pflegt, wozu gehört, daß er wirtschaftlich erfolgreich und willens ist, einen Teil seines Vermögens an Anhänger, Gäste und Schutzbefohlene zu verteilen. Er soll auch seinen Anhängern zu wirtschaftlichen Vorteilen verhelfen; ein Nomaden-*khan* organisiert z. B. für seine Leute Zugang zu besseren Weiden und verhandelt selbst mit staatlichen Stellen. Bei den Bauern kümmert sich ein *khan* um die Bewässerung, schafft verbessertes Saatgut herbei oder bewegt ausländische Entwicklungsorganisationen, in seinem Gebiet Projekte durchzuführen. Der *khan* hat in allen Versammlungen ein gewichtiges Wort mitzureden, man hört auf ihn. Die Macht des *khans* wird an der Zahl seiner Anhänger gemessen, die regelmäßig in seiner *hudschra* (Gästehaus) sitzen und ihn im Fall eines Konflikts unterstützen. Verliert ein *khan* seine herausragenden Fähigkeiten, verliert er seinen Status. Der *khan* wird gerufen, um Streit zu schlichten; er ist der Sprecher seiner Anhänger. Ein *khan* der Tani von Khost nutzte beispielsweise sein fließendes Deutsch, um auf Afghanistan-Solidaritätsveranstaltungen in der Bundesrepublik um Hilfe für seinen Stamm zu bitten.

Während des Krieges hat in Afghanistan der ‚Kommandant' vielfach den *khan* verdrängt, denn plötzlich waren andere Führungsqualitäten gefragt. Wichtig war jetzt der Zugang zu Waffen, Geld und Lebensmitteln aus Pakistan oder Iran. Kommandanten mußten sich einer der Widerstandsparteien anschließen, um an Ausrüstung und Waffen zu kommen. Die

neuen Anführer mußten militärische Fähigkeiten haben, sie mußten körperlich in der Lage sein, in wochenlangen strapaziösen Fußmärschen ihre
wechselnden Einsatzorte zu erreichen. Manch traditioneller *khan* konnte
hier nicht mithalten. Viele flohen mit oder ohne ihre Anhängern nach
Pakistan und überließen ihren Platz dem Kommandanten.

Islam, Märtyrer und *Mudschahedin*

Obwohl der letzte afghanische Krieg zum wesentlichen Teil als ‚Heiliger
Krieg' im Namen des Islam ausgetragen wurde, habe ich bisher wenig vom
Islam gesprochen. Die Paschtunen verstehen ihr *paschtunwali* auch als
praktizierten Islam, so wie sie ihn für richtig halten. Andere Muslime
mögen das anders sehen. Als arabische Freischärler in Afghanistan Kritik
wegen angeblicher Abweichungen in der religiösen Praxis übten, kam es
zu schweren Konflikten. Die Paschtunen behaupten, sie seien schließlich
Muslime der ersten Stunde. Der Ahnherr aller Paschtunen, Qais Abdur-
raschid, sei einst aus den afghanischen Bergen nach Mekka gekommen,
um den Islam aus den Händen des Propheten zu empfangen, zu einer Zeit,
als die meisten Araber noch den Islam bekämpften und Muhammad mit
seinen Anhängern aus Mekka vertrieben. In der Tat widersprechen die
Grundwerte von Ehre, Scham und Kampfbereitschaft kaum den heiligen
Schriften des Islam; das *paschtunwali* präzisiert und verschiebt allenfalls
die Akzente. Aber Kampf als Selbstzweck ist nach den Schriften des Islam nicht akzeptabel. Kampf muß immer einen ‚edlen' Zweck erfüllen,
nämlich die Verteidigung des Glaubens, und darf nicht nur dem Ruhme
Einzelner dienen. Ein Paschtune würde hier erwidern, daß der Islam den
ungestümen Kampfgeist der jungen Männer letztendlich in die Bahnen der
Vernunft und der Verantwortung lenkt.

Die islamische Vorstellung vom *dschihad*, dem heiligen Krieg, ist den
Afghanen nicht neu, ihre Mullahs riefen ihn schon gegen die Briten aus.
Als nach dem sowjetischen Einmarsch 1979 der *dschihad* wieder ausgerufen wurde, stand damit der ganze Komplex des offiziellen islamischen
Kriegsvokabulars für den täglichen Gebrauch zur Verfügung. Der Kämpfer war jetzt nicht mehr nur *arbaki* und *turialai,* sondern ein *mudschahed*
(wörtlich: der, der den *dschihad* kämpft). Die Flüchtlinge verstanden sich
nicht als bemitleidenswerte Vertriebene im Sinne der UN-Flüchtlingskon-
vention, sondern trugen den religiösen Ehrentitel *muhadscher* (Plural:
muhadscherin), wie der Prophet auf seinem Auszug (*hedschra*) nach Medina. Wer wie die Pakistanis und Iraner die *muhadscherin* aufnahm, erhielt den Ehrentitel *ansar*, wie die Freunde des Propheten in Medina

(CENTLIVRES/CENTLIVRES-DEMONT). Wer im ,gerechten' Krieg fällt, der ist nach islamischer Überzeugung ein Märtyrer des Glaubens, ein *schahid* (wörtlich: der für seinen Glauben Zeugnis ablegt). Er geht ohne Prüfung seiner Sünden unmittelbar in das Paradies ein.

Trotz dieser Aussichten und trotz der Verehrung, die Märtyrer genießen, sehen sich die afghanischen *mudschahedin* lieber als *ghasi*, als siegreiche Kämpfer und Eroberer für den wahren Glauben. *Turá* hat zuerst mit Siegesbewußtsein zu tun, dann erst mit Opfermut. Hier sehe ich einen Unterschied zum Opferkult der iranischen Schiiten. Einer der beiden Gefährten von Adschab Khan wurde übrigens von den Briten gefaßt und in Peschawar gehenkt, sein Schicksal paßt nicht in die Heldenlegende! Während des Kriegs ermahnten die Widerstandsparteien die *mudschahedin*, eigene Opfer zu vermeiden, ein Rat, der befolgt wurde, so gut es ging; mir sind daher auch kaum Selbstmordaktionen der afghanischen *mudschahedin* bekannt. Sie waren der pragmatischen Ansicht, daß jeder *ghasi* für weitere Siege gebraucht würde, da sie zahlenmäßig dem Feind unterlegen waren. Ein englischer Kriegsberichterstatter, der zuvor bei der Polisario in Mauretanien und im Libanon war, berichtete aus Kandahar, er sei von der vorsichtigen Taktik der *mudschahedin* fast enttäuscht, bei ihren *hit-and-run* Aktionen hätte es sehr viel weniger *hit* als *run* gegeben.

Schwerter zu Pflugscharen?

Der Krieg fand hauptsächlich auf dem Lande statt, wo ca 80% der Afghanen leben. Dort sind die hier vorgestellten Werte und Normen noch von besonderer Bedeutung. Kabul war bis 1992 vom Krieg verschont geblieben. Jetzt konzentrieren sich fast alle Kampfhandlungen auf die Hauptstadt, als kämpften die heutigen Kriegsparteien nicht gegeneinander, sondern gegen die Zivilbevölkerung. In den Städten hat sich seit Jahrhunderten eine andere Kultur und Gesellschaft entwickelt, in der die Ideale einer Stammesgesellschaft kaum noch eine Beziehung zur Realität haben. Mancher Kabuli nennt nostalgisch seine Kinder *Turialai, Nangialai* und *Malalai*, in Erinnerung an die Tugenden der Vorfahren oder der Verwandten in den Bergen und Wüsten. In der Stadt stehen andere Werte im Vordergrund. Die Stadt war offen für neue Wertorientierungen, für westliche und östliche Ideologien und für den radikalen politischen Islam nah- und mittelöstlicher oder nordafrikanischer Prägung.

Auch in manchen ländlichen Gebieten ist die traditionelle Kultur und Gesellschaft durch den Krieg beschädigt. Familien wurden zerstört, Stammesbindungen zerrissen, und mancher ,heilige Krieger' fand nicht

Artilleriekrieg zwischen den ‚Regierungsparteien', dessen Opfer die
Kabuler Zivilbevölkerung ist, wird nicht von Leuten mit *turá* gekämpft,
sondern von Spezialisten, die in sicheren Unterständen auf den Abschuß-
knopf ihrer Raketenwerfer drücken. Die Motive der *Warlords* in und um
Kabul haben nichts mehr mit den traditionellen Haltungen zu Kampf und
Gewalt zu tun. Hier spielen nur noch persönliche Machtgier und die Interessen der Anrainerstaaten, einschließlich Saudi Arabiens, eine Rolle,
die den Kampf um Kabul mit Waffen, Geld und Propaganda weiter schüren. Afghanistan konnte sich in der Geschichte großer Feinde erwehren,
aber offenbar nicht immer seiner Freunde. Obwohl es die Nachrichten über
das Elend in Kabul schwer machen, an Frieden zu glauben, wird im
überwiegenden Teil des Landes schon am Wiederaufbau gearbeitet. Die
meisten Kämpfer haben das Schwert mittlerweile eingesteckt und erkannt,
daß jetzt die Zeit gekommen ist, Vernunft und Verantwortung zu ge-
brauchen.

1) Bei meiner Darstellung des paschtunischen Persönlichkeitsideals stütze ich mich hauptsächlich auf die Untersuchungen des 1993 verstorbenen, bedeutenden österreichischen
Afghanistanforschers Alfred Janata und seines afghanischen Mitarbeiters Reihanodin
Hassas (JANATA/HASSAS), auf die Monographie des deutschen Ethnologen und Jour-
nalisten Willi STEUL, auf meine ethnographischen Daten über westpaschtunische Nomaden aus den Jahren 1970-1976 und auf meine Erfahrungen in der Zeit von Anfang
1990 bis Ende 1993 in Afghanistan und Pakistan.

Centlivres, P. / M. Centlivres-Demont, 1988, The Afghan Refugee in Pakistan: An Ambiguous
    Identity. In: Journal of Refugee Studies 1/2: 141-152.
Elphinstone, M., 1815, An Account of the Kingdom of Caubul. 2 Bde., London.
Glatzer, B., 1977, Nomaden von Gharjistan: Aspekte der wirtschaftlichen, sozialen und politi-
    schen Organisation nomadischer Durrani-Paschtunen in Nordwestafghanistan. Wiesba-
    den.
Janata, A. / R. Hassas, 1975, Ghairatman – der gute Paschtune: Exkurs über die Grundlagen
    des Paschtunwali. In: Afghanistan Journal 2/3: 83-97.
Raverty, H. G., 1860, A Dictionary of the Puk'hto, Pus'to or Language of the Afghans. With
    Remarks on the Originality of the Language and its Affinities. London.
Snoy, P., 1985, Die Bevölkerung. In: M. R. Nicod (Hg.), Afghanistan. Innsbruck: 73-88.
Spain, J. W., 1963, The Pathan Borderland. The Hague.
Shalinsky, A. C., 1993, Women's Roles in the Afghanistan Jihad. In: International Journal of
    Middle East Studies, 25: 661-75.
Steul, W., 1981, Paschtunwali: Ein Ehrenkodex und seine rechtliche Relevanz. Wiesbaden.
Tapper, N., 1991, Bartered Brides: Politics, Gender, and Marriage in an Afghan Tribal Society.
    Cambridge.

Thomas Scheffler
Worte, Taten, Bilder

Gewaltkult und Realpolitik im palästinensischen Nationalismus

Dieses Bild blieb haften: Yasir Arafat, Führer der palästinensischen Befreiungsorganisation (PLO), lebendes Symbol der palästinensischen Nationalbewegung, tausendfach fotografiert mit schwarz-weiß gemustertem Palästinensertuch, umgeschnallter Pistole, olivgrüner Kampfuniform und übernächtigtem Mehrtagebart. So jedenfalls wurde Arafat jahrzehntelang, seit Ende der sechziger Jahre, in den westlichen Massenmedien präsentiert. Nur dort? Nein. Auch in der palästinensischen und arabischen Öffentlichkeit: Kleidung, Bewaffnung und Körpersprache des PLO-Führers waren ein wohlinszeniertes Ensemble von Symbolen, das gleichzeitig verschiedene Vorstellungswelten ansprach: Arafats kariertes Kopftuch, die *Kufiyye*, ist die traditionelle Kopfbedeckung der (männlichen) palästinensischen Landbevölkerung. Beduinen pflegen sie in Rot-Weiß oder Weiß zu tragen, Bauern in Schwarz-Weiß. Während des großen Palästinenseraufstands 1936-1939 wurde die *Kufiyye* zum Wahrzeichen der bewaffneten Rebellen, die sich gegen die britische Mandatsherrschaft und die zionistische Landnahme erhoben. Damit die, zumeist bäuerlichen, Rebellen bei ihren Operationen in den Städten nicht erkannt wurden, setzten sie durch, daß auch die arabische Stadtbevölkerung die *Kufiyye* übernahm und auf die bis dahin übliche Kopfbedeckung der Städter, den *Tarbusch* (Fes), verzichtete.

Mit seiner schwarz-weißen *Kufiyye* knüpfte Arafat, der – wie viele andere PLO-Politiker – einer *städtischen* Händlerfamilie entstammt, bewußt an die kämpferischen *bäuerlichen* Traditionen Palästinas an. Die Art, wie er seine *Kufiyye* öffentlich trägt, fügt der bäuerlichen Tradition allerdings eine zusätzliche, nationale, Dimension hinzu: Bei öffentlichen Anlässen und Fototerminen pflegt der PLO-Führer seine frischgestärkte *Kufiyye* so zu drapieren, daß der über seiner rechten Schulter herabhängende Zipfel die Umrisse der Landkarte Palästinas annimmt. Er zeigt damit, daß die bodenständige bäuerliche Kämpfertradition, in die er die PLO stellt, nicht nur der partikularistischen Verteidigung des eigenen Dorfs, der eigenen Familie oder des eigenen Clans gelten soll, sondern einer größeren, der nationalen, Sache.

Im Gegensatz zur *Kufiyye* entstammen Arafats schmucklose Kampfuniform, seine Pistole und sein Mehrtagebart keinem traditional-lokalen, sondern einem modernen, internationalen Symbolkanon: Arafat stellte sich mit ihnen in die große Tradition der politmilitärischen ‚Volksbefreiungsarmeen' des 20. Jahrhunderts vom Typ der vietnamesischen, kubanischen oder algerischen Revolution. Ähnlich wie der kubanische Revolutionsführer und Staatsmann Fidel Castro inszenierte sich Arafat mit diesen Symbolen als historische Einheit von einfachem Volkspartisan, unermüdlich Tag und Nacht arbeitendem Revolutionär und soldatisch-diszipliniertem Funktionsträger eines neuen Staates.

Westlicher Symbolsprache entstammt schließlich das ‚Victory'-Zeichen, das von Winston Churchill im Krieg gegen Hitler-Deutschland popularisiert wurde. Gebildet durch V-förmiges Spreizen von Zeige- und Mittelfinger der erhobenen Hand, soll es auch bei Arafat die Zuversicht symbolisieren, durch Standhaftigkeit, Mut und Beharrungsvermögen einen mächtigen Gegner schließlich doch noch überwinden zu können.

Gespickt mit vielschichtigen Gewaltsymbolen ist auch das offizielle Abzeichen von *Fatah*, jener Organisation, der Arafat seine Machtstellung innerhalb der PLO verdankt: Vor einer grünen Landkarte Palästinas und dem roten, von Flammen umzüngelten arabischen Schriftzug „*al-Asifa*" (der Sturmwind) kreuzen kräftige Arme in den panarabisch-palästinensischen Farben (grün, weiß, schwarz und rot) moderne Waffen: Eine Maschinenpistole und ein Sturmgewehr mit Bajonett über einer Handgranate. Darunter der blutrote Schriftzug „*Fatah*". Der Name *Fatah* bzw. *Fath* ergibt sich aus der rückwärts gelesenen Abkürzung „*f-t-h*" des arabischen Namens der Organisation: *Haraka at-Tahrir al-watani al-filastini* (Palästinensische Nationale Befreiungsbewegung). Vorwärts gelesen, bilden die Buchstaben „*h-t-f*" das arabische Wort „*Hatf*" (Tod). „*Fath*" – wörtlich „*Öffnung*" – bedeutet die Eroberung eines Landes für den Islam. Sie schließt die Bedeutung „*Sieg*", „*Triumph*" ein. Mit diesem Begriff (Plural: *Futuh, Futuhat*) werden in der islamischen Geschichtsschreibung u. a. die siegreichen Eroberungen Syriens, Persiens und Ägyptens unter den ersten Kalifen bezeichnet. In die damit angesprochene islamische Tradition des gerechten, gottgebotenen Krieges *(Dschihad)* reiht sich auch Arafats offizieller Deckname, „*Abu 'Ammar*" ein: Er spielt auf einen der frühesten Kriegsgefährten des Propheten Muhammad, 'Ammar bin Yasir, an.

Aus dem in Wort und Bild zur Schau getragenen Gewalthabitus prominenter palästinensischer Politiker und Organisationen sollten allerdings keine vorschnellen Rückschlüsse auf die von ihnen tatsächlich verfolgte Politik gezogen werden. Symbolisch inszenierte Kämpferbilder sind selten bloße Abbilder gelebten Verhaltens. Oft können sie auch ungelebte Wünsche und Rachephantasien ausdrücken, können Teil psychologischer Kriegsführung und Selbstermutigung sein oder verbalradikaler, kompensatorischer Flankenschutz für unpopuläre Kompromisse.

Sicher: Die ‚Palästinensische Nationalcharta' *(al-Mithaq al-watani alfilastini)* der PLO von 1968 – jenes Dokument, das die Machtübernahme der Guerillagruppen in der 1964 gegründeten Dachorganisation markierte – hielt in Artikel 9 ausdrücklich fest, daß der bewaffnete Kampf der einzige Weg zur Befreiung Palästinas sei, eine Strategie und keine Taktik. Von Arafat selbst erzählt man sich zahlreiche Begebenheiten, die von großer persönlicher Tapferkeit und Risikobereitschaft zeugen. Trotzdem gehört gerade er seit den frühen 70er Jahren zu den gemäßigten palästinensischen Führern, die u. a. dafür sorgten, daß die US-Botschaft in Beirut rechtzeitig vor Anschlägen gewarnt wurde und die über zahlreiche Geheimaktivitäten und diplomatische Rochaden den Weg zur Anerkennung Israels durch die PLO bahnten. Und obwohl dieser Kurs auch in der *Fatah* umstritten war und dort wiederholt zu Abspaltungen führte, war es gerade diese Organisation, die nicht zuletzt wegen ihres betonten Kämpferhabitus den Kurs Arafats in der palästinensischen Öffentlichkeit absichern konnte und absicherte.

Kleinere palästinensische Organisationen wie die ‚Volksfront zur Befreiung Palästinas' um George Habasch oder die ‚Demokratische Front zur Befreiung Palästinas' um Nayif Hawatmeh stehen inhaltlich für einen wesentlich kompromißloseren Kurs gegenüber Israel als die *Fatah* um Yasir Arafat. Bezeichnenderweise können ihre Führer es sich eher leisten, bei öffentlichen Auftritten auf martialischen Symbolismus zu verzichten. Und so ergab sich bei öffentlichen Anlässen bisweilen das paradoxe Bild, daß der moderate Arafat im populistischen Kämpferhabitus imponierte, während neben ihm Habasch und Hawatmeh ruhig in westlichem Straßenanzug mit Krawatte standen.

Die hier beschriebene Kluft zwischen Kampfsymbolik und praktischem Verhalten ist geschichtlich aus vielen traditionalen nahöstlichen Gesellschaften überliefert – Gesellschaften mit schwachen Zentralstaaten, in denen einzelne Personen, Familien, Clans, Stämme oder Dörfer tagtäglich gezwungen sein konnten, ihr Recht, ihren Frieden, ihre Interessen selber, und zwar gewaltsam, schützen zu müssen. Unter solchen Bedingungen allseits drohender und schwer berechenbarer Gewaltausbrüche hing die Möglichkeit, in Frieden zu leben, von anderen respektiert zu werden oder sich gegen sie durchzusetzen, nicht nur von der eigenen Kampfkraft ab,

sondern auch von dem Ruf, den diese Kampfkraft bei anderen genoß. Je
größer und öffentlich verbreiteter der Nimbus der eigenen Gewaltbereitschaft, desto größer die Chance, daß andere davon abgeschreckt wurden,
sie täglich zu testen, und desto besser die Aussichten, mögliche Gegner
schon im Vorfeld einzuschüchtern und nachgiebig zu stimmen.

Großsprecherische Reden, übertriebene, zum Teil sogar erfundene
Heldengeschichten, theatralische Legendenbildungen und gezielt ausge-
streute Gerüchte über die Kraft, den Mut und nötigenfalls auch die Grau-
samkeit der eigenen Gruppe sind unter solchen Bedingungen Teil eines
psychologischen Kräftemessens, das in die Gesamtbilanz der faktischen
Kräfteverhältnisse eingerechnet werden muß. Um Macht wird nicht nur mit
Taten, sondern auch mit Worten, Gesten, theatralischen Auftritten gekämpft.
Die soziale Bedeutung zwischenmenschlicher Gewalt wird nicht nur durch
ihr bloßes Stattfinden bestimmt, sondern auch dadurch, daß und wie darüber kommuniziert wird.

Im Falle der Palästinenser wurden diese, auch in anderen nahöstlichen
Gesellschaften vorzufindenden Muster heroischer Mythenbildung jedoch
im 20. Jahrhundert durch mehrere traumatische Ohnmachtserfahrungen
überlagert: Durch die Vertreibung von mehr als der Hälfte des palästinensischen Volks aus dem Staatsgebiet des heutigen Israel in den Jahren
1948/49, durch das Bewußtsein, daß die alten, traditionalen Eliten der palästinensischen Gesellschaft und der arabischen Welt gegenüber dieser
existentiellen Gefahr völlig versagt hatten, und durch das Gefühl, mit Israel einem überstarken Feind gegenüberzustehen, den die Palästinenser aus
eigener Kraft nicht mehr besiegen konnten.

An-Nakba: Die Katastrophe

Die Vertreibung von 1948/49 wird im palästinensischen Nationalismus als
„*an-Nakba*", als ‚die Katastrophe' erinnert. Sie traumatisierte eine Gesellschaft, die noch 1948 zu zwei Dritteln von der Landwirtschaft gelebt und
traditionell eine enge Beziehung zum Boden besessen hatte. Zu den verwandtschaftlichen, lokalen, sozialen und religiösen Spannungslinien der
alten palästinensischen Gesellschaft traten nach 1948 zusätzlich die räum-
liche Zersplitterung durch die Diaspora, die soziale Trennung von Lager-
flüchtlingen und Palästinensern außerhalb der Flüchtlingslager sowie die
politische Abhängigkeit von verschiedenen arabischen Staaten, die die
Flüchtlinge beherbergten und die, wie Jordanien und Ägypten, die noch
verbliebenen Reste des palästinensischen Territoriums, das Westjordanland
und den Gazastreifen, bis 1967 unter verschiedenen Rechtstiteln kontrol-

lierten. Bezeichnenderweise entstand daher die neue palästinensische Nationalbewegung nicht dort, wo, wie in der Westbank, die alte bäuerliche Gesellschaft Palästinas zunächst noch halbwegs intakt geblieben war, sondern dort, wo die Entfremdung und Machtlosigkeit der Palästinenser am spürbarsten und ihre Entwurzelung aus traditionalen Verhältnissen am fortgeschrittensten waren, nämlich in der Diaspora.

Die Tiefe des Traumas und die Aussichtslosigkeit, seine Ursachen in absehbarer Zeit selber beseitigen zu können, förderten hier einen Radikalismus, der auch den Einsatz von Gewalt einschloß. Je nach ideologischem Horizont, Erfahrungshintergrund und Adressatenkreis wurden dabei aber ganz verschiedene Sinn- oder Legitimationsebenen angesprochen: (1) die traditionelle, um die Wiederherstellung verletzter Ehre kreisende Vorstellungswelt der Rache *(Tha'r)*; (2) die islamische Vorstellungswelt des gottgebotenen Kriegs gegen die Ungläubigen *(Dschihad)*; (3) die Vorstellung eines kommenden konventionellen Kriegs der arabischen Staaten gegen Israel; (4) die Vorstellung einer bewaffneten Volksrevolution *(Thaura)* gegen Israel nach algerischem oder vietnamesischem Vorbild.

Die Kampfkultur der traditionalen palästinensischen Gesellschaft hatte sich vor allem aus den beiden erstgenannten Vorstellungskomplexen gespeist: Dem ungeschriebenen Fehde-Gesetz der Vergeltung und dem koranischen des *Dschihad*. Allerdings begegneten die muslimischen Eliten Palästinas schon vor 1948 Versuchen, den Kampf gegen die zionistische Landnahme als islamischen Religionskrieg zu führen, mehrheitlich zurückhaltend. Zu groß war die Sorge, durch einen solchen Schritt die Unterstützung der *christlich*-arabischen Minderheiten Palästinas zu verlieren. Diese waren wegen ihrer zahlenmäßigen Stärke, ihrer Auslandsbeziehungen und wegen der internationalen Bedeutung der christlichen Heiligtümer Palästinas ein nicht zu unterschätzender Machtfaktor im ‚Heiligen Land‘. Und darüber hinaus spielten arabische Christen seit Jahrzehnten eine wichtige Rolle in der sich allmählich herausbildenden arabischen Nationalbewegung, die wegen ihrer säkularistischen Grundtendenz ein neues, gleichberechtigtes Miteinander von Christen und Muslimen im Nahen Osten zu verheißen schien.

So war es kein Wunder, daß nach der *„Katastrophe"* von 1948/49 die Schlüsselparole im palästinensischen Nationalismus zunächst nicht *„Dschihad"* lautete, sondern *„Tha'r"*: Rache, Vergeltung. *„Ath-Tha'r"*, die Rache, hieß denn auch das Organ der 1952 gegründeten, säkularistischen ‚Bewegung Arabischer Nationalisten‘ *(Haraka al-Qaumiyyin al-'arab)*, aus der später die ‚Volksfront zur Befreiung Palästinas‘ *(al-Dschabha ascha'biyya li-Tahrir Filastin)* hervorging. Christliche Palästinenser wie Dr. George Habasch spielten darin eine führende Rolle.

Tha'r: Rache

„*Tha'r*" – dieser Begriff bezeichnete in Palästina und den umliegenden arabischen Ländern auch das alte Prinzip der Blutrache. Die Popularität gerade dieser Parole spiegelte zum einen die Wut der frisch entwurzelten bäuerlichen Bevölkerung der Flüchtlingslager. Zum andern spiegelte sie aber auch das damalige Niveau der Kleinkämpfe, die in den 50er Jahre zu beiden Seiten der israelisch-arabischen Grenzen hunderte Tote kosteten. Auf der arabischen Seite handelte es sich damals um eine Fülle von Einzelaktionen aus persönlichen, familiären oder lokalen Motiven. Von israelischer Seite wurden sie ‚mentalitätsgerecht' mit sogenannten ‚Vergeltungsschlägen' teils übertrumpft, teils provoziert.

Die Verarbeitung des Rache-Themas durch die ‚Bewegung der Arabischen Nationalisten' ging freilich weit über den Horizont der alten palästinensischen Fehdekultur hinaus. Denn die Rache, die sie meinten, sollte sich nicht nur gegen Israel richten, sondern auch gegen die westlichen Kolonialmächte, die Israel unterstützten, und gegen die ebenso uneinigen wie korrupten arabischen Regierungen, die Palästina ‚verraten' hätten. Paradoxerweise führte gerade diese strategische Ausweitung des Rachegedankens dazu, den Übergang zu eigenen Gewalthandlungen zunächst einmal zu vertagen, denn ein Feind wie Israel, so wurde argumentiert, sei nur durch einen gemeinsamen Krieg der gesamten arabischen Nation zu besiegen. Ein solcher Krieg aber setze, wenn er erfolgreich sein solle, vor allem die Herstellung der arabischen Einheit voraus.

Hoffnungsträger solcher Überlegungen war seit Mitte der 50er Jahre der charismatische Staatschef Ägyptens, Gamal Abdel Nasser. Ihm traute man es am ehesten zu, diese Aufgabe zu lösen. Ihn bei seinen panarabischen Einigungsbestrebungen zu unterstützen, galt bei den ‚Arabischen Nationalisten' als vordringlichste politische Aufgabe der Palästinenser. Umgekehrt setzte sich der Gedanke, daß die Palästinenser, so schwach sie auch seien, nicht auf Nasser warten dürften, sondern selber losschlagen müßten, zuerst in solchen Kreisen durch, die Nasser oder anderen panislamischen oder panarabischen Konkurrenzunternehmen zum Nasserismus distanziert gegenüberstanden. Zahlreiche Führungsmitglieder der *Fatah*, die diese Vorstellung seit Ende der 50er Jahre in der kuwaitischen Diaspora entwikkelten, waren zuvor Mitglieder oder Sympathisanten der ägyptischen Muslimbrüder oder, in geringerem Maße, der Baath-Partei gewesen; Mitglieder von Organisationen also, die von Nasser in den 50er Jahren teils unterdrückt, teils überspielt worden waren.

Vorbild der *Fatah*-Gründer um Yasir Arafat war der algerische Befreiungskrieg (1954-1962). Dort war es einer ursprünglich nur wenige Dutzend

Mitglieder umfassenden Organisation, dem ‚Front de Libération Nationale' (FLN), gelungen, mit einer Strategie kalkulierter Gewaltakte binnen weniger Jahre einen Massenaufstand auszulösen, der die französische Kolonialmacht zwar nicht militärisch, aber politisch-moralisch zermürbte und schließlich zum Rückzug veranlaßte. Daß die Palästinenser – zersplittert, demoralisiert und staatenlos wie sie waren – nicht in der Lage waren, Israel militärisch niederzuwerfen, wußte auch die *Fatah*-Führung. Ende 1964, am Vorabend ihrer ersten bewaffneten Operationen gegen Israel (Januar 1965), soll die Organisation im Libanon über ganze sechsundzwanzig schlecht bewaffnete und schlecht ausgebildete Kämpfer verfügt haben. Sie setzte aber auf die psychologischen und politischen Wirkungen einer ‚Propaganda der Tat'.

Symbolische Gewalt und nationale Identität

Die ersten Kommando-Aktionen, die *Fatah* seit Anfang 1965 von libanesischem und jordanischem Territorium aus durchführte, mochten aus israelischer Sicht nur Nadelstiche sein. Aber sie würden, so hoffte man bei *Fatah*, in der palästinensischen und arabischen Welt als Fanal wirken und signalisieren, daß das palästinensische Volk begonnen habe, sein Schicksal selbst in die Hände zu nehmen. Sie würden die Bewohner der Flüchtlingslager aus ihrer Resignation wecken und der Befreiungsbewegung Nachwuchskämpfer und Geldspender zuführen. Darüber hinaus konnte man mit grenzüberschreitenden ‚Vergeltungsschlägen' Israels rechnen, die ihrerseits Solidarisierungswellen mit den Guerillas auslösen und womöglich die arabischen Staaten doch noch nötigen mochten, Krieg gegen Israel zu führen.

Bis Mitte 1967 blieb *Fatah* mit dieser Strategie allerdings weitgehend allein. Die Regierungen Ägyptens, Jordaniens, Syriens und des Libanon fürchteten Verwicklungen mit Israel und suchten *Fatah*s Aktionen zu unterbinden. Auch die ‚Palästinensische Befreiungsorganisation' *(Munazzama at-Tahrir al-filastiniyya,* engl. Abk.: PLO), am 1. Juni 1964 auf Nassers Betreiben als Dachorganisation des Palästinensertums gegründet, lehnte eine eigenständige palästinensische Gewaltpolitik ab. Erst Israels Sieg im ‚Sechs-Tage-Krieg' (5.-10. Juni 1967) änderte die Lage. Der blamable Zusammenbruch der arabischen Armeen stürzte nicht nur die dafür verantwortlichen Regierungen in eine Legitimationskrise. Sie begrub bis auf weiteres auch alle Hoffnungen, Israel in einem konventionellen Staatenkrieg besiegen zu können. Im palästinensischen Lager wuchs die Sorge, daß die arabischen Staaten mit Israel einen Verliererfrieden schließen und ‚Palästina' aufgeben könnten. *Fatah*s Strategie des sofortigen palästinensischen

Volkskriegs schien hier den letzten Ausweg zu bieten, zumal die Chancen
für einen solchen Volkskrieg nach Israels Sieg paradoxerweise eher besser
schienen. Denn durch die Besetzung des Westjordanlands und des Gazastreifens waren 1967 rund eine Million Palästinenser zusätzlich unter israelische Herrschaft geraten. Sie würden, so hoffte man, den Guerillas endlich die erforderliche Unterstützung der lokalen Bevölkerung sichern.
Zwar scheiterte *Fatahs* Versuch, in den israelisch besetzten Gebieten
einen Volkskrieg nach algerischem Vorbild zu führen, schon 1969 an den
israelischen Sicherheitsvorkehrungen. Aber die symbolische Ausstrahlung
der palästinensischen Kommandoaktionen in der arabischen Welt war nach
der Demütigung von 1967 ungeheuer. Daß am 21. März 1968 knapp drei-
hundert palästinensische Kämpfer mit jordanischem Feuerschutz in der
Nähe des jordanischen Dorfs Karameh unter großen Verlusten dem Angriff
einer weit überlegenen israelischen Streitmacht standhielten, machte die
palästinensischen *Fida'iyyin* (sinngemäß: die sich aufopfern) zu symbolischen Rettern der 1967 verletzten gesamtarabischen Ehre. Zehntausende
von Freiwilligen schlossen sich in den kommenden Jahren den Guerillagruppen an, die nun wie Pilze aus dem Boden schossen. Die arabischen
Regierungen sahen sich gezwungen, den *Fida'iyyin* viele Vorrechte einzu-
räumen und unterstützten sie mit reichen Subsidien. Im Februar 1969 übernahm *Fatah* die Macht in der PLO: Von den damals 105 Sitzen des ,Palä-
stinensischen Nationalrats', des höchsten Gremiums des PLO, erhielten die
Guerillagruppen 57 Sitze, 33 davon entfielen auf *Fatah*. Yasir Arafat wurde zum Vorsitzenden der PLO gewählt.

Spektakuläre Kommando-Aktionen, der Rückhalt der arabischen Welt,
die Prominenz ihres Gegners und reiche Spenden vor allem aus den Golf-
staaten machten die PLO binnen kurzem nicht nur zu einer der bekannte-
sten, sondern auch zu einer der reichsten nationalen Befreiungsorganisa-
tionen der Welt. Bald konnte sie sich eine gut bezahlte, weltweit operierende
palästinensische Befreiungsbürokratie leisten, die aus dem Guerillakult in
jeder Beziehung Kapital zu schlagen verstand. Innerpalästinensisch wurde der Opfernimbus des *Fida'i* zum symbolischen Kristallisationskern einer nationalen palästinensischen Identität. Indirekt trug er auch dazu bei,
die tiefe soziale Zersplitterung der palästinensischen Diaspora zu überbrük-
ken. Denn insbesondere für die Unterschichten in den Flüchtlingslagern bot
die Möglichkeit, *Fida'i* zu werden, auch neue soziale Aufstiegschancen.
Für sie, die bis 1967 ein diskriminiertes Leben am Rande der Aufnahmege-
sellschaften geführt hatten, wurde das öffentlich getragene Gewehr zum
Symbol von Freiheit, persönlicher Selbstbestimmung und nationaler Identität.

Das opulente Spendeneinkommen der PLO und ihrer Mitgliedsverbände gestattete es darüber hinaus, die zersplitterte palästinensische Diaspora mit einem dichten internationalen Netz von Wohlfahrtsinstitutionen und kulturellen Einrichtungen zu überziehen und so den nationalen Einheitsanspruch auch strukturell zu unterfüttern. Unübersehbar wurden allerdings bald auch die Nachteile des *Fida'i*-Kults: Erstens führte der Primat symbolischer Gesichtspunkte – vor allem der Wille, die Opfer- und Todesbereitschaft der eigenen Kämpfer zu demonstrieren – zu hohen Menschenverlusten, die unter rein militärischen Gesichtspunkten kaum zu rechtfertigen waren. Viele junge Palästinenser wurden für spektakuläre Aktionen ‚verheizt'. Zweitens prägte der Primat spektakulärer Gewaltakte in der Weltöffentlichkeit ein angstbesetztes Palästinenserbild, das letztlich Israel weit mehr nutzte als der PLO. Drittens stellte der Aufbau palästinensischer Privatarmeen, die tagein tagaus revolutionäre Gewalt als positiven Wert propagierten, in den innenpolitisch ohnedies labilen arabischen Aufnahmestaaten ein langfristig kaum hinnehmbares Sicherheitsrisiko dar. Die mit dieser Frage mehr oder minder eng zusammenhängenden innerarabischen Bürgerkriege in Jordanien (1970/71) und im Libanon (1975-1990) kosteten Zehntausenden von Palästinensern das Leben. Die PLO verlor in ihnen einen großen Teil ihrer Macht. Viertens wurden die PLO-Führer zum Opfer ihres eigenen Gewalt-Kults. Denn die Popularität spektakulärer Gewalttaten und radikaler Rhetorik in der palästinensischen Öffentlichkeit machte es schwer, die einmal erreichten Publizitätserfolge in Diplomatie umzusetzen und den Gegnern Kompromisse anzubieten, die auch deren Ängsten Rechnung trugen. Gerade wer, wie Yasir Arafat, die Notwendigkeit solcher Kompromisse schon frühzeitig erkannte, durfte sich äußerlich von niemandem in revolutionärer Rhetorik überbieten lassen. Die Folge war ein krasses Mißverhältnis zwischen undurchsichtiger kompromißorientierter Geheimdiplomatie und verbalradikalen Äußerungen, das der Moral und dem demokratischen Anspruch der Bewegung schadete.

Daß die PLO trotz all dieser Nachteile bis weit in die 80er Jahre am Kult des bewaffneten Kampfs festhalten konnte, hing nicht zuletzt damit zusammen, daß ihre soziale Basis in erster Linie die palästinensische Diaspora war, und hier vor allem jene Palästinenser, deren Familien 1948/ 49 aus dem engeren Staatsgebiet des heutigen Israel vertrieben worden waren. Für diesen Teil (rund 60 Prozent) des palästinensischen Volks war der Weg der Gewalt, ganz abgesehen von seiner psychologischen Bedeutung, zugleich die einzige noch vorstellbare Möglichkeit, dereinst wieder in ihre Heimatorte zurückkehren zu können. Der Verzicht auf den Kult der Gewalt wäre für sie gleichbedeutend mit dem Abschied von einer lebenswichtigen Illusion gewesen: Doch noch eine Heimat zu haben.

Intifada – Neue Formen des Widerstands

Die politische Potenz des militanten Diasporanationalismus schrumpfte jedoch schon seit den 70er Jahren. Aus Jordanien wurden die Guerillas 1970/71 vertrieben. Der palästinensische Quasi-Staat, der sich danach allmählich im Libanon herausbildete, wurde von Israel 1982 zerstört. Die PLO-Führung mußte nach Tunis emigrieren. Die im Libanon verbliebenen Kräfte zerfleischten sich ab 1985 in einem innerpalästinensischen Bürgerkrieg oder wurden im sogenannten *„Lagerkrieg"* (1985-1988) durch prosyrische Milizen dezimiert. Seit dem Ausbruch der *„Intifada"* (Erhebung) im Dezember 1987 hat sich der Schwerpunkt der palästinensischen Nationalbewegung von der Diaspora nach Palästina verlagert. Hauptziel der *Intifada* war es zunächst, der israelischen und der internationalen Öffentlichkeit zu demonstrieren, daß die gesamte Bevölkerung der seit 1967 israelisch besetzten Gebiete, Kinder und Frauen eingeschlossen, die fremde Besatzungsmacht ablehnte, daß sie mit ihr nicht länger kooperieren wollte und den Anspruch auf Selbstbestimmung erhob, daß sie aber gleichzeitig Israel auch nicht vernichten wollte.

Im Unterschied zum Guerilla-Kult der Diaspora kultivierte die *Intifada* eine Mischung gewaltloser und begrenzt gewaltsamer Kampfformen. Demonstrationen, demonstrative Begräbnisse, Streiks, Straßensperren, Steuerverweigerung, Boykott israelischer Waren, Graffiti-Malereien, das Anbringen palästinensischer Flaggen und ähnliche demonstrative Handlungen machten, nach Schätzungen amerikanischer Friedensforscher, in der Anfangszeit der *Intifada* etwa 85 Prozent der Aktivitäten aus. Demonstrativen Gesichtspunkten gehorchte auch die eingesetzte Gewalt: Steine und Brandsätze, geschleudert von Kindern und Jugendlichen gegen israelische Soldaten und Einrichtungen. Es ging nicht in erster Linie darum, den Gegner zu töten. Man wollte ihm zeigen, daß seine Anwesenheit unerwünscht sei. Daß man mit Demonstrationen, Streiks und Steinschleudern – der biblischen Waffe Davids gegen Goliath – unter Umständen beträchtliche Macht ausüben konnte, daß man damit weltweit Beachtung fand und selbst Teile der israelischen Öffentlichkeit in Selbstzweifel stürzte, war einer der wichtigsten Lernerfolge der Intifada. Die PLO nutzte ihn bald gezielt. Die Aufstandsführung legte der Bevölkerung ausdrücklich den Verzicht auf Schußwaffen nahe und am 14. Dezember 1988 sagte sich Arafat auf einer Pressekonferenz in Genf *„total und absolut"* von *„jeder Form von Terrorismus"* los. Je länger die *Intifada* dauerte und ohne greifbare Erfolge blieb, desto mehr stieg jedoch auch ihr Gewaltpegel: Bewaffnete Jugendbanden begannen immer mehr, *„Verräter"* und *„Kollaborateure"* in den eigenen Reihen zu ermorden. Israelische Siedler, Soldaten und Zivilisten wurden zunehmend Ziel tödlicher Angriffe.

Träger dieser Gewalt waren in erster Linie Unterschicht-Jugendliche aus den Flüchtlingslagern der Westbank und des Gazastreifens. Angesichts ihrer desolaten wirtschaftlichen Lage war die Profilierung als gewalttätige politische Kämpfer für sie eines der wenigen verbliebenen Mittel, ihren sozialen Status zu verbessern. Das Verhältnis dieser Jugendlichen zur Gewalt nahm häufig Züge eines selbstbezogenen Gewaltkults an, bei dem es weniger darum ging, den Gegner zu beeindrucken als vielmehr die eigene, im Alltag hundertfach gedemütigte Würde und Männlichkeit öffentlich zu bestätigen. Diese mehr symbolische als instrumentelle Zweckbesetzung kämpferischer Gewalt führte in der Konfrontation mit dem Gegner zu hohen Verlusten. So waren die Fahndungserfolge israelischer Todesschwadronen in der Endphase der *Intifada* keineswegs nur auf die Allgegenwart von *„Verrätern"* und *„Kollaborateuren"* zurückzuführen, sondern auch auf die Neigung vieler militanter Jugendlicher, ihre eigene Militanz zur Schau zu stellen und sich teilweise sogar mit ihren Waffen fotografieren zu lassen. Die in säkularistischen wie islamischen Kreisen gleichermaßen verbreitete Gepflogenheit, jeden von Israelis getöteten Palästinenser als *„Märtyrer" (Schahid)* zu verehren, ließ kritische Diskussionen über die Sinnlosigkeit unnötiger Opfer erst spät und zögernd in Gang kommen.

Der Gewaltkult und die Kosten des Friedens

Alles in allem war der Gewaltkult im palästinensischen Nationalismus, sowohl in der Diaspora als auch in den israelisch besetzten Gebieten, in hohem Maße Kompensation für militärische und soziale Ohnmacht. Er erwies sich als Mittel, Beachtung zu finden, Wut und Verzweiflung auszudrücken und sich der eigenen persönlichen und kollektiven Würde zu vergewissern. Seine wichtigste soziale Basis waren und sind die Unterschichten der Flüchtlingslager. Damit sind jedoch zugleich auch die *Grenzen* des palästinensischen Gewaltkults angesprochen: Der überraschende ‚Friedensprozeß' zwischen der PLO und Israel sowie die aufsehenerregenden Anschläge islamistischer Aktivisten in Israel nähren seit 1993 Spekulationen über einen rasanten Legitimitätverfall Yasir Arafats. Die Ursachen dieser Legitimitätskrise werden zum Teil darin gesehen, daß Arafat durch das Ausmaß der Kompromisse, die er Israel gegenüber eingehe, sein symbolisches Kapital als revolutionärer palästinensischer Kämpfer verspiele.

In der Tat dürfte zwar das Ansehen Arafats dort am meisten gesunken sein, wo zuvor die palästinensische Gewaltbereitschaft am größten war: In den Flüchtlingslagern der Diaspora, der Westbank und des Gazastreifens. Die dort lebenden Schichten repräsentieren jedoch nicht die gesamte palästinensische Gesellschaft. Auch die sogenannte ‚Islamische Widerstandsbewegung' *(Haraka al-Muqawama al-islamiyya,* arab. Abk. : *Hamas)* stützt sich in nicht unerheblichem Maße auf konservative Schichten, denen *Fatah* und die PLO in erster Linie zu säkularistisch sind, die aber im übrigen dem Radikalismus von Unterschicht-Jugendlichen skeptisch gegenüberstehen. Auch die Tatsache, daß viele Palästinenser in den besetzten Gebieten die Kommandoaktionen islamistischer Aktivisten gegen Israel mit klammheimlicher Freude oder offener Sympathie betrachteten, bedeutet nicht notwendigerweise, daß sie bei allgemeinen palästinensischen Wahlen die Protagonisten solcher Taten zu ihren Repräsentanten wählen würden. Die symbolische Befriedigung verletzter Gefühle ist eine Sache – das Interesse an Arbeitsplätzen, Wohnungen und gesicherten Geschäftsmöglichkeiten eine andere.

Fast alle Staat gewordenen Revolutionen des 19. und 20. Jahrhunderts haben eine Konstante gemeinsam: Nach dem ‚Sieg' wurde die Generation der ‚heroischen Kämpfer' schnell und unsentimental durch wendige Pragmatiker, Bürokraten und Geschäftemacher verdrängt. Das Tempo dieser Umgestaltung und des damit zusammenhängenden Wandels der Leittugenden wurde in hohem Maße vom wirtschaftlichen Erfolg des neuen Regimes bestimmt. Dies dürfte letztlich auch für den Versuch der PLO gelten, nach dem ‚Gaza-Jericho Abkommen' vom 4. Mai 1994 mit israelischer Zustimmung und westlicher Hilfe in den besetzten Gebieten eine *„nationale palästinensische Autorität"* *(as-sulta al-wataniyya al-filastiniyya)* durchzusetzen. Erfolg oder Scheitern dieses Experiments hängen nicht nur vom Verhalten der palästinensischen Seite ab. In jedem Fall fordern sie von ihr einen hohen Preis. Vielen *Fatah*-Kämpfern, die mit Arafat in die besetzten Gebiete ‚zurückkehren', wird der pragmatische Wirtschaftsaufbau und der oft demütigende Kooperationszwang mit Israel schmerzhafte biographische Brüche mit alten Idealen abverlangen. Aber hier und weniger an der Front martialischer Kämpfersymbolik entscheidet sich, zumindest was die palästinensische Seite in den besetzten Gebieten betrifft, das Schicksal der PLO und aller möglichen Alternativen zu ihr.

Baumgarten, H., 1991, Palästina: Befreiung in den Staat. Die palästinensische Nationalbewegung seit 1948, Frankfurt/Main.
Gowers, A. / T. Walker, 1994, Arafat. Hinter dem Mythos, Hamburg.
Flores, A., 1988, Intifada. Aufstand der Palästinenser, Berlin.
Hart, A., 1989, Arafat. A Political Biography, Bloomington and Indianapolis.
Johnson, N., 1982, Islam and the Politics of Meaning in Palestinian Nationalism, London.

Kodmani-Darwish, B., 1994, L'OLP, de l'incarnation du peuple au gouvernement de l'État, In: Revue du Monde Musulman et de la Méditerranée, Nr. 68-69: 107-120.

Porath, Y., 1977, The Palestinian Arab National Movement. From Riots to Rebellion, London.

Sayigh, R., 1979, Palestinians: From Peasants to Revolutionaries, London.

Scheffler, T., 1991, Ethnizität, symbolische Gewalt und internationaler Terrorismus im Vorderen Orient, In: ders. (Hg.), Ethnizität und Gewalt, Hamburg: 221-250.

Shahak, I., 1992, The weaknesses of the Palestinian guerillas, In: Middle East International, 21. 8. 1992: 19.

Sharp, G., 1989, The Intifadah and Nonviolent Struggle, In: Journal of Palestine Studies, Nr. 73: 3-13.

Günther Schlee
Traditionelle Töterideale, Islamisierung und der Islam als Feindbild

Traditionelle Kriege gibt es nicht mehr, zumindest nicht in Nordostafrika. Unter ‚Traditionellem Krieg' müßte man einen solchen verstehen, der in Entstehung, Ablauf und Ergebnis von der ‚Moderne' unabhängig ist. Die ‚Moderne' ist einer der Namen, den sich die von Europa ausgehende Weltkultur gegeben hat, die in den letzten Jahrhunderten alle anderen Kulturen mehr oder weniger überlagert oder durch die Stimulation von Anpassung oder Gegenbewegung geprägt hat. ‚Tradition' ist der begriffliche Gegensatz zur ‚Moderne'. So unsinnig diese Terminologie auch ist, – denn schließlich ist ja gerade in der Moderne die Tradition, also die Wissensübermittlung von einer Generation auf die nächste, in besonderer Weise professionalisiert (Beispiel: Schule), – so fest ist sie doch in den Köpfen etabliert. Alle Kriege der Welt sind heutzutage von dieser von Europa ausgehenden kulturellen Ausbreitungswelle – dem Weltmarkt, dem Staatensystem und den sie begleitenden Ideologien – beeinflußt.

In den Medien ist gelegentlich davon die Rede, Afrika falle in ein Zeitalter der ‚Stammeskriege' zurück. Das ist nicht ganz falsch. Aber auch diese sogenannten Stammeskriege sind in gewisser Weise modern, d. h. von der Globalkultur beeinflußt. Bei genauerem Hinsehen entdeckt man nämlich, daß die einander bekriegenden Stämme in ihren Abrenzungen voneinander oft erst während der Kolonialzeit festgeschrieben wurden, daß die Konfliktursachen mit Aufteilungen von Ressourcen (Land, Wasser, aber auch: Ämter, Privilegien) zu tun haben, die auf die gestaltenden Kräfte der ‚Moderne' wie Markt und Staat zurückgehen und daß diese Konflikte mit modernsten Schnellfeuerwaffen oder gar Artillerie ausgetragen werden.

Trotz dieser Modernität sind allerdings auch von altersher bezeugte Faktoren an Ursprung und Verlauf dieser Kriege beteiligt. An einem aktuellen nordostafrikanischen Beispiel soll dieses verwobene Faktorengeflecht lokaler, regionaler und globaler Kräfte dargestellt werden. Seit 1991 durchläuft Äthiopien einen Prozeß der Neugliederung, der dazu führen soll, daß die Provinzen oder Republiken, die die Teile des zu gründenden föderalen Systems sein sollen, mit den Siedlungsgebieten der verschiedenen Völker übereinstimmen soll. Der Gedanke ist Europäern nicht neu: Die Ideen der Volkssouveränität und des Nationalstaates, dessen verkleinerte Abbilder hier auf der nächst niedrigeren Gliederungsebene geschaffen werden sollen, gehören zum modernen europäischen Ideologieexport. Natürlich ist es weder in Europa noch anderswo leicht zu definieren, wer genau denn jetzt mit wem zusammen ein Volk bilden soll. In Südäthiopien, wo Uneinigkeit darüber besteht, welche Klangruppen im einzelnen zu den ‚Oromo' und welche zu den ‚Somali' gehören sollen, ist der Islam ein wichtiges Element, das zu solchen Entscheidungen herangezogen wird. Symbole, die zur ethnischen Mobilisierung dienen, stammen aus dem Gada System, dem Generationsklassensystem der Oromo Völker, also einem Altersklassensystem, in dem die Generationsabstände besondere Berücksichtigung finden. Getötet zu haben, spielt in dem Normenkatalog, der mit diesem Altersklassensystem zusammenhängt, eine große Rolle. Moderne politische Konflikte bedienen sich also z. T. alter kultureller Materialien, oft allerdings in eigentümlichen Überformungen.

Islamisierung

Historisch wird der Islam in der Region von einer Reihe von Sultanaten repräsentiert, die sich in einem Halbkreis im Süden und Osten um das christliche Abessinien herum anlagerten, die aber die Oromo Expansion im 16. Jahrhundert zum großen Teil politisch nicht überlebten. Das bedeutendste und langlebigste von ihnen ist Harrar im Osten, von wo aus die *Futuh al Habash* ausging, die allerdings episodisch gebliebene ‚Eroberung Abessiniens' von Ahmad Grany(e), oder Ahmad Guurey, d. h. Ahmad dem Linkshänder, wie er auf Somali genannt wird. Mehr noch als mit Harrar, ist der Islam in der Region mit ‚Somali sein' verknüpft, und im Oromo wird die Konversion zum Islam oft als ‚Somali werden' paraphrasiert; ähnliches finden wir im Norden Kameruns, wo die Bekehrung zum Islam als ‚Fulbe werden' bezeichnet wurde oder in Indonesien, wo die Bekehrung zum Christentum lange Zeit als ‚Holländer werden' ausgedrückt wurde. Die Religion, so universal sie sich in ihren Werten und ihren Ansprüchen auch geben mag, hat also auf regionaler Ebene jeweils ein anderes ethnisches Gesicht.

Die Boran, die im Süden Äthiopiens und im Norden Kenias am stärksten geschichtswirksame Oromo Gruppe, brachten eine Reihe von somalischen und somaloiden Gruppen unter ihre Gewalt. Zum Teil hatte der Islam bei ihnen nur oberflächliche Einflüsse ausgeübt; offenbar wurden einige Litaneien übernommen, große Komplexe öffentlicher Rituale und vor allem auch der Kalender mit seiner Prägewirkung auf Lebensabläufe und der gesamte, im Fokus der Kulturen stehende Bereich der Behandlung von Kamelen aus älteren Kulturstaaten beibehalten. Andere Gruppen haben Traditionen über einen Fortzug von den Boran, der durch den Wunsch, das islamische Gesetz beizubehalten und nicht unter ,heidnische' Dominanz zu geraten, motiviert worden sei. Sowohl der Exodus aus Ägypten – einschließlich des Durchzugs durch das Rote Meer, der in der wundersamen Überwindung verschiedener dortiger Wasserflächen seine Parallele findet – als auch die *hidschra* (Auszug) des Propheten aus dem verstockten Mekka in das dem Islam aufgeschlossenere Medina sind islamische Motive, an die man hierbei anknüpfen kann. Islamische Diskurse über Handlungen, die man fernen Vorfahren zuschreibt, sind jedoch nicht frei von dem Verdacht, die damalige Rolle des Islam überzubetonen. Daß heutige muslimische Identitäten eifrig in die Vergangenheit zurückprojiziert werden, z. B. durch die Konstruktion islamischer Genealogien oder an die arabische Halbinsel anknüpfende Wanderungsgeschichten, läßt sich nicht nur hier, sondern quer durch Afrika an mannigfachen Beispielen belegen (z. B. LANGE, 1987; SCHLEE, 1987; 1989a: 28, 214, 1993: 6).

Zu den Somali Gruppen, die ganz oder teilweise, mit oder ohne Versuche von Flucht und Auswanderung, letztendlich unter die Hegemonie der Boran geraten sind, gehören die Ajuran und Garre, von denen heute noch einige Klangruppen den Boran Dialekt des Oromo sprechen; andere hingegen sprechen verschiedene Dialekte des Somali, darunter den vom Standard Somali stark abweichenden Rahanweyn Dialekt und den der Garreh Kofar. Deren Identität, einschließlich ihrer Selbstwahrnehmung, ist heute stark vom Islam geprägt, und das bestimmt auch das Feindbild, das die zum großen Teil nicht-islamischen Oromo von ihnen haben. Diejenigen unter ihren somalischen und somali-ähnlichen Nachbarn, die den Boran unterlegen waren, wurden von ihnen kollektiv adoptiert: ihre Klane wurden entweder als ganzes, oder Lineage für Lineage, in einer Beziehung, die *tiriso* genannt wird, den Klanen der Boran zugeordnet. Sie wurden also zu Klanbrüdern, wenn auch zu Klanbrüdern zweiter Klasse. Wer allerdings unabhängig bleiben wollte, blieb weiterhin der Töterzügen der Boran ausgesetzt.

Traditionelle Töterideale

Die Boran teilen einen ritualisierten Töterkomplex, d. h. einen Komplex von Kulturzügen, die mit rituell vorgeschriebenen Tötungshandlungen zusammenhängen, mit anderen ostkuschitischen Gesellschaften. Tötungen müssen im Zusammenhang mit bestimmten Promotionszeremonien der Generationsklassen ausgeführt werden. Während bei den Rendille diesem Erfordernis genüge geleistet wird, indem die frisch Beschnittenen mit stumpfen Pfeilen und Bögen Jagd auf Vögel machen, und während Gabbra Jünglinge in gleicher Situation kleine Nagetiere, *hantuut*, (Wüstenspringmaus) jagen, pflegten die *raaba* (Generationsklasse) der Boran auf Kriegszüge zu gehen, die zwar auch der Erbeutung von Vieh dienten, in erster Linie aber der von Trophäen in Gestalt der abgeschnittenen Genitalien männlicher Feinde. Es spielte dabei allerdings keine Rolle, ob es sich um die Genitalien von aus den Leibern ihrer Mütter geschnittenen Embryonen oder von Kleinkindern oder Greisen handelte (ANDRZEJEWSKI, 1962: 119; BAXTER, 1965: 64, 1979; SCHLEE, 1989: 38, 98f., 125f.). Im 16. Jh. berichtet der abessinische Mönch Bahrey von den ‚Galla‘, von denen die Boran eine *Moiety* (eine Hälfte, ein Teil; duales Ordnungssystem) waren, daß bei ihnen Krieger, die den Töterstatus noch nicht erreicht hatten, ihr Haar nicht rasieren durften, so daß es zu einem dicken Wust wuchs und sie von Läusen gequält wurden. Hierin sah er den Grund für die Wildheit und Entschlossenheit dieser Krieger (SCHLEICHER, 1893: 27f. ; GUIDI, 1907; BECKINGHAM/HUNTINGFORD, 1954: 69).

Obwohl die großen Kriegszüge, bei denen jeder, der etwas auf sich hielt, die Töterehren erhielt, schon lange nicht mehr durchführbar waren und sie mit der Zeit, da alle Nachbarn befriedet waren, durch Kriegszüge ersetzt wurden, bei denen es genügte, daß alle neu initiierten *raaba* gemeinsam einen Feind erschlugen – was ebenfalls aufgrund der kolonialen Befriedung durch Menelik in Äthiopien und durch die Briten in Kenia immer schwieriger wurde – haben die Boran doch nie die Idee aufgegeben, daß die Tötung genauso zur Erfüllung des Lebens eines Mannes dazugehöre wie die Zeugung. Auch in Zeiten tiefsten Friedens kommen einem immer wieder häßliche Episoden zu Ohren, daß beispielsweise einzelne Boran mit Gewehren aus sicherer Entfernung arglose Hirtenknaben aus Nachbarethnien erlegen, nur um der Genitaltrophäe habhaft zu werden und sich damit vor den Frauen zu brüsten. Es ist daher auch noch nicht lange her, nämlich während der letzten *gumi gaayo*, einer Gada Versammlung, die 1988 abgehalten wurde, daß die Boran angefangen haben, die Erfordernis zur Abschaffung des Tötens zu diskutieren und durch andere Beweise der Reife zu ersetzen (SHONGOLO, 1992).

Man kann sich leicht vorstellen, daß in den Zeiten, in denen dieser Töterkomplex noch nicht in den Untergrund abgedrängt worden war, sondern offen und triumphal ausgelebt wurde, die Nachbarn der Boran durch den Initiationszyklus des Gada Systems, in dem alle acht Jahre ein neuer *raaba* Grad installiert wurde, der dann auf einen Töterzug gehen mußte, einem periodischen Schrecken ausgesetzt waren. Unter somalischen und somali-ähnlichen Gruppen Nordkenias gibt es einen Zyklus von oralen Traditionen über eine lange Wanderung, durch die diese Völker den Boran entfliehen wollten. Diese Erzählungen heißen *kedi guur* auf Somali. Weiter oben wurde bereits erwähnt, daß einige Varianten dieses Traditionsstranges mit einem mehr oder weniger starken islamischen Firnis überzogen sind. Solcher Art war also der Druck, der dazu führte, daß vielfach die *tiriso* Beziehung zu den Boran als das geringere Übel in Kauf genommen wurde.

Während die Boran vorwiegend Rinderhalter in höheren Lagen waren und in Grashütten lebten, waren die *tiriso* Partner Kamelhalter des Tieflandes und lebten in Mattenzelten, daher ihr Name Warr Dasse: Mattenleute. Diese Spezialisierungen verringerten die Konkurrenz um Weidegründe. Neben rituellen Wechselbeziehungen, der Zusammenarbeit bei Segenshandlungen, die für die Fruchtbarkeit von Tier und Mensch für unerläßlich gehalten wurden, waren die Warr Libin, also die Leute aus der Landschaft Libin, wie die Boran mit ihren *tiriso* Partnern kollektiv genannt wurden, eine militärische Allianz. Diese Allianz behauptete sich in den Kriegen des 19. Jh. erfolgreich gegen die Tana Orma und die Laikipiak Maasai. Auch die nördlichen Somali, unter ihnen die Darood, konnten auf Kosten der Warr Libin erst dann substantielle territoriale Gewinne erzielen, als diese schon durch die koloniale Durchdringung geschwächt waren (SCHLEE, 1989: 47f.).

Zusammenfassend läßt sich sagen, daß die Beziehung zwischen den ,Mattenleuten' und den Boran zwar asymmetrisch war, mit den Boran in einer eindeutig höheren Position, aber nicht als Unterdrükkungs oder Ausbeutungsverhältnis bezeichnet werden kann. Sie war durch wechselseitigen Vorteil geprägt, zumal im Vergleich zu späteren Formen interethnischer Dominanz nach der kolonialen Eroberung durch Menelik. Sowohl in Kenia als auch in Äthiopien wird die Epoche des Bestehens dieser Allianz als eine Zeit relativen Friedens erinnert, in der die überkommene Ordnung noch respektiert wurde, und Konflikte von weisen Ältesten gelöst wurden.

Durch die gegenwärtigen kriegerischen Entwicklungen im südlichen Oromia, also dem Teil Äthiopiens, der vor der jetzt laufenden Neuordnung als Sidamo Provinz bezeichnet wurde, sind ethnische Differenzen aufgebrochen, die zu einer Abkehr von dieser positiven Sicht der Vergangenheit geführt haben und negative Aspekte der Beziehung zwischen den ‚Mattenleuten' und den Boran betonen, sie z. T. auch in die Vergangenheit zurückprojizieren. Diesen jüngeren Entwicklungen, so häßlich sie auch sein mögen, müssen wir uns jetzt zuwenden, um zu verstehen, welche Rollen dem Islam und dem Gada System in den jüngeren ideologischen Auseinandersetzungen zukommen.

Ethnizität und Nationenbildung: Der Äthiopien-Konflikt

Im Mai 1991 flohen Mengistus Soldaten durch das Land der Boran nach Süden über die Grenze nach Kenia. Nach dem Fortgang der Staatsmacht gab es eine staatenlose Periode in dem Gebiet. Streitfälle wurden lokal durch Ältestenräte geschlichtet, und niemand schien den Staat sonderlich zu vermissen. Seit der Eroberung durch Abessinien, um die letzte Jahrhundertwende, hatte man den Staat ja auch vor allem als räuberische und ausbeuterische Institution kennengelernt. Die anarchische Idylle fand im November 1991 ihr Ende, als der Staat wieder seinen Einzug hielt, wenn auch nicht als politischer Akteur, sondern als Streitobjekt. Verschiedene politische Bewegungen, die sich vor allem durch die ethnische Zugehörigkeit ihres Gefolges voneinander unterschieden, hegten die Erwartung, daß der Staat früher oder später in der Region reetabliert werden würde und fingen an, um Anteile an diesen zukünftigen staatlichen Strukturen zu kämpfen.

Die hauptsächlichen Gegner in diesem Krieg waren die OLF (Oromo Liberation Front), die hier mit den Boran identifiziert wurden, und die OALF (Oromo Abo Liberation Front), die aus Gabbra und Garre, also Angehörigen der Warr Dasse, die traditionell unter der Hegemonie der Boran lebten, bestand. Die EPRDF, die in Addis Abeba die Regierungsgewalt innehatte, war hier mit ihren Kräften auf die größeren Städte beschränkt und mußte sich vor allem Sorgen um die eigene Sicherheit machen. Die Situation wurde dadurch kompliziert, daß es außerdem noch Kriegsherren mit Banden oder Armeen unterschiedlicher Größe gab, die sich entweder auf die Seite der Garre schlugen oder ihre eigenen uneingestandenen Interessen verfolgten. Einer von diesen war der frühere somalische Präsident Mohamed Siad Barre, der 6.000 Mann in der Region hatte. Sein Ziel mag es gewesen sein, sich Verbündete zur Dankbarkeit zu verpflichten und so Aufenthaltsrechte für seine Miliz und seinen Stamm Marrehan in Äthiopien zu erwerben, für den Fall, daß sie gezwungen sein sollten, sich aus Somalia gänzlich zurückzuziehen. Zumindest war dies die Interpretation, die die örtliche Meinung seinen Aktionen zumaß. Für die Kombattanten selber ging es in dem Krieg um Brunnen und Weiderechte, während ihre Führer, die sich des weiteren politischen Rahmens bewußt waren, in ihm einen Kampf um die Repräsentation in der entstehenden neuen Ordnung in Äthiopien gesehen haben mögen, wo die regionalen Gliederungen nach dem Prinzip ethnischer Zugehörigkeit gestaltet werden sollten. Die Oromo Abo Liberation Front war übrigens dieselbe, die bis vor kurzem noch Somali Abo Liberation Front genannt wurde. *Abó!* ist eine Anredeform in der Sprache der Oromo und kann in etwa mit *„du da!"* oder *„hey, Mann!"* übersetzt werden. Die Somali Abo sind also solche Somali, die *Abó* sagen, d. h. oromo-sprachige Somali. Oromo Abo dagegen ist ein bloßer Pleonasmus. Mir zumindest sind keine Oromo bekannt, die nicht *Abó* sagen.

Noch 1978, während des Ogadeenkrieges, kämpfte die SALF für den Anschluß der Somaligebiete Äthiopiens an Somalia. Zwischenzeitlich hatte Somalia aufgehört, eine politische Einheit zu sein, der sich irgendjemand freiwillig anschließen würde, und die Somali Abo hatten sich nun in Oromo Abo umbenannt und kämpften für einen Sonderstatus im neu entstehenden Oromia. In allerjüngster Zeit scheint es allerdings, daß sich, da diese Bemühungen nicht gefruchtet haben, die OALF gespalten hat. Ein Teil besteht weiter als OALF, während ein anderer sich wiederum SALF nennt und nun versucht, einen Teil von Oromia der Somaliprovinz Äthiopiens anzugliedern. In den letzten Monaten von 1991 und dem Frühjahr 1992 eskalierte der Krieg zwischen OLF und OALF sehr schnell und produzierte tausende von zivilen Flüchtlingen, die von dem UNHCR, dem Hochkommissar der Vereinten Nationen für Flüchtlingsfragen, dem die Lager in Nordkenia unterstanden, in dasselbe Flüchtlingslager bei Woldá gesteckt wurden, in dem sich schon Flüchtlinge befanden, die sich dem Mengistu Regime entzogen hatten und denen sich später ihre Verfolger zugesellt hatten, nachdem es für diese an der Zeit gewesen war, zu fliehen. Die Boran wurden von den Gabbra und Garre aufgrund einer teilweisen Identität der Machteliten als Derg beschimpft, und vielfach sahen Mengistu Anhänger die Boran, obwohl diese ja andererseits mit der OLF identifiziert wurden, die das Mengistu Regime bekämpft hatte, als ihre Leute an. Dementsprechend sahen sie die Gabbra und Garre als Gegner. Man kann sich vorstellen, was passierte, als sich Frauen und Kinder der Gabbra und Garre in großer Zahl in den Schutz der kenianischen Behörden begaben und von diesen den UNHCR übergeben wurden. Kaum trafen die Lastwagen mit ihnen im Flüchtlingslager von Woldá ein, wurden die Frauen unter Gejohle heruntergezerrt, in die Hütten geschleppt und kollektiv vergewaltigt. Man kann sich nur wundern, wie häufig die internationalen Manager der Flüchtlingsindustrie den politischen, sozialen und ethnischen Fluchtgründen ihrer Schützlinge gänzlich blind gegenüberstehen und offenbar davon ausgehen, daß die Flüchtlinge zu ihnen kommen, um eine bestimmte Kalorienmenge und eine minimale Infrastruktur zu erhalten. (So auch ZITELMANN, 1990: Abschnitt 9; KARADAWI, 1991 setzt sich ähnlich kritisch mit der Rolle der UNHCR in sudanesischen Flüchtlingslagern auseinander). Daheim in Äthiopien lagen sich bestens ausgerüstete Armeen gegenüber. Durch die Rivalität der Supermächte zur Zeit des Kalten Krieges strotzt das ganze Horn von Afrika von Waffen, und durch die Auflösung von Armeen sind diese Waffen vielerorts frei verfügbar. Beide Seiten verfügten über Artillerie und motorisierte Logistik. Es kam zu Massenvertreibungen und Massakern ganzer Dorfgemeinschaften. Kurz gesagt, alles war wie in einem modernen Krieg. Man stand Europa in nichts nach. Dieser ist der Hintergrund, vor dem Neubewertungen des Gada Systems, der früheren Zugehörigkeit zur Warr Libin-Allianz und der historischen Rolle des Islam gesehen werden müssen.

Die Gabbra und Garre besannen sich darauf, daß sie ja ursprünglich durch Zwang der Warr Libin-Allianz eingefügt worden waren. Die OLF, die sich in einen überdeutlichen Gada Symbolismus kleidet – sie gebraucht *abba gada* als ihren Terminus für ‚Präsident‘, *raaba* für ihren militärischen Flügel usw. – wäre gut beraten, wenn sie einsehen würde, daß dies nicht geeignet ist, ein Gefühl der Zugehörigkeit bei denjenigen Gruppen zu wecken, die, wie die Garre und Gabbra, sich als die Nachkommen der Opfer dieser traditionellen Institutionen sehen, die von der OLF glorifiziert werden. Eine Überbetonung dieses Gada Symbolismus mag hier dem Ziel der OLF entgegenstehen, alle Oromo Sprecher in einem Staat namens Oromia zu vereinen.

Feindbild Islam

Im Zuge der neuen Frontenbildung wird der Islam immer mehr zu einem Gegenpol zum Gada System stilisiert. Der Klageschrei und Alarmruf der Gabbra und Garre nach einem Angriff der Boran war *„wa islaami badee, wa kuffaari islaam balleessee! – die Muslime sind verloren, die Ungläubigen haben die Muslime vernichtet!“*. In der umgekehrten Situation, wenn die Gabbra und Garre gegen die Boran vorgerückt waren, war der Alarmruf *„wa Borani badee – die Boran sind verloren!“*. Es hat also den Anschein, als ob eine religiöse Identifikation auf Seiten der Gabbra und Garre ihr Gegenstück in einer ethnischen Identifikation auf Seiten der Boran fand. Diese Situation erinnert vage an den derzeitigen Krieg in Bosnien, indem zwei der Konfliktparteien, nämlich Serben und Kroaten, durch Ethnonyme benannt werden, während die dritte unter dem Namen einer Religionsgemeinschaft, als Muslime, bekannt ist. Aber, so wie die Ethnonyme auch ein religiöses Definitionselement haben, das sich darin äußert, daß die Serben mit der orthodoxen Kirche, die Kroaten mit der katholischen gleichgesetzt werden, unabhängig davon, wie nominell diese Zugehörigkeit sein mag und wiewenig von der Religion tatsächlich praktiziert wird, mag es auch der Fall sein, daß Boran zu sein die Implikation hat, einer Boran Religion anzuhängen. In diesem Fall würde man also auf die Frage, welcher Religion man angehöre, antworten können: Boran. Diese Auffassung wird von einer Reihe von Boran geteilt, während andere der Meinung sind, daß man als Boran, gänzlich unabhängig von dieser Ethnizität, der einen oder der anderen Weltreligion oder auch keiner angehören mag. Letzteres ist auch die offizielle Auffassung der OLF. Aus dem Folgenden wird jedoch deutlich werden, daß durch die Bitterkeit derjüngsten Konflikte viele Boran sich innerlich weiter als zuvor vom Islam abgekehrt und ihrer traditionellen Religion zugewandt haben und daß andererseits viele Gabbra und Garre sich in einen bewußteren Gegensatz zum Boran sein und den Werten des Gada Systems begeben haben, während sie den Islam auf ihre Fahnen geschrieben haben. Kurz, es gibt eine Tendenz, der Boran Ethnizität eine religiöse Komponente, und komplementär dazu, dem Islam eine ethnische Komponente beizumessen. Für die zahlreichen Muslime unter den Boran scheint dies auf eine Identitätskrise hinauszulaufen. Sie sind konfligierenden Loyalitätsansprüchen ausgesetzt. Wario D'uba, ein Boran Senior[1], vertritt ganz deutlich den Standpunkt, daß man der traditionellen Boran Religion angehören müsse, um ein richtiger Boran zu sein:

„Wir haben unsere eigene Religion (aimaanuti)[2]. Wir haben nicht die Religion anderer Völker nachgemacht. Wie auch andere Religionen, haben auch wir einen einzigen großen Gott. Einige Leute nennen uns ,Ungläubige mit abstehenden Zöpfen' (kufaar guutu qonyee, eine Anspielung auf ihre Frisur). *Die haben ihre Religion und wir haben unsere. Wenn wir die Beziehung zwischen Gott und Mensch bei den Boran betrachten und sie mit der bei diesen Saffar* (Somali, d. h. in diesem Kontext: Muslime) *vergleichen, dann sehen wir, daß ihr Gott Mensch und Tier bei ihnen das Leben nimmt und unser Gott das gleiche bei uns tut. Aber ihre Todesfälle sind manchmal sehr viel häufiger als die bei uns. Unser Gott hat unsere Herden vermehrt und uns selbständig sein lassen. Ihrer füttert sie in kleinen Rationen, und deshalb müssen sie sehr viel von einem Ort zum anderen ziehen und von Dorf zu Stadt. Im allgemeinen ist unser Gott freundlicher und gnadenreicher uns gegenüber als ihr Gott zu ihnen."*

Diejenigen Muslime unter den Boran, die ihre Religion noch praktizieren, sehen sich heute oft der Frage ausgesetzt: *„Warum gehst du noch zur Mo-*

schee? Siehst du nicht, was diese Muslime uns antun?" Wenn jemand zum Islam konvertiert, wird er gefragt: *„At ya saffarte? – Bist du ein Somali geworden?"*. An anderer Stelle (SCHLEE/SHONGOLO 1993) haben wir einige Textbeispiele aufgeführt, die illustrieren, wie sehr die OLF um ein säkulares Verhältnis zur Religion bemüht ist und die Gleichwertigkeit aller Religionen unter Einschluß des traditionellen Glaubenssystems der Oromo und damit der Boran vertritt. Das geht bis hin zu Gebeten, in denen der Friede für alle Oromo und dann der Friede für jedes einzelne Gebiet, in dem Oromo leben, beschworen wird, für ihr Vieh und für ihr Land. Dort heißt es: *„Die Oromo sind vereint, die Oromo sind ein Stamm, sie gedeihen in Einheit, Friede sei mit allen Religionen!"*. Hier wird also, nach klassischem säkularem Muster, allerdings in religiöser Gestalt, von einer Warte oberhalb und außerhalb der einzelnen Religionen für diese gebetet. Ein säkulares Gebet also, wenn es denn so etwas denn gibt.

Dieser hehre Gedanke des Religionsfriedens hat sich jedoch im tatsächlichen Geschehen kaum durchsetzen lassen. So wie die Boran ihre Gegner mit dem Islam identifizierten, akzeptierten diese eine solche religiöse Identifikation und bezeichneten in genauer Umkehrung und Entsprechung dazu die Boran als *kufaar*, als Ungläubige, und Krieg gegen sie als *dschihad*, als einen ‚gerechten‘ oder ‚heiligen‘ Krieg: *„Ba'awtole tan, kufaar d'ahaa duddubbaat naga barbada! – Ihr Nutzlosen, schlagt die Ungläubigen und verhandelt erst hinterher um Frieden!"*, ist ein einem Garre Ältesten zugeschriebener Ausspruch, mit dem sie ihre Jungmannschaft aufhetzen.

Im Nachhinein weiß man alles besser. Wir haben hier die Geschichte einer ethnischen Polarisierung aufgezeigt, die sich so liest, als wäre sie zwangsläufig und vorhersehbar gewesen. Das liegt jedoch nur daran, daß es in diesem Buch um ‚Kämpfen‘ geht und sich daher die Beschreibung von Feindbildern und kontroversen Identifikationen in den Vordergrund schiebt. Die Warr Libin-Allianz beruhte nicht nur auf Abhängigkeit der ‚Mattenleute‘ von den Boran, sondern in manchem begaben sich auch die Boran in eine rituelle Abhängigkeit von den ‚Mattenleuten‘. So z. B. durfte das rituelle Oberhaupt der Boran kein Wasser trinken, das auf Eselsrücken transportiert worden war, sondern brauchte Transportkamele, die ihm die ‚Mattenleute‘ geschenkt hatten. Eine Fahne, die für die Boran große Bedeutung hatte, wurde von den kamelhaltenden Garre in aufwendigen Übergabezeremonien bezogen (SCHLEE/SHONGOLO 1993). Insgesamt waren die Beziehungen innerhalb der Warr Dasse-Allianz doch freundlicher und gleichberechtigter als sie in der erbitterten Rückschau erscheinen.

Ideologie und Rationalität: ein Widerspruch?

In manchem ist die Welt wie ein Supermarkt. Die Geschichte, unermüdlich produktiv und ohne einen Tag Pause, füllt die Regale, aus denen sich die Ideologie das heraussucht, was sie für ihre Zwecke brauchen kann. Findet sie nichts Geeignetes, kann sie ihre ‚Traditionen' allerdings auch selber erfinden. Zumindest wirkt ihre gestaltende Kraft aber darin, daß sie die Merkmale, aus denen sie kollektive Identitäten zusammensetzt, für die sie dann Loyalität einfordert, aus einer Menge von Merkmalen aussucht, von denen die meisten unberücksichtigt bleiben. Breite Schichten in Form von Kultur sedimentierter Geschichte beiseiteräumend, Jahrhunderte von Austausch und Zwischenheirat ignorierend, kapriziert sich im gewählten Beispielsfall die Ideologie darauf, aus ein paar sprachlichen und religiösen Merkmalen Einheiten zu definieren, die sich dann in erbitterten Kriegen bekämpfen. Man mag dahinter zwar Gruppeninteressen vermuten, allerdings entsteht dann leicht die Gefahr einer zirkulären Argumentation. Denn vor der Definition einer Gruppe kann diese ja noch keine Interessen haben, und definiert man sie erst in einer Weise und dann in einer anderen, verschieben sich ihre Interessen entsprechend. Einigen Teilen der entstehenden Gruppen, den ‚Machteliten', mag man das Interesse unterstellen, sich ihre Machtbasis in einer ihnen gemäßen Weise zuzuschneidern. Ob man aber grundsätzlich in diesen Prozessen solche Rationalitäten für einen Teil der Beteiligten nachweisen kann, muß fraglich bleiben, da wir für den Negativfall, daß wir keine Rationalität aufspüren, ja nie mit Sicherheit sagen können, ob dies an der Abwesenheit von Rationalität liegt oder an unserem mangelnden Gespür. Das Aufzeigen der Willkürlichkeit und Künstlichkeit solcher Abgrenzungsprozesse mag aber dazu beitragen, daß die nüchterneren Elemente unter den Beteiligten solche Abgrenzungen relativieren und überbrücken. Gelänge es den Geschichts- und Sozialwissenschaften, diesen Einstellungswandel zu fördern, hätten sie ihren Beitrag zum Konfliktmanagement geleistet.

---

1) Interview durch Abdullahi A. Shongolo mit Wario D'uba, Boran, Moiyale, 16. 10. 1991 (‚Moiyale' wird hier, der Landkarte folgend, für die Stadt auf der äthiopischen Seite verwendet, ‚Moyale' für die auf der kenianischen Seite).

2) Beide Wörter, die die Boran für ‚Religion' benutzen, sind arabischen Ursprungs: *aimaanuti* (von arabisch: *imaana*) und *diini*. Wie sehr die Boran auch ihre Unterschiedlichkeit gegenüber den Muslimen betonen, stammt doch die Terminologie, die sie benutzen, um diesen Anspruch zu vertreten, aus gerade dem arabisch-islamischen Kulturkontext, von dem man sich abgrenzen möchte. Hier möchte sich also eine Regionalkultur

von einer benachbarten Universalkultur unterscheiden, bedarf aber, um diese Position
zu vertreten, der Kategorien, die ihnen die Kultur, die das weitere Bezugssystem bildet,
dazu anbietet. Um behaupten zu können, ‚wir haben auch eine Religion‘, muß man erst
einmal den Begriff ‚Religion‘ borgen. Ähnliche Beobachtungen lassen sich an den
Begriffen der Oromo Sprache machen, die unseren Begriffen ‚Recht‘ und ‚Gesetz‘ ent-
sprechen (Schlee, 1994).

Andrzejewski, B. W., 1962, Ideas About Warfare in Borana Galla Stories and Fables. In:
    African Language Studies, 3: 116-136.
Baxter, P. T. W., 1965, Repetition in Certain Boran Ceremonies. In: M. Fortes / G. Dieter (Hg.),
    African Systems of Thought. London: 64-78.
— 1979, Boran age sets and warfare. Senri Ethnological Studies, 3: 69-95.
Beckingham, C. F. / G. W. B Huntingford, 1954, Some Records of Ethiopia. Hakluyt Soc.
Guidi, I. 1907, Historia gentis Galla. In: C. Conti Rossini (Hg.), Historia Regis Sarsa Den-
    gel. Louvain (Reprint 1955).
Karadawi, A., 1991, The Smuggling of the Ethiopian Falasha to Israel Through Sudan. In:
    African Affairs, 90: 23-49.
Lange, D., 1987, The Evolution of the Hausa Story: From Bawo to Bayajidda. In: Afrika und
    Übersee, 70: 195-209.
Shongolo, A. A., 1992, The Gumi Gaayo Assembly of the Boran: A Traditional Legislative
    Organ and its Relationship to the Ethiopian State and a Modernizing World. In: Arbeit-
    spapier Nr. 173, Universität
Bielefeld, FSP Entwicklungssoziologie.
Schlee, G., 1987, Die Islamisierung der Vergangenheit: Von der Rückwirkung der Konversi-
    on somalischer und somaloider Gruppen zum Islam auf deren orales Geschichtsbild. In:
    Möhlig, W. J. G. / H. Jungraitmayr / J. F. Thiel (Hg.), Die Oralliteratur in Afrika als Quelle
    zur Erforschung der traditionellen Kulturen. Berlin.
— 1989, Identities on the Move: Clanship and Pastoralism in Northern Kenya. Manchester.
— 1993, Historische Ethnologie. In: Schweizer, Th. / M. Schweizer / W. Kokot (Hg.), Hand-
    buch der Ethnologie. Berlin: 441-457.
— 1994, Loanwords in Oromo and Rendille as a Mirror of Past Interethnic Relations. In:
    Fardon, R. / G. Furniss (Hg.), African Languages, Development and the State. London.
Schlee, G. / A. A. Shongolo, 1993, Oromo and Somali Ethnicity and the Concept of Nation-
    hood. In: Arbeitspapier Nr. 194, Universität Bielefeld, FSP Entwicklungssoziologie.
Schleicher, A. W., 1893, Geschichte der Galla. Berlin.
Zitelmann, Th., 1990, Die Konstruktion kollektiver Identität im Prozeß der Flüchtlings-
    bewegungen am Horn von Afrika. Diss., FU Berlin, FB Philosophie und Sozialwissen-
    schaften II.

Michael Bollig
Krieger und Waffenschieber
in der ostafrikanischen Savanne

Nahezu jeden Abend flimmern über unsere Fernsehschirme Bilder von kriegerischen Greueltaten – und einer der Tatorte ist häufig Afrika, oder genauer gesagt, Ostafrika. Ob Somalia, Sudan, Äthiopien, Uganda und Ruanda, das Ausmaß der Gewalt scheint maßlos. ‚Stammeskonflikte‘ heißt es dann lapidar. Das kennt man aus Afrika. Dem auswärtigen Beobachter bleibt meist unklar, wodurch diese Konflikte ausgelöst werden, denn die Zeit der großen ideologischen Auseinandersetzungen ist endgültig vorüber. Man konnte ja noch verstehen, wenn sich kommunistische Rebellen und westlich orientierte Regierungen gegenseitig zu massakrieren versuchten. Aber in den Kriegen in Somalia, im Sudan oder jetzt in Ruanda scheint es um wenig Faßbares zu gehen. Wir mögen angesichts der Unsinnigkeit des Abschlachtens an Thomas Hobbes denken: *Der Mensch ist* – in Abwesenheit eines starken Staates – *des Menschen Wolf.* Und der Staat ist als Macht-faktor in den genannten Staaten Afrikas tatsächlich kaum noch existent. Gewalt geht hier immer seltener von Staaten oder staatlichen Organisationen aus. Die gewalttätigen Gruppen der 90er Jahre sind die sogenann-ten Stammesmilizen – Krieger zwischen Tradition und Moderne; das letz-tere überdeutlich angezeigt durch lässig umgehangene Schnellfeuergewehre und Patronengürtel, die Tradition jedoch, weitaus weniger zugänglich, ver-steckt in den Köpfen.

Ende der 70er Jahre betitelte der namhafte kenianische Politologe Ali MAZRUI (1977) seinen Band über Bürgerkriege, Revolutionen und Staats-streiche in Ostafrika mit ‚The Warrior Tradition in Eastern Africa‘. Er hob in diesem Band vor allem darauf ab, daß Gewaltbereitschaft tief in den Idealen zahlreicher Gesellschaften Ostafrikas verankert ist. Feinden gewaltbereit und entschlossen entgegenzutreten, ist die *conditio sine qua non* der Männlichkeit. Ethnische Stereotype hingegen werden in diesem

Zusammenhang eher als ein Vehikel angesehen, um gesellschaftliche Gruppen in Konflikten zu rekrutieren und zu motivieren. Die Gewaltbereitschaft ist daher ursächlich mit den Männlichkeits-, Krieger- und Heldenidealen der Gesellschaften verbunden. Eine Analyse jedoch, die nur diesen gesellschaftlichen Zusammenhang beleuchten würde und die globalen Verstrikkungen übersähe, würde das Phänomen zu kurz greifen. Wie kaum eine andere Region der Welt wurde Ostafrika in den letzten Jahrzehnten aufgerüstet. Der Kalte Krieg sorgte dafür, daß sich in Somalia und Äthiopien unermeßliche Waffenarsenale anhäuften (MATTHIES, 1990). Alle Staaten waren in einem verzehrenden Rüstungswettlauf begriffen, ein Rennen, das bis heute unzählige Kombattanden auf Schlachtfeldern zurückließ und die Staaten in den Ruin führte. Nach dem Zusammenbrechen der jeweiligen Systeme ergossen sich die Waffen über das gesamte Ostafrika und waren das Öl, das zahlreiche kleinere Konflikte der Region entflammte. Ein mächtiges Waffenschiebernetz reicht heute auch in die letzten Winkel der ostafrikanischen Savanne. Wo Bedarf ist, können deutsche G3 und russische oder chinesische Kalaschnikovs problemlos innerhalb von Tagen geliefert werden.

Dieses unheilvolle Miteinander von Kriegertradition und Waffenhandel zu entschlüsseln, ist das Thema dieser Geschichte. Sie beginnt weit im kenianischen Norden, in einem glutheißen, unwirtlichen Landstrich, und hört in den Waffenschmieden Europas auf. Wenn auch die Strukturen der Konflikte in Afrika gelegt sind, das Öl jedoch, um sie anzufachen und zu ‚Buschbränden' auszuweiten, stammt aus Europa.

Der Buschkrieg zwischen Pokot und Turkana

Der Krieg, über den ich berichten möchte, gehört nicht zu den großen, die Schlagzeilen füllenden Auseinandersetzungen des östlichen Afrika. Nein, beileibe nicht. Es ist ein kleiner Buschkrieg, einer von unzähligen Buschkriegen, die heute in Ostafrika zwischen sogenannten Stammesmilizen ausgefochten werden. Schaut man sich die rezente Geschichte Kenias an, findet man, daß in den letzten drei, vier Jahren Konflikte dieser Art an Zahl und Bedeutung geradezu explosionsartig zugenommen haben. Diese unerklärten Kriege, für die Waffenstillstandsabkommen bedeutungslos sind, deren Akteure keinen Sold empfangen und deren Nachschub nicht staatlich geregelt wird, sind die wesentliche Form der Gewalt in den 90er Jahren. Der Buschkrieg zwischen den hirtennomadischen Pokot und den nördlich benachbarten Turkana dauert nun schon 25 Jahre an. Schenkt man allerdings den Geschichten der Ältesten Glauben, so ist dies nicht ganz richtig, denn eigentlich dauert er nunmehr schon mindestens 150 Jahre an. Während der britischen Kolonialzeit herrschte zwar für einige Zeit Frieden, aber auch der war löchrig, und man weiß von zahlreichen erschlagenen Pokot und Turkana zu berichten. Wie dem auch sei, die rasche Aufrüstung beider Seiten mit modernen Schußwaffen seit Anfang der 70er Jahre gab dem Konflikt eine neue Dimension. Pokot und Turkana leben nahezu ausschließlich von ihren recht ansehnlichen Viehherden. Die Einbettung in die Nationalökonomie ist in beiden Fällen nur als marginal zu bezeichnen. Die Kulturen beider Gruppen unterscheiden sich recht wenig; so tragen beispielsweise die Frauen der einen Gruppe rote, dunkelblaue und grüne Perlen, und die der anderen eher hellblaue und violette Perlen. In zahlreichen Interviews versicherten Pokotinformanten immer wieder, daß sich beide Gruppen ausgesprochen ähnlich seien. Jedenfalls, so betonten sie, stünden die Turkana den Pokot näher als alle anderen ethnischen Gruppen der Region. Die Meinungen der Ältesten sind in beiden Gruppen von großer Bedeutung, Solidarität wird sehr hoch gewertet, Hexerei spielt hüben wie drüben eine große Rolle in internen Konflikten und schließlich und endlich fühlen sich beide Gruppen von der nationalen Politik vernachlässigt. Die Turkana sind sogar respektable Heiratspartner – in Friedenszeiten, versteht sich. Kulturelle Unterschiede können also keineswegs die Gewalttätigkeiten zwischen den Gruppen erklären, die ca. 1970 erneut ausbrachen. Seitdem eskalierte der Konflikt, da der Zugang zu Waffen für beide Seiten stetig einfacher wurde. Eine Kalaschnikov, die Ende der 70er noch 40 bis 50 Rinder kostete, ist heute schon für drei oder vier Ochsen zu haben. Man kann sich vorstellen, daß die fallenden Preise für Gewehre nicht gerade die Friedfertigkeit steigerten. Bei allen Konflikten geht es um Viehdiebstahl. Mehrere hundert Krieger dringen in das Feindesterritorium ein, stehlen Rinder und ermorden deren Besitzer, wenn die sich ihnen (aus verständlichen Gründen) in den Weg stellen – häufig allerdings auch, wenn sie dies nicht tun. Die folgende Geschichte eines konkreten Überfalles ist typisch für diese Form der interethnischen Aggression.

In dem Jahr, in dem die Altersklasse der Kalotal initiiert wurde (1978), lebten zahlreiche junge Pokot-Männer in Nasur im Grenzgebiet zum Turkana-Gebiet. Häufig wurden Ochsen geschlachtet und gemeinsam verzehrt. An einem Tag gegen Ende der Trockenzeit sollte sich das gemeinsame Mahl der von der langen Trockenheit etwas geschafften Männer aber nicht in der sonstigen schläfrigen Ruhe abspielen. Rionokamar ging, feurige Reden haltend, mit hoch erhobenem Speer um die im Halbkreis sitzenden Männer herum. Um seinen Worten die nötige Schärfe zu verleihen, hatte er die Scheide von der Speerspitze gezogen. Er sprach vom

Krieg, von einem Überfall auf die benachbarten Turkana. Jeder erkannte an Rionokamars Verhalten, daß er wütend und wild entschlossen war, und daß sein Reden von einem Überfall kein leeres Geschwätz war. Nach und nach rief Rionokamar seine offenbar vorbereiteten Freunde zu sich. Sich gegenseitig und die anderen Männer anfeuernd, überzeugten sie alle Anwesenden, daß die Zeit für einen Überfall günstig sei und reiche Beute den Ruf der jungen Männer vergrößern würde.

Noch in derselben Nacht besuchten einige Männer, die als Späher ausgewählt worden waren, einen rituellen Spezialisten, um sich die notwendigen Segnungen für das nicht ganz ungefährliche Unternehmen zu holen. Für fast zwei Wochen sollten sie ,Feindesland' durchstreifen, auf der Suche nach ergiebigen Angriffszielen. Der alte Mann, an den sie sich wandten, war zunächst sehr zurückhaltend, aber offenbar konnten die jungen Männer auch ihn von der Notwendigkeit der Unternehmung überzeugen. Tief in der Nacht rieb er sie mit weißer Erdfarbe ein und bespritzte sie mit der Milch einer *roriyon* Kuh, ein Rind, das nie krank gewesen ist und auch ansonsten keinen Makel hat, ein Sinnbild der Reinheit also. Diese Segnung sollte bewirken, daß sie ungesehen und unverletzt zurückkehrten. In formelhaften Sprüchen beschwor der Alte die Unsichtbarkeit ihrer Fußspuren und verfluchte alle möglichen Hindernisse.

Noch in der Nacht machten sich die Späher auf den Weg und durchstreiften das südliche Turkana-Gebiet. Tagsüber hielten sie sich auf Anhöhen versteckt, um von dort besser Herdenbewegungen beobachten zu können, nachts wanderten sie weiter. Als sie zurückkamen, hatten sie gefunden, wonach sie gesucht hatten: In Kapururu siedelten zahlreiche Turkana mit großen Rinder- und Kamelherden, ein offensichtlich vielversprechendes Angriffsziel. Die folgenden Wochen wurden genutzt, um weitere Männer für den Überfall zu gewinnen und für die sehr unterschiedlichen Schußwaffen genügend Munition zu besorgen. Auf dem den Überfall vorbereitenden Treffen, dem *kokwö luk*, nahmen dann fast 500 Männer teil, junge und alte. In Reden, Tänzen und Gesängen brachten sich die Männer für den Überfall in Stimmung. Es wurden zahlreiche Ochsen geschlachtet, so daß es auch an Verpflegung nicht fehlte. Die Versammlung hat dabei sowohl den Charakter eines Heerlagers als auch den einer sakralen Veranstaltung: Während der Versammlung ist allen Teilnehmenden Geschlechtsverkehr streng untersagt, sexuelle Kontakte könnten die Veranstaltung verunreinigen und den Erfolg des Überfalles gefährden. Einige Männer wurden aus ähnlichen Überlegungen sogar ganz von der Teilnahme an dem Treffen und vom folgenden Überfall ausgeschlossen: Einer war durch seinen Vater verflucht worden, zwei andere hatten Ehebruch begangen und hatten dafür noch keine Sühne geleistet. Selbstverständlich sind während des *kokwö luk* auch Streitereien zwischen den Kriegern tabu. Das große, den Überfall vorbereitende Treffen muß ‚rein' bleiben – denn wenn dies nicht gewährleistet ist, sollte man besser gleich zu Hause bleiben. Der *kokwö luk* kulminiert in den Segnungen der Ältesten. Mit Erdfarben segnen sie Krieger und Waffen, und abschließend kriechen alle Krieger durch die gespreizten Beine eines rituellen Spezialisten. Dies soll garantieren, daß der Kriegszug nicht vom Gegner zerstreut wird. Materiell und spirituell gewappnet, ziehen die Krieger dann los. Nach einem nächtlichen Eilmarsch erreichten sie Kapururu, ihr Zielgebiet. Noch vor der Morgendämmerung teilte sich der Trupp auf, in kleineren Gruppen durchkämmten sie nun einzelne Haushalte. Im Morgengrauen feuerten sie in die Hütten, durchsuchten dann deren Inneres nach Brauchbarem und wendeten sich dann dem Vieh zu, das sie eilig forttrieben. Die meisten Turkana waren zu diesem Zeitpunkt schon geflohen. Letztendlich wurden ‚nur' sechs Menschen umgebracht. Im Laufschritt wurde das erbeutete Vieh dann zurückgetrieben und sobald man sicheres Territorium erreicht hatte, verteilt. Die Besitzer moderner Schußwaffen, letztendlich die Garanten des Erfolges, erhielten den Löwenanteil. Der Überfall war beendet und nur die, die getötet hatten, blieben für die ersten Reinigungsrituale beisammen.

Der Ablauf der Überfälle ähnelt sich sehr, und es besteht kaum ein Unterschied zwischen Pokot und Turkana. Selbstverständlich folgte der nächste Überfall der Turkana nur einige Tage oder Wochen später – so genau weiß das keiner mehr, da die Anzahl der Überfälle einfach zu groß ist. Es ist weniger ein einzelner Überfall, sondern die Flut von Gewalttätigkeiten dieser Art, die die Ökonomie der Hirtennomaden an den Rand des Abgrundes gebracht hat. Die Geschichte des Überfalles auf Kapururu läßt eigentlich auf ein recht traditionelles Konfliktgebaren schließen, so recht das, was man sich unter ‚Auf dem Kriegspfad sein' vorstellt. Nur die modernen Schnellfeuerwaffen stören das Bild. Bei genauerem, d. h. unter anderem kulturvergleichenden, Hinsehen stellen sich aber ganz erstaunliche Parallelen zur Kriegsführung in vielen anderen, auch sogenannten modernen Gesellschaften heraus.

Der amerikanische Ethnologe GOLDSCHMIDT (1986) verglich die Vorbereitung von organisierten Aggressionen in vielen Gesellschaften. Er kommt zu dem Schluß, daß wesentliche Bestandteile dieses *„psyching up for battle"* offenbar universell sind. In Reden, Tänzen und Liedern wird den teilnehmenden Männern die Angst vor eigenen Verletzungen und Tod genommen. Durch Segnungen von Autoritätspersonen wird die Legitimität der Aggression jedem klar vor Augen geführt. In dem Kontext des *kokwö luk* werden interessanterweise minimale Unterschiede zwischen beiden

Kulturen immer wieder betont. Die Turkana werden als gierig und schmutzig diffamiert. Stereotype werden als Feindbilder instrumentalisiert und im Prozeß des „*psyching up*" benutzt. GOLDSCHMIDT findet keine Kultur, in der Menschen ohne diese Vorbereitungsphase emotinalen Aufstachelns organisiert aufeinander losschlagen. Berechtigt kann man nun weiterfragen, warum es in diesen durch Dürren ohnehin schon genügend gepeinigten Landstrichen zu gewaltsamen Auseinandersetzungen dieses Ausmaßes kommt. Die Antwort müssen wir auf zwei Schauplätzen suchen: einerseits in den Idealen und kognitiven Grundmustern der Kultur, und andererseits in dem florierenden Waffenhandel nach und in Ostafrika.

Männlichkeits- und Kriegerideale

Im Überzeugungssystem der Pokot sind Männlichkeitsideale und Emotionen so strukturiert, daß Aggressionen gegenüber Fremden ‚belohnt' werden. Während Gewalt gegenüber anderen Pokot geradezu verpönt ist oder aber in einer Art Turnier streng reglementiert ausgetragen wird, ist Gewalt gegenüber Fremden, den *pung*, und das sind in dieser Definition alle Nicht-Pokot, akzeptabel oder sogar lobenswert. Auch hier möchte ich zur Illustration eine Geschichte erzählen, die den Sachverhalt zwar dramatisch, aber doch angemessen darstellt. Um die herausgehobene Position eines Kriegers und Töters zu veranschaulichen, erzählte mir ein älterer Pokot folgende Geschichte, die sich zwar auf einen präkolonialen Vorfall bezieht, aber als Lehrstück durchaus weiter Bedeutung hat:

Jemand, der nie einen Feind getötet hat und keinen *kola* Narben (die Schmucknarben eines Töters auf der rechten oder linken Schulter) trug, bekam auf Festen von dem guten Fleisch nichts ab. Nur demjenigen, der *kola* Narben vorweisen konnte, gehörte das Wohlwollen der Leute. Solchen *nyakan* wurde auf Festen besonders viel Milch und gutes Fleisch gereicht. Die Schmucknarben eines Töters machten einen reich und sicherten Respekt. Bei den Tänzen konnte der Töter von seinen Taten singen. Wenn dagegen ein Feigling heiraten wollte, hatte er es schwer: Die Frauen machten sich über ihn lustig, er sei wie eine Frau, und wer wolle schon eine Frau als Schwiegersohn. Jeder junge Mann, der sich sowas anhören muß, ist beschämt. Er sehnt nun den Tag herbei, an dem er sich als *nyakan* profilieren kann. Am nächsten Tag sitzt er vor seiner Hütte und zittert vor Erregung. Sein Herz ist voll *sirumoi* (Begriff für ein Gefühl zwischen Wut und Mut). Er ruft junge Männer zusammen, um mit ihnen einen Überfall zu planen. Er spricht: „*Ihr habt mich einen Feigling genannt, aber wartet bis morgen, ihr werdet sehen, wie ich beim Überfall Feinde töte.*" Die Männer gehen bald los. In der Morgendämmerung überfallen sie die Fein-

de. Sie umzingeln einen *Kral* und springen über die Umzäunung. Als die
Bewohner flüchten wollen, töten sie und töten und töten. Sie machen sich
danach mit den erbeuteten Rindern auf den Rückweg. Nach einigen Stunden werden sie jedoch von den Feinden eingeholt. Der junge Mann sagt:
„Laßt mich voran gehen!" Es dauert nicht lange und er tötete einen Feind
und kurz darauf einen weiteren. Als sie nach Hause kommen, werden die
kola Narben auf den Schultern des Mannes angebracht, während die Mädchen zuschauen. Ein Ochse wird geschlachtet und es wird viel Milch gebracht. Mädchen stehen um den jungen Mann herum, während der Narben-
schneider seine Arbeit beendet. Der junge Mann wird nun von allen als
nyakan respektiert.

Der ideale Pokot-Mann ist auch heute noch ein *nyakan*, ein Krieger.
Er zeichnet sich durch bestimmte Charakterzüge (Mut, Entschlossenheit,
Großzügigkeit, Diszipliniertheit), Fähigkeiten (rhetorisches Talent, Ge-
schicklichkeit im Umgang mit Waffen) und Intelligenz aus. Durch heroi-
sche Taten erwirbt er idealerweise bereits in jungen Jahren Prestige – einen guten Ruf, der ihm sein ganzes Leben lang vorausgehen wird. Auch
als alter Mann wird er noch als *nyakan* angesehen werden. Der *nyakan*
brilliert aber keineswegs nur auf dem Schlachtfeld. Nein, er achtet auch
sorgsam auf seine äußere Erscheinung, pflegt seinen Kopfschmuck, läßt
seine blaue Lehmhaube häufig von Freunden erneuern und frisch anma-
len, scheut auch die Investitionen für neue Straußenfedern nicht, die seinen Kopfschmuck komplettieren. Die Schönheit, die er nach außen zur
Schau trägt, muß aber in jedem Fall durch innere Reinheit ergänzt werden – sonst gilt sein Schmuck sehr schnell als angeberische Prahlsucht.
Er achtet darauf, daß er Speisetabus einhält (d. h. keine unreinen Speisen
zu sich nimmt), er bewirtet seine Gäste zuvorkommend und beteiligt sich
geschickt an Gesprächen. Auch ist er ein guter Sänger und Tänzer. Sein
Ruhm gründet sich jedoch insbesondere auf heroischen Taten im Krieg
gegen andere ethnische Gruppen. Männer- und Kriegerideal sind untrenn-
bar. Der *nyakan* zeichnet sich dadurch aus, daß er besonders intensiv ein
aggressives Gefühl empfindet, das *sirumoi* genannt wird. Der Begriff ist
außerordentlich vielschichtig und daher nicht nur mit einem Wort zu übersetzen. Da er aber von entscheidender Bedeutung für das Kriegerideal der
Pokot ist, möchte ich zunächst die Bedeutungskomponenten des Begriffes
hervorheben. Am ehesten dürfte wohl eine inhaltliche Synthese der Begriffe ‚Mut‘, ‚Entschlossenheit‘ und ‚Wut‘ die Bedeutung wiedergeben.
Sirumoi setzt in einem *nyakan* fast übermenschliche Energien frei, wie die
folgende Geschichte zeigt:

Durch einen Verrat seines Enkels, Lokiriam, wird Kongol von den
Turkana gefangen genommen und schließlich getötet. Der Bruder

Lokiriams, Aremule, ist über den Verrat an seinem Großvater durch seinen Bruder außer sich vor Wut. Er tobt und will sich in seiner Rage selber umbringen, doch kann er von Freunden daran gehindert werden. Dennoch will er sich sofort und alleine auf den Weg machen, um den Großvater blutig zu rächen. Um ihn vor sich selber zu schützen, fesselten ihn seine Freunde und banden ihn in seiner Hütte fest. Aremule flehte, sie sollten seine Fesseln abnehmen, er müsse die Schandtat rächen. Nachdem er etwas zur Ruhe gekommen war, schlug er seinen Freunden vor, gemeinsam ins Land der Feinde zu ziehen. Einige Tage später machten sie sich auf den Weg. Aremule war immer noch voll von *sirumoi* und kaum aufzuhalten. Er wurde an langen Schnüren festgebunden. So ging man – vorneweg der gefesselte Aremule, an langen Lederriemen von seinen Freunden gehalten – bis in die Nähe eines großen Turkana-Lagers, das man überfallen wollte. Aremule wollte nicht schlafen und gleich losschlagen. Wieder mußte man ihn fesseln und an einen Baum binden. Im Morgengrauen griffen sie an. Kurz bevor sie die Turkana Siedlung erreichten, nahmen sie Aremule die Fesseln ab. Der Entfesselte sprang über die Einzäunung des *Krals* und tötete alleine viele Feinde.

Aremule lebt das Gefühl *sirumoi* aus. Er, der Held vieler Erzählungen, starb irgendwann Anfang der 50er Jahre hoch geachtet, umgeben von seinen neun Frauen, zahlreichen Kindern und vielen seiner Hirten. In der Spätphase seines Leben hatte er sich nicht nur als Krieger, sondern auch als erfolgreicher Herdenbesitzer etabliert – auch das ist typisch für einen *nyakan*. Die Geschichte zeigt aber vor allem die zerstörerische Kraft von *sirumoi*. Eine andere Seite wird weniger deutlich: *sirumoi* impliziert auch Selbstdisziplin. Das Gefühl soll idealerweise nicht in eine unberechenbare Rage umkippen – Aremule wird davor nur von einigen fürsorglichen Freunden geschützt. Derjenige, der wutentbrannt auf das Schlachtfeld rennt, ohne sich vorher der Rückendeckung zu versichern, gilt wenig. Ein Heldentod wird nicht honoriert. Vor allem in internen Auseinandersetzungen muß der *nyakan* unter Beweis stellen, daß er nicht bloß ein wilder Schläger ist. Hier ist Selbstbeherrschung gefordert. Derjenige, der in einer internen Streiterei eine Waffe mit dem Ziel gebraucht, seinen Gegner gefährlich zu verletzen, macht sich lächerlich. Aggressive Gefühle in internen Auseinandersetzungen schlagen sich in Akten verbaler und magischer Aggressivität (Hexerei) nieder, nicht aber in physischen Auseinandersetzungen.

Entschlossenes, effektiv gewalttätiges Handeln und die Kontrolle aggressiver Emotionen sind die wesentlichsten Merkmale des *nyakan*. Beides resultiert aus emotionalen Abläufen, die kulturell vorgeprägt sind. Die männliche Idealrolle begünstigt individuelle Aggressivität, solange sich diese nach außen richtet, und fordert die Kontrolle der Aggression, wenn der Kontrahent zur eigenen Gesellschaft gehört. Männer können durch gewalttätiges Auftreten in interethnischen Konflikten Prestige erwerben: spezielle Titel (Töternamen), prestigeträchtige Embleme (die *kola*-Narben, rote Federn im Kopfschmuck). Und, *last but not least*, wird erfolgreichen Kriegern auch von Frauen mehr Beachtung geschenkt – zumindest glauben das die Männer.

Unsere Waffen – Ihre Waffen

Diese Ideale garantieren, daß gewaltsame Auseinandersetzungen nie ganz zum Erliegen kommen. Mit der traditionellen Bewaffnung, dem Speer, Pfeil und Bogen, war jedoch das Ausmaß der Vernichtung vergleichsweise begrenzt. Erst durch den schwunghaften Export von Waffen nach Ostafrika und dem eng damit zusammenhängenden, florierenden Binnenhandel mit modernen Schußwaffen, wurden ethnische Konflikte der Region zu permanenten Kleinkriegen. Die Pokot besitzen daher heute die unterschiedlichsten Schußwaffen. Von Gewehren, die aus dem Zweiten Weltkrieg stammen, bis hin zu Schnellfeuerwaffen, den G3's und Kalaschnikovs unserer Generation, ist hier alles zu finden. In einem Haushalt fand ich sogar ein Gewehr, das wahrscheinlich im Ersten Weltkrieg im Gebrauch war, mit dem bekannten Signet ‚k. u. k.' gekennzeichnet und in Budapest hergestellt. Gerade beim Anblick dieses uralten, mit einem Bajonett ausgestatteten Gewehrs ging mir ein Schauer über den Rücken: Seit Jahrzehnten, ja fast Jahrhunderten, wird in den Rüstungswerkstätten Europas das Rüstzeug für die blutigen Kriege Afrikas produziert. Alle diese Waffen haben Profite und Arbeitsplätze in Europa geschaffen – aber hier haben sie nicht zu Stabilität und Sicherheit geführt, wie vielfach verheißen, sondern genau das Gegenteil bewirkt. Vor der Überschwemmung mit europäischen und amerikanischen Waffen war Afrika sicherlich kein friedlicher Kontinent, aber das Töten hat gerade in den 90er Jahren eine neue Dimension bekommen. Der Hamburger Politologe MATTHIES hat gezeigt, wie die Krisen Ostafrikas in den 80er und 90er Jahren durch Hochrüstung in den vorangehenden Jahrzehnten vorbereitet wurden. Die Regimes nutzten die Antagonismen des Kalten Krieges und deckten sich bei West oder Ost mit Waffen ein. Waffen, die zwar zur Abwehr eines imaginären kapitalistischen oder kommunistischen Gegners gedacht waren, die aber weitaus häufiger gegen interne Gegner eingesetzt wurden. Diese Waffen sind es, die heute Ostafrika verheeren.

Die Art und Weise, wie sich die Pokot in den 70er und 80er Jahre bewaffneten, zeigt die tödliche Zwickmühle, in die die weitflächige Aufrüstung treibt. Anfang der 70er Jahre besaßen die Turkana bereits Gewehre, teils alte Flinten aus Äthiopien, teils modernere Schußwaffen aus Uganda und Somalia. Die Pokot, zu diesem Zeitunkt noch traditionell bewaffnet, holten sich bei den ersten Überfällen ‚blutige Nasen'. Immer noch wird von der Katastrophe erzählt, als bei einem Überfall sechzig Männer erschossen wurden. Es blieb keine andere Wahl, man mußte sich auch mit Schußwaffen eindecken. Die waren zwar auf dem Schwarzmarkt zu haben, aber damals nur zu horrend hohen Preisen. Für ein Schnellfeuergewehr konnten bis zu 40 oder 50 Rinder verlangt werden. Die Waffen kamen meist aus Somalia. Fahrende Händler brachten sie in den Norden Kenias, trieben dann das eingetauschte Vieh nach Süden und verkauften es auf den Viehmärkten der kenianischen Großstädte. Die Kosten für das eigene Gewehr waren also enorm. Zwar war es selten so, daß ein Mann seine ganze Herde gegen ein Gewehr eintauschte, aber immerhin wurden die Haushaltsherden beträchtlich dezimiert. Die Anschaffung einer Schußwaffe machte die Zahlung von Brautpreisen problematisch und schränkte den Spielraum bei der Verteilung von Viehgeschenken ein. Als Ausweg blieben häufig nur eigene Überfälle auf benachbarte Gruppen, um die dezimierten Herden wieder aufzustocken. In diesem Teufelskreis versorgte sich dann die Gegenseite mit noch mehr und noch besseren Schußwaffen – und auch dies schlug sich selbstverständlich in vermehrten Überfällen nieder. Der Zusammenbruch der Systeme in Somalia und Äthiopien führte dann zu einer Überschwemmung der lokalen Waffenmärkte. Moderne Schußwaffen kosteten nun nur noch drei, vier oder fünf Ochsen. Heute muß man seine Herde nicht mehr dezimieren, um ein Gewehr zu kaufen. Dadurch ist aber auch sicher, daß der Gegner sich ebenso reichlich mit den spottbilligen Gewehren eindecken wird. Und wiederum ist es nur eine Frage der Zeit, bis sich dieses explosive Gemisch in erneuten Aggressionen niederschlagen wird.

Bollig, M., 1992, Die Krieger Gelben Gewehre. Intra- und interethnische Konfliktaustragung bei den Pokot Nordwestkenias. Münster.

Goldschmidt, W., 1986, Personal Motivation and Institutionalized Conflict. In: M. LeCron Foster / R. Rubinstein (Hg.), Peace and War. Cross Cultural Perspectives. New Brunswick: 3-14.

Matthies, V., 1990, Krieg am Horn von Afrika. Historische Aspekte von Gesellschaft, Rüstung und Verheerung. Afrika Spektrum, 71: 5-33.

Mazrui, Ali. 1977. The Warrior Tradition in Eastern Africa.

Sylvia Servaes
Gewalt so nötig wie Wasser?[1]

„Die Leute hier scheinen Gewalt so nötig wie Wasser zu haben" war die
Reaktion eines UNO-Offiziers auf die Massaker im Oktober 1993 nach der
Ermordung des ersten demokratisch gewählten Präsidenten Ndadaye von
Burundi. Von den mörderischen Ereignissen in Ruanda zwischen April und
Juli 1994 müssen viele Beobachter denselben Eindruck erhalten haben. Die
Bilanz nach vier Monaten: Fast eine Million Tote, über eine Million Flücht-
linge im Lande selbst und mehr als zwei Millionen Flüchtlinge in den
Nachbarländern, vor allem in Tanzania und im Zaire – bei einer Ge-
samtbevölkerung von knapp acht Millionen. In der bundesdeutschen Pres-
se wurden die Auseinandersetzungen denn auch als Ausbruch einer *„jahr-
hundertealte[n] Todfeindschaft zwischen Hutu und Tutsi, den zwei größten
Stämmen der Region"* dargestellt, als eine Abfolge von *„Stammesfehden"*,
„Stammeskriegen", *„archaische[n] Bürgerkriege[n]"*, in denen der *„uralte
Haß"* immer wieder auflodere, oder als *„Anarchie, die aus sich selbst
leb[e]"*.[2] Die erschreckende Bereitschaft zur Gewalt wurde damit als in
Kultur und Gesellschaft dieser Menschen angelegt betrachtet.

Dabei gibt es kaum ein besseres Beispiel gewaltsamer Auseinandersetzungen der letzten Zeit, an denen sich der Einfluß von Propaganda und
Ideologie zeigen läßt. An vorhandene Überzeugungen konsequent anknüpfend, wurden gezielt Feindbilder aufgebaut und Gewaltanwendung gegen
ihre Träger legitimiert. Die ethnische Komponente, die in der Tat eine
wichtige Rolle in den Auseinandersetzungen spielt, bildet dabei ein bewußt eingesetztes Mittel der Konfliktaustragung, nicht jedoch Ursache des
Konflikts. Letztere ist vielmehr vor allem in politischen Auseinandersetzungen zu suchen, bei denen es um die Erhaltung bzw. Erlangung von
Macht und Pfründen ging. Im folgenden sollen daher Bedingungen und
Prozeß dieser Feindbildkonstruktion und Gewaltlegitimierung nach-
gezeichnet werden. Im Mittelpunkt stehen die Aufrechterhaltung der wäh-

rend der Kolonialzeit begonnenen Ethnisierung sozio-politischer Gruppen und ihre Rolle in den Auseinandersetzungen seit Kriegsbeginn im Oktober 1990. Beginnen wir mit der Bedeutung ethnischer Zugehörigkeiten vor dem Krieg.

Postkoloniale Politik: Die subtile Aufrechterhaltung kleiner Unterschiede

Fast 20 Jahre lang, seit der Machtübernahme des im April 1994 umgekommenen Präsidenten Habyarimana, war die politische Rhetorik Ruandas von Schlagworten der Zusammengehörigkeit geprägt: *„Einheit"* *(ubumwe)* bildete zusammen mit *„Frieden" (amahoro)* und *„Fortschritt"* *(amajyambere)* das staatstragende Motto; *„tuli kumwe"* – *wir sind zusammen* war noch das Wahlkampfmotto der Präsidentschafts- und Abgeordnetenwahlen Ende 1988. Es sollte nicht nur Übereinstimmung zwischen Politikern und Volk, sondern auch die Einheit der Bevölkerung untereinander beschwören. In der Tat konnte man sich auf eine gemeinsame Sprache, gemeinsamen kulturellen Hintergrund sowie gemeinsam bewohntes und bearbeitetes Land berufen – eine Basis, die die offizielle staatliche Ideologie von der Einheit aller Ruander zu einem allgemein anerkannten Wert machte, der von der Bevölkerung durchaus verinnerlicht war und im täglichen Leben gelebt wurde. Gegenseitige Hilfe, Freundschaften und Heiraten belegen dies vielfach.

Das gleiche Regime sorgte jedoch paradoxer- oder auch bezeichnenderweise für die Aufrechterhaltung ‚ethnischer' Unterschiede. In den Personalausweisen war die Zugehörigkeit zu Hutu, Tutsi oder Twa eingetragen; die Verteilung von Ausbildungs- und Arbeitsplätzen wurde nach dem Anteil der Gruppen an der Bevölkerung vorgenommen: 10%-14% für die Tutsi, 85%-90% für die Hutu und 1%-3% für die Twa. Diese Maßnahmen waren heftig umstritten, insbesondere unter denjenigen, denen trotz ausreichender Qualifikation für eine weiterführende Ausbildung oder gute Arbeitsplätze der Zugang wegen (vermeintlicher) Erreichung der Quoten versperrt blieb. Dazu kam, daß in den obersten Positionen von Politik, Armee und staatlichen Wirtschaftsunternehmen das Quotensystem nicht eingehalten wurde. Hier waren Tutsi nicht mehr entsprechend ihrem Bevölkerungsanteil repräsentiert. Aber auch Hutu aus anderen als der Herkunftsregion des Präsidenten im Nordwesten des Landes waren hier nicht mehr anteilsmäßig vertreten. Eine öffentliche Erwähnung oder vielmehr eine Diskussion dieser Probleme war jedoch ein Tabu, das zugunsten der ständig beschworenen Einheitsideologie durchgesetzt wurde. Durch die

Praxis der Quotenregelung wurden Gruppenzugehörigkeiten unterschwellig für Alltag und Lebensweg der Menschen bedeutsam erhalten, die nach offiziellen Verlautbarungen keine Rolle mehr spielen sollten. Es existierten jedoch auch subtilere Methoden der Aufrechterhaltung von Gruppenunterschieden. Im Geschichtsunterricht, aber auch in populären Theaterstücken und Hörspielen wurde das alte koloniale Geschichtsbild der Einwanderung von Tutsi-Viehzüchtern aus dem Norden Afrikas in ein von Hutu-Ackerbauern bewohntes Land verbreitet. An diesem Punkt müssen wir in der Betrachtung der Hintergründe einen weiteren Schritt in der Geschichte zurückgehen, um Zusammenhänge deutlicher werden zu lassen, die ihre Wurzeln sowohl in der kolonialen wie in der vorkolonialen Geschichte des Landes haben.

Koloniale Strategie: Die Ethnisierung sozialer Gruppen

Die Bezeichnungen Hutu, Tutsi und Twa existierten bereits vor der Kolonialzeit. Ihre Bedeutung variierte in Raum und Zeit. Im 19. Jh., kurz vor der kolonialen Inbesitznahme des Landes, bezeichneten diese Kategorien Gruppen unterschiedlicher sozialer und politischer Stellung innerhalb derselben Gesellschaft. Tutsi war hier die Bezeichnung für die Machthaber, also für die ‚Oberschicht‘. Ihre gesellschaftliche Vorrangstellung drückte sich in der Kontrolle über Land und Vieh aus. Hutu bezeichnete die mittleren und unteren Gruppen der Gesellschaft. Twa galten als die Parias, die von den beiden anderen Gruppen verachtet, von den Tutsi jedoch zu bestimmten Diensten bei Hofe herangezogen wurden. Auf- und Abstieg zwischen den Gruppen war möglich. Tutsi, die die Kontrolle über Land und Vieh verloren, wurden Hutu; Hutu, die diese Kontrolle erlangten, wurden zu Tutsi. Dies waren langsame und nicht immer unaufhaltsame Prozesse. Lediglich der König und die höchsten Chefs waren Angehörige derjenigen Familien, die in der ‚Oberschicht‘, also als Tutsi, gut etabliert und gesellschaftlichen Wechselprozessen kaum ausgesetzt waren.

Eine ethnische Fundierung erhielten die Begriffe erst in der Kolonialzeit, die zunächst die Deutschen, dann die Belgier bestimmten (de facto 1897-1916 bzw. 1916-1962). Unter dem Einfluß der zu jener Zeit gängigen Rassentheorien und der durch sie geprägten Vorstellungen über die Geschichte Afrikas erschien eine ethnisch definierte Zuordnung der vorgefundenen sozialen Gruppen als eindeutig. Die große, *„fast europäische"* Erscheinung einiger Adeliger, ein komplexes politisches System, durchdachte Rinderzucht und Landwirtschaft sowie ein teilweise spezialisiertes Handwerk konnten nach diesen Vorstellungen nicht in Afrika selbst ent-

standen sein. So betrachteten die Europäer die Tutsi als eine aus dem Norden eingewanderte nilotische Viehzüchtergruppe, die diese Einrichtungen
eingeführt hätte. Aufgrund ihrer ‚natürlichen Überlegenheit' hätten sie ihre
Herrschaft über die kleineren, ‚zum Dienen geborenen', ackerbauenden
Bantu-Hutu errichtet. Die Twa wurden als Pygmäen eingeordnet.
Bereits den ersten europäischen Berichten läßt sich entnehmen, wie
schwierig eine klare ethnische Zuordnung der Menschen war. Physische
Merkmale, wirtschaftliche Tätigkeiten und verwandtschaftliche Beziehungen ließen sich mit den Bezeichnungen Tutsi, Hutu und Twa nicht eindeutig
in Deckung bringen. Auch die frühen Berichterstatter bemerkten bereits
die gemeinsame Sprache, den gleichen kulturellen Hintergrund und die
gemeinsame Siedlungsweise aller Gruppen. Tatsächlich gab und gibt es
bis heute keinerlei Belege für Thesen der Tutsi-Einwanderung. Die Europäer machten sie dennoch zur Grundlage ihrer Verwaltung, für die sie auf
eindeutige Zuordnungen angewiesen waren.[3] Für den problemlosen Einsatz im kolonialen System wurden die Tutsi als herrschende Schicht
systematisch bevorzugt. Ihnen blieb der Zugang zu weiterführender Bildung und höheren politischen Ämtern in der Kolonialverwaltung lange Zeit
vorbehalten. Die Hutu dagegen wurden als Durchführende von Arbeits-
diensten und als Abgabenleistende eingesetzt. Diese und ähnliche Maßnahmen hoben die vorher bestehende Flexibilität gesellschaftlicher Strukturen auf und kehrten das vorgefundene System um: Nicht mehr die
gesellschaftliche Stellung bestimmte die Zugehörigkeit zu Tutsi, Hutu oder
Twa, sondern die einmal festgelegte Zugehörigkeit bestimmte die gesellschaftliche Stellung. Diese Politik änderte sich nach dem Zweiten Weltkrieg, als sich unter Vertretern von Kirche und Kolonialverwaltung Überzeugungen durchsetzten, die eine Beteiligung der übrigen Bevölkerung,
also auch der Hutu und der Twa, an Bildungsmöglichkeiten und politi-
schem Prozeß verlangten. Um den Vorsprung der bis dahin ausschließlich
geförderten Tutsi zu verringern, wurde ein Quotensystem für die Verteilung von Ausbildungs- und Arbeitsplätzen eingeführt sowie eine Ein-
tragung der ‚ethnischen' Zugehörigkeit in den Personalausweis.

Die Übernahme kolonialer Maßnahmen nach der Unabhängigkeit

Diese Maßnahmen wurden von beiden nachkolonialen Regierungen übernommen. Sie haben erlaubt, soziale und politische Auseinandersetzungen
immer wieder als ‚ethnische' Konflikte auszutragen. Dies gilt sowohl für
die ‚Ruandische Revolution' von 1959 als auch für den Staatsstreich 1972/
73: Im ersten Fall ging es eigentlich um die Abschaffung der ruandischen

Monarchie, im zweiten Fall um Machtkämpfe zwischen Hutu aus dem Norden und Hutu aus dem Süden des Landes. Beide nachkolonialen Regierungen konnten zudem mit dem Hinweis, ‚die‘ Hutu, und damit die Bevölkerungsmehrheit, zu vertreten, automatisch eine demokratische Grundeinstellung für sich beanspruchen. Gleichzeitig festigten sie somit unterschwellig Solidaritäten entlang vermeintlich ethnischer Linien. Anders begründeten politischen Auseinandersetzungen und genaueren Rechenschaftspflichten konnten sie sich auf diese Weise entziehen.

Diese inzwischen lange Geschichte immer wieder ethnisch geführter Auseinandersetzungen hat – zusammen mit Maßnahmen wie Quotensystem und Eintrag ‚ethnischer‘ Zugehörigkeit in die Personalausweise – dafür gesorgt, daß die Ethnisierung sozialer Gruppen zunehmend auch im Alltagshandeln der Menschen eine Rolle spielen konnte. ‚Ethnische‘ Erklärungsmuster von Ereignissen im täglichen Umgang wurden internalisiert. Sie wurden Einordnungen von Mitmenschen und Erklärungen ihrer Verhaltensweisen zugrunde gelegt. Koloniale ethnische Argumentationen von ‚angeborenen‘ Eigenschaften verschiedener ‚Rassen‘ wurden benutzt, um eigene oder fremde Über- bzw. Unterlegenheit zu begründen. Das durch koloniale Maßnahmen geschaffene System ‚ethnisierter‘ sozialer Gruppen hatte damit bereits vor 1990 eine Eigendynamik erhalten, die eine ethnische Identität als Tutsi, Hutu oder Twa vielen als ‚natürlich‘ gegeben erscheinen ließ. Trotzdem scheinen die Unterschiede in den letzten 20 Jahren nicht als so groß empfunden worden zu sein, daß sie als Auslöser für gewaltsame Auseinandersetzungen entlang dieser Linien hätten dienen können. Wie erwähnt, war die ‚Einheitsideologie‘ ebenfalls durchaus verinnerlicht. In der Tat zeigt eine genauere Betrachtung der Vorgänge seit Kriegsbeginn im Oktober 1990, daß der Weg von der unterschwelligen Aufrechterhaltung ‚ethnischer‘ Unterschiede bis zur offenen Gewaltanwendung keineswegs zwangsläufig war. Damit kommen wir zu dem zentralen Punkt: Der Feindbildkonstruktion und ihrer Animierung zur Gewaltanwendung.

Von Stereotypen zu Feindbildern

Der Auslöser für den Bruch mit der bisherigen Politik, über ethnische Probleme öffentlich nicht zu reden, war der Angriff der Ruandischen Patriotischen Front (RPF) am 1. Oktober 1990 von Uganda aus. Die seit 1959 ethnisch geführten Auseinandersetzungen hatten mehrere hunderttausend Flüchtlinge produziert, insbesondere unter den Tutsi. Die vor allem aus deren Nachkommen bestehende RPF begründete den Angriff mit der Durchsetzung des ihnen immer wieder verweigerten Rückkehr- und Heimatrechts. Ihre beinahe homogene ,ethnische' Zusammensetzung lieferte der ruandischen Regierung die Begründung dafür, die Tutsi im Lande zu RPF-Komplizen zu erklären und ihnen die Verantwortung für wirtschaftliche und politische Probleme zuzuschreiben, die tatsächlich z. T. in die Vorkriegszeit zurückreichen. Damit wurden anstehende politische Konflikte wiederum auf die ethnische Schiene gelenkt. Dabei blieb es nicht bei verbalen Beschuldigungen. Fünf Tage nach dem Angriff der RPF wurden in Kigali mehrere tausend Personen als *„Sympathisanten" (ibyitso)* der sogenannten Rebellenfront festgenommen. Dies war der Auftakt, die ,ethnische' Frage nach langer Zeit wieder an die Öffentlichkeit zu bringen und der Bevölkerung die ,Schuldigen' für Krieg und Kriegsfolgen im wahrsten Sinne des Wortes vor Augen zu führen. Der Effekt dieser Maßnahme ließ nicht auf sich warten. Zwar betrachteten viele Ruander diese Aktion als politisches Manöver, doch ließen sich auch nicht wenige vernehmen, die die Anschuldigungen ernst nahmen. Sie äußerten Verwunderung und Entsetzen über Nachbarn, mit denen sie viele Jahre in gutem Einvernehmen gelebt hatten und die nun als Sympathisanten der *„Rebellen"* ,entlarvt' worden waren.

War damit das Unaussprechliche über Nacht zur Sprache gebracht geworden, so sorgten Presse und Rundfunk im weiteren für den systematischen Aufbau der Feindbilder. Ausgangspunkt der Medienpropaganda bildete die Veröffentlichung eines *„Aufrufs an das Gewissen der Hutu"*, denen sich *„Zehn Gebote für loyale Hutu-Bürger"* anschlossen. Beide sollten von *„im Ausland lebenden Hutu"* verfaßt worden sein, enthielten jedoch keine genauere Namensangaben der Autoren. Sie erschienen im Dezember 1990 in einer neueren Zeitschrift der privaten Presse, *„Kangura"*,[4] die in der Folgezeit eines der Hauptorgane der Verbreitung rechtsextremen Gedankengutes wurde. Obwohl als privat deklariert, wurden ihren Redakteuren Verbindungen zu offiziellen Stellen, vor allem dem Sicherheitsdienst, nachgesagt.[5]

Aufruf und *„Zehn Gebote"* enthalten im wesentlichen alle Versatzstücke der Propaganda, die in den folgenden dreieinhalb Jahren immer wieder benutzt wurden. Der Aufruf bietet eine Einschätzung der ,Lage der Nation', gewissermaßen das ,Glaubensbekenntnis' für einen loyalen Hutu-Bürger. ,Die' Tutsi werden darin als *„feudal-monarchistisch"* charakterisiert. Ihr Ziel sei es, ihre alte Macht wiederzuerrichten und nun auf das gesamte Gebiet der großen Seen (also Ruanda, Burundi, Uganda, aber auch Zaire, Kenya und Tanzania) auszudehnen. Dazu gehöre auch, die Hutu-Elite zu vernichten. Ferner werden die Errungenschaften der sozialen Revolution von 1959 beschworen, die der Unterwerfung der Hutu durch die Tutsi ein Ende gesetzt hatte. Damit seien automatisch demokratische Verhältnisse hergestellt worden, da nun „die Mehrheit", nämlich ‚die' Hutu, herrsche. Rufe nach Gleichheit zwischen Tutsi und Hutu hätten hier keinen Platz. Selbst das bisherige Quotensystem lasse den machthungrigen Tutsi schon zu viele Möglichkeiten und sei Verrat an der Sache der Freiheit aller Hutu. Der Angriff der RPF wird als letzte Phase der Durchführung des „Kolonialisierungsplanes", der' Tutsi dargestellt. Dazu gehörte in den letzten Jahren auch die wirtschaftliche Stärkung der Tutsi im Lande sowie die Taktik, ihre Frauen mit Hutu in hohen politischen Positionen zu verheiraten und damit Zugang zu wichtigen Informationen zu bekommen. Die zehn Gebote, die dieser ‚Situationsanalyse' folgen, heben entsprechend darauf ab, noch wachsamer als bisher die Tutsi aus allen entscheidenden Positionen in Wirtschaft, Politik, Armee und Bildung herauszuhalten. Mit ihnen sollten keinerlei Verbindungen eingegangen werden, weder persönlicher und schon gar nicht geschäftlicher Art. Hutu, die dieser Aufforderung nicht Folge leisteten, werden zu Verrätern und damit zu Feinden des eigenen Volkes erklärt. Solidarität wird auf der Basis gemeinsamer Zugehörigkeit zur Gruppe der Hutu gefordert, darüber hinaus zu anderen Bantu, nicht jedoch zu den Tutsi, die nur die Überlegenheit der eigenen Ethnie zum Ziel hätten. Mit dem letzten Hinweis wird subtil die These von der unterschiedlichen Herkunft der Gruppen aufrechterhalten. Sie dient letztlich als Argument für die ‚Aussonderung' der Tutsi aus der ruandischen Bevölkerung, zu der sie nicht gehörten. Jeglichen Verbindungen zwischen Tutsi und Hutu, die in den letzten zwei Jahrzehnten offiziell so sehr beschworen worden waren, wurde damit die Vertrauensbasis entzogen. Nichts, was die Tutsi an Positivem taten, sollte noch als Zeichen ihrer Verbundenheit mit den Hutu aufgefaßt werden. Vielmehr galt dies nun als Ausdruck raffinierter Strategien zur Verwirklichung ihres Eroberungs- und Ausbeutungsplans der Region.

Auf fruchtbaren Boden fielen insbesondere die Anspielungen auf Schreckensvisionen der alten Königsherrschaft, da es nicht wenige Familien gibt, deren Mitglieder unter drakonischen Maßnahmen der Chefs gelitten hatten. In ihren Köpfen hat sich das – auch offiziell verbreitete Bild – von den ‚jahrhundertlang mit brutaler Macht herrschenden Tutsi' festgesetzt. Umgekehrt gibt es Personen, die von ihrer systematischen Ausklammerung aus gehobenen Positionen während der letzten Jahre berichten können, dazu von Vertreibungen und Ermordungen von Familienmitgliedern seit 1959 aufgrund ihrer Zugehörigkeit zu den Tutsi. Die Kenntnis solcher Geschichten beschränkt sich in der Regel auf die Familien, die diese Situationen durchlebt haben, und bilden nicht Teil offizieller Geschichtsschreibung. Mit dem sehr bruchstückhaften Bild der

jüngeren und jüngsten Geschichte, das sich jeweils auf die für die eigene
Gruppe wichtigen Ereignisse beschränkt und die Leiden der und Un-
gerechtigkeiten an den anderen ausklammert, ist es ein leichtes, Furcht und
Mißtrauen zu erzeugen.

Obwohl Aufruf und „*Zehn Gebote*" in französisch gedruckt erschienen, was bei der hohen Analphabetenquote und den geringen Franzö-
sischkenntnissen selbst in der Stadt nur einen Teil der Bevölkerung erreichen konnte, fanden ihre ‚Versatzstücke' schnelle Verbreitung über Mund-
zu-Mund-Propaganda. In vielfältigen Kombinationen und Varianten wurden sie vom Radio übernommen. Letzteres spielte eine zentrale Rolle bei
der weiteren Ummünzung bestehender Stereotype in Feindbilder und später bei der Aufhetzung zur Gewaltanwendung. Seine Botschaften wurden
in der Folgezeit immer deutlicher und extremer bis hin zu ausdrücklichen
Mordaufrufen während der Massaker zwischen April und Juli 1994. Das
Radio stellte damit nicht nur ein Instrument zum Aufbau des Feindbildes
dar, sondern entwickelte sich mehr und mehr zum Katalysator direkter
Gewaltanwendung.

Von Feindbildern zu Gewaltaufrufen

Die Verteidigung des alten Geschichtsbildes von den drei „*wohl zu unter-
scheidenden ethnischen Gruppen*"[6] der Bevölkerung und den Tutsi als einer später zugewanderten Gruppe wurde dabei immer wieder aufgenommen. Ausdrücklicher als zuvor wurden die Tutsi zu einer Gruppe von
Fremden abgestempelt, die vertrieben werden müßten, notfalls mit Gewalt.
Mit diesen Ideen traten auch hohe Autoritäten an die Öffentlichkeit. So erklärte Léon Mugesera, Ministerberater und Vizepräsident der ehemaligen
Einheitspartei MRND in der Prefektur Gisenyi, im Nordwesten des Landes, in einer flammenden Rede Ende 1992:[7] Wenn die Tutsi nicht freiwillig wieder gehen wollten, so müßten sie eben gezwungen werden – in den
Nyabarongo, einem Quellfluß des Nils, geworfen, würden sie automatisch
bis in ihre ‚Heimat' im Norden Afrikas gelangen. Mugesera erklärte dabei
Gewaltanwendung zum einzig effektiven Mittel der Friedensicherung, da
‚die' Tutsi ja nun mit dem Angriff ihre Gewaltbereitschaft unter Beweis gestellt hätten. Durch geschickte Pervertierung christlicher und grundrecht-
licher Werte machte er Gewaltanwendung fast zu einer Bürgerpflicht. Das
christliche Gebot, nach einem Schlag auf die eine Wange, auch noch die
andere hinzuhalten, hätte in Ruanda unter den gegebenen Umständen eine
andere Wendung erhalten – den Feind auf seine beiden Wangen zu schlagen und zwar so stark, daß er nicht mehr aufstehen könne. Der auch in der

ruandischen Verfassung verankerte Satz, Recht werde im Namen des Volkes gesprochen, nimmt Mugesera als Anlaß für die Aufforderung an das Volk, Recht nun in die eigenen Hände zu nehmen und die ‚Rebellen-Sympathisanten' selbst zu dezimieren, da der Rechtsapparat gegen sie nicht hart genug vorgehe, das Volk also nicht pflichtgemäß schütze. Wer seine Feinde nicht töte, werde von ihnen getötet.

Zu den subtileren Taktiken dieser Rede und der Radiopropaganda, die ihre ‚Anweisungen' aufnahm, gehört die Benutzung bestimmter Bezeichnungen für die Tutsi: *„Kakerlaken" (inyenzi)*, wie sie bereits in den Auseinandersetzungen zu Beginn der 60er Jahre genannt worden waren. Die Botschaft ist deutlich: Man muß mit ihnen verfahren wie mit dem so bezeichneten Ungeziefer. Dabei war das Radio zum ersten Mal bewußt im März 1992 eingesetzt worden, als gezielt verbreitete Nachrichten über einen angeblichen Tutsi-Komplott gegen hochgestellte Hutu zu der Strategie gehörten, die Bevölkerung in einer Region im Süden des Landes gegen ihre Nachbarn aufzuhetzen. Dort kam es kurz darauf zu Massakern, deren weitere Verbindungen mit der Regierungsseite weiter unten erläutert werden. Die Verbindung zwischen staatlichem Radio und den Geschehnissen führte zu einem Skandal unter den ausländischen Vertretern in Kigali, der dem Chef von Radio Ruanda, Ferdinand Nahimana, den Posten kostete.[8]

Dieser gründete Mitte 1993, zusammen mit anderen Mitgliedern aus der Umgebung des Präsidenten,[9] eine eigene Radiostation, das Radio-Télévision Libre des Mille Collines (RTLM). Es übernahm in der Folgezeit die ‚Aufgabe' der Hetzsendungen und spielte eine große Rolle in der Aufwiegelung der Bevölkerung gegen die Tutsi und ihre ‚Sympathisanten', d. h. die Oppositionellen unter den Hutu, vor allem bei den Massakern seit dem 6. April. Mit Aufrufen wie *„Die Gräber sind noch nicht voll, tun wir unsere Pflicht!"*, *„Begehen wir nicht den gleichen Fehler wie 1959 und lassen zu viele Tutsi entkommen – töten wir alle"* (auch dies auf Mugeseras Rede zurückgehend!) oder konkreten Hinweisen auf Aufenthaltsorte von Tutsi und ihren ‚Sympathisanten' trugen die Sendungen entscheidend zu den Massakern zwischen April und Juli 1994 bei. In einem mobilen Sender folgte RTLM der sogenannten Interimsregierung an ihre diversen Aufenthaltsorte. Er sendete ab Ende Juni angeblich aus der französischen *„Schutzzone"* und später aus dem Zaire. Von diesen Orten aus trägt RTLM nicht nur für die Mordaufrufe eine entscheidende Mitverantwortung, sondern auch für die Massenflucht der Bevölkerung zunächst nach Tanzania und dann in den Zaire. So wurde über RTLM erklärt, die vorrückenden Einheiten der RPF würden nun die Opfer der Massaker an der Bevölkerung rächen; weiter hieß es, wer nicht fliehe, also keine

Angst vor den ‚Rebellen' habe, gebe sich damit als deren ‚Sympathisanten' zu erkennen.

‚Beispielhafte' Gewaltanwendung

Hetzkampagnen allein schienen jedoch nicht ausreichend, um die Menschen zur Gewaltanwendung aufzuwiegeln. Diese mußte vielmehr konkreter vorbereitet und auch vor Augen geführt werden. Dafür sorgten Attentate und Massaker seit Beginn des Krieges im Oktober 1990. Zu ersterem gehörte zudem die Formierung und Ausrüstung von Jugendmilizen der ehemaligen Einheitspartei der ‚Revolutionär-Nationalen Bewegung für Demokratie und Entwicklung' (MRND) und der 1992 gegründeten ‚Koalition zur Verteidigung der Republik' (CDR) sowie Bewaffnung und Ausbildung an der Waffe einiger Teile der Bevölkerung, vor allem im Norden des Landes.

Laut offizieller Erklärung handelte es sich bei den Massakern um spontane ethnische Auseinandersetzungen in der Bevölkerung. Tatsächlich fanden sich in den meisten Fällen Hinweise auf die Beteiligung hoher und höchster Regierungsstellen an ihrer Initiierung und Organisation. Mit der Durchführung wurden die Bürgermeister der jeweiligen Gemeinden beauftragt; sie wurden darin durch die örtliche Polizei, aber auch durch herangefahrene Soldaten und Milizen unterstützt. Die Aufforderung der Bevölkerung zur Beteiligung folgte dem Muster der allgemeinen Propaganda: Man müsse der Sympathisanten der RPF habhaft werden und sie mit der „Wurzel ausrotten". Dies schürte eine unbestimmte Angst vor dem vermeintlich allgegenwärtigen Feind und seinen Eroberungsplänen. Weiterhin hieß es, wer sich nicht daran beteilige, zeige seine Komplizenschaft mit den ‚Rebellen' und riskiere, selbst Opfer von ‚Säuberungsaktionen' zu werden. Aufschlußreich ist die Sprache, in der solche Aufforderungen ausgedrückt wurden, nämlich in Form eines Aufrufs zur „Gemeinschaftsarbeit" (umuganda spécial). Gewaltaufrufe wurden damit in eine sehr indirekte Sprache gekleidet, die eigentlich alltägliche Handlungen in Gang setzt und an das Pflichtgefühl der Staatsbürger appelliert – die Teilnahme an Gemeinschaftsarbeiten zur Erstellung und Instandhaltung gemeinsam nutzbarer Einrichtungen gehörte zu den allwöchentlichen Aufgaben eines jeden Gemeindemitgliedes. Eine weitere Überzeugung mag zur Befolgung der Aufrufe beigetragen haben: Die Obrigkeitsorientierung eines großen Teils der Bevölkerung, die Aufforderungen von oben in der Regel nachkommt und durchführt.

Auch diese vehementen Bemühungen, Gewaltbereitschaft zu erzeugen, konnten jedoch nicht alle Bewohner oder auch nur alle Bürgermeister zu einer Beteiligung an den Aktionen veranlassen. Trotz Drohungen gab es immer einige, die sich nicht zu Mittätern von Gewaltakten an Nachbarn machen lassen wollten, mit denen sie lange problemlos zusammengelebt hatten. In manchen Fällen mußten die entsprechenden Stellen zu anderen Maßnahmen greifen, um ihr Ziel zu erreichen. So täuschten Soldaten bei einer Aktion im Nordwesten des Landes in der Nähe eines Militärcamps einen Angriff der RPF vor. Sie behaupteten die Beteiligung der dort wohnenden Tutsi, die dann entsprechenden Maßnahmen zum Opfer fielen. [10] Die Aufrüstung der Bevölkerung wurde mit den gleichen Argumenten begründet. Insbesondere die Bewohner entlang der Grenze zu Uganda sollten sich gegen Übergriffe der RPF schützen können. Seit Ende 1991 wurden mit diesem Ziel sogenannte *„Zehnhauszellen"* gegründet, von denen jeweils ein Haushalt Waffen und eine entsprechende Ausbildung erhielt.[11] Mit dieser Maßnahme war Gewaltanwendung nicht mehr nur legitime Vorgehensweise der Armee, sondern auch der Bevölkerung. Die Parteimilizen nahmen hier eine Zwischenstellung ein. Nach außen hin sichtbarer als die aufgerüsteten Privatleute z. B. durch Uniformen, waren sie offiziell verboten, agierten jedoch mit ausdrücklicher Gutheißung höchster Autoritäten, darunter des Staatspräsidenten. Sie wurden von den Parteien finanziert und zur Gewaltanwendung mit den gleichen Argumenten angehalten wie die Bürger. Seit Beginn 1992 spielten sie eine zunehmend wichtige Rolle bei der Initiierung und Durchführung der angeblich spontanen Massaker; bei den Morden nach dem 6. April 1994 spielten sie eine der Hauptrollen.[12] Die Freund-Feind-Unterschiede entlang der ethnischen Linien wurden bei diesen ‚Aufrüstungsmaßnahmen' zusätzlich dadurch verstärkt, daß sie ausschließlich die Hutu einer Gemeinde zusammenbrachten, die Tutsi jedoch ausschlossen, da sie als Sympathisanten der RPF galten. Versammlungen nur von Hutu sollen auch in anderen Regionen organisiert worden sein.[13] Von einer Ausdehnung der bewaffneten Zehnhauszellen zur ‚Selbstverteidigung' auf weitere Landesteile war seit Beginn der Massaker mehrfach die Rede.

Gewalt so nötig wie Wasser?

Gewaltausbrüche dieses Ausmaßes, wie sie zwischen April und Juli 1994 in Ruanda geschahen, lassen sich wohl nie vollständig erklären. Die Ursachen, Hintergründe und Rahmenbedingungen sind zu vielfältig und der Anteil einzelner Faktoren ist – zumal im Verlauf der Auseinandersetzungen – schwierig zu ermitteln. Wichtig bei der Betrachtung ist jedoch ein genauerer Blick auf die Maßnahmen und Handlungen der verschiedenen Beteiligten. Hier haben wir uns auf die Verantwortlichen für die Massaker der letzten Monate konzentriert und ihre ‚Strategien' der Feindbildererzeugung und Legitimierung von Gewaltanwendung seit Kriegsausbruch im Oktober 1990 verfolgt. Dafür wurde insbesondere von verantwortlicher Regierungsseite auf die ‚ethnische Karte' zurückgegriffen. Sie scheint ihre politische Langlebigkeit und ihre Durchschlagskraft in Konfliktsituationen wie der ruandischen dadurch zu erhalten, daß mit ihr das Gefühl einer angeborenen und damit unabänderlichen Zugehörigkeit vermittelt werden kann, an die sich appellieren läßt. Ihre Erzeugung im politischen Prozeß – und damit die Möglichkeit ihrer Überwindung – wird von den Beteiligten nicht mehr gesehen. Dazu gehörte der Rückgriff auf geschichtliche Erfahrungen und Vorstellungen von historischen Abläufen, in denen die vermeintlich ‚ethnischen' Gruppen bestimmte Positionen einnahmen. Man beschränkte sich dabei auf Ausschnitte der Geschichte, die ausschließlich negative Aspekte der anderen darstellten. So ließ die Enttabuisierung ‚ethnischer' Aspekte der ruandischen Gesellschaft nicht etwa eine breite Aufarbeitung von Geschichte und Gegenwart zu, sondern konzentrierte sich auf die destruktive Ummünzung vorhandener Stereotype in Feindbilder.

Überzeugungen und Schreckensbilder allein genügten jedoch nicht, um die Bevölkerung gewaltbereit zu machen. Die Inszenierung von Gewalttaten, die Gewaltanwendung mehr und mehr zur straffreien, alltäglichen Erscheinung machte, spielten hier eine weitere entscheidende Rolle. Von offizieller Seite versuchte man jedoch gegenüber der Weltöffentlichkeit, genau das Bild der Massaker als unkontrollierbaren Ausbrüchen jahrhundertalter ethnischer Gegensätze zu vermitteln. Gewaltanwendung von staatlicher Seite wurde lediglich im Rahmen direkter kriegerischer Auseinandersetzungen eingestanden und im Sinne international anerkannter Überzeugungen als letztes Mittel der Verteidigung gegen einen gewaltsamen Angriff gerechtfertigt. Den Bemühungen offizieller Stellen, auch nach Kriegsbeginn ihre gemäßigte Sprache der Einheitsideologie nach außen zu wahren, stehen zahlreiche Hinweise auf Verbindungen von Regierungsmitgliedern und ihrer Umgebung sowohl zu den Hetzorganen in Presse und Rundfunk als auch zu der ultrarechten Partei CDR entgegen. Es scheint sich hier um eine bewußt kalkulierte Strategie zu handeln, extremistische Hetzkampagnen aus offiziellen Stellen ‚auszulagern' und in das als ‚privat' und ‚unabhängig' deklarierte Milieu zu übergeben (Zeitschrift Kangura, Radio RTLM, die Partei CDR). In diesen ‚Auslegern' konnte dann um so deutlicher gesagt werden, was offiziell nicht opportun erschien, weil international schädlich. Diese Verbindungen legen Zweifel an der

Ernsthaftigkeit und Glaubwürdigkeit der Bemühungen um Mäßigung von offizieller Seite nahe. Die Zweifel werden dadurch verstärkt, daß sich beschwichtigende Worte meist in den französisch-sprachigen Organen finden, während kinyaruandasprachige Aussagen häufig einen anderen Ton aufweisen.[14] Auch wenn die Bilder und hohen Zahlen der Opfer den Eindruck vermitteln, Gewalt gehöre so notwendig wie Wasser zum Leben der Ruander, zeigt ein genauerer Blick unter diese Oberfläche, daß tatsächlich eine ganze Maschinerie an Propaganda und Maßnahmen nötig war, um der Bevölkerung ‚Geschmack' an diesem ‚Wasser' zu vermitteln und dies entgegen erster Eindrücke bei vielen Menschen nicht gelungen ist. Vor diesem Hintergrund kann von ‚tiefsitzenden, uralten Haßgefühlen', die für den erschreckenden Ausbruch an Gewalt verantwortlich sein sollen, keine Rede sein; auch nicht davon, daß eine sowieso vorhandene, traditionelle Gewaltorientierung plötzlich zum Ausbruch kam. Nur ein Teil der Bevölkerung ist zu Mördern geworden, und viele der Verantwortlichen auf allen Ebenen lassen sich sehr genau benennen. Bei diesen Bevölkerungsteilen allerdings hat die Strategie zur Erzeugung und Legitimierung von Gewalt gegriffen. Ethnische Unterschiede sind hier – wie auch bei vielen Überlebenden der Massaker – durch massive Propaganda und Gewaltanwendung so weit vertieft worden, daß die in der Kolonialzeit begonnene Umwertung sozialer in ethnische Identität beinahe abgeschlossen erscheint. Die neue Regierung hat dem Ziel einer „nationalen Versöhnung" in ihren Programmen oberste Priorität gegeben, um diesem Prozess gegenzusteuern. Opfer und Täter sollen nicht in den Kategorien von ‚Tutsi' und ‚Hutu' benannt und behandelt werden. Ein erster Schritt in diese Richtung soll die Abschaffung der ethnischen Kategorie im Personalausweis sein. Weitere Maßnahmen zur Umsetzung der politischen Programmatik in die Realität, die die entstandenen Gräben und das durch die Gewalt geschaffene profunde Mißtrauen entlang ethnischer Linien rückgängig machen sollen, bleiben abzuwarten.

---

1) Herzlichen Dank an M. Böck, E. Gutzler, G. Honke und E. Orywal für weiterführende Hinweise und geduldige Korrekturvorschläge.
2) Grill, in: Die Zeit, 15. 4. 94; Der Spiegel, 16/1994; Kraus, in: Stern, 21. 4. 94.
3) Für eine genauere Darstellung dieser Zusammenhänge vgl. Honke u. a. 1990; Servaes, 1994.
4) Kangura No. 6, Dezember, 1990: 6-8.
5) Vgl. Chrétien, 1991a: 114; Misser, 1994.
6) Kangura No. 4, November, 1990: 20-21, nach Chrétien, 1991a: 114.

7) Bericht der Menschenrechtskommission, 1993: 23-25.
8) Bericht der Menschenrechtskommission, 1993: 42-43; African Rights, 1994: 31.
9) Misser, 1994.
10) Für Augenzeugenberichte vgl. Bericht der Menschenrechtskommission, 1993: 18-49, 79.
11) Human Rights Watch Arms Project, 1994: 27.
12) Bericht der Menschenrechtskommission, 1993: 26, 81; African Rights, 1994: 31-32.
13) Bericht der Menschenrechtskommission, 1993: 32; African Rights, 1994: 21.
14) Chrétien, 1991a: 114; Chrétien, 1991b, o. S. [4]; Bericht der Menschenrechtskommission, 1993: 81.

African Rights, Mai 1994, Rwanda. Who is killing; who is dying; what is to be done. A discussion paper. London.
Anonym, 1990, Abahutu baba mu mahanga barasaba abahutu bose kurushaho kunga ubumbwe – Appel à la conscience des Bahutu. In: Kangura No 6, Dezember: 6-8
Chrétien, J.-P., 1991a, „Presse libre" et propagande raciste au Rwanda. Kangura et „les 10 commandements du Hutu". In: Politique Africaine, 42, Juni: 109-120.
Chrétien, J.-P., 1991b, Le régime de Kigali et l'intervention française au Rwanda: sortir du silence. CNRS, Paris.
Grill, B., 1994, Jeder gegen jeden. In: Die Zeit, Nr. 16, 15. 4. 1994.
Honke, G., G. Mbonimana, E. Ntezimana, S. Servaes, 1990, Als die Weißen kamen. Ruanda und die Deutschen 1885-1919. Wuppertal.
Human Rights Watch Arms Project, Januar 1994, Arming Rwanda. The Arms Trade and Human Rights Abuses in the Rwandan War. New York.
Krauss, U., 1994, Aushalten im Chaos. Bürgerkrieg in Ruanda. In: Der Stern, Nr. 17, 21. 4. 1994.
Misser, F., 1994, Rwanda: médias et génocide. Le Monde Diplomatique, 8.
Rapport de la Commission Internationale d'Enquête sur les violations des droits de l'Homme au Rwanda depuis le 1er octobre 1990. Paris, März 1993.
Servaes, S., 1994, Koloniale Grenzziehung und ihre Folgen: Die Fixierung ethnischer, sozialer und politischer Grenzen in Ruanda während der deutschen Kolonialzeit. In: Schriftenreihe des Kolloquium Africanum, Universität Köln, (Hg.), Grenzen in Afrika.
Der Spiegel, Hg., 1994, Kontinent ohne Hoffnung. In: Der Spiegel, Nr. 16.

Hans-Joachim Hoppe
Genosse Slobo – oder das Werden eines Führers
Milošević und der Kult um Großserbien

„Nach 600 Jahren, heute, befinden wir uns wieder in Schlachten und stehen vor Schlachten. Es sind keine Schlachten mit Waffen, wenn auch solche noch nicht ausgeschlossen sind." Dies sagte der damalige Parteichef und heutige Präsident Serbiens, Slobodan Milošević, vor fünf Jahren. Inzwischen tobt seit drei Jahren ein grausamer Krieg in (Ex-)Jugoslawien. Am 28. Juni 1989 hatten sich auf dem Amselfeld (serbisch: *Kosovo-Polje*) zwei Millionen Serben versammelt. Sie waren aus allen Landesteilen und aus der Diaspora in Europa und Amerika gekommen, um der Kosovo-Schlacht von 1389 zu gedenken. In Begleitung von hohen kommunistischen Funktionären, Intellektuellen und orthodoxen Geistlichen traf Milošević ein, um sich an die Massen zu wenden:

„An diesem Ort im Herzen Serbiens, auf dem Kosovo-Feld, vor sechs Jahrhunderten, vor vollen sechs hundert Jahren, fand eine der größten Schlachten der damaligen Epoche statt...dieses große 600-jährige Jubiläum der Kosovo-Schlacht findet in dem Jahre statt, in dem Serbien nach vielen Jahren, nach vielen Jahrzehnten, seine staatliche, nationale und geistliche Integrität zurückerhalten hat...Durch das Spiel der Geschichte und des Lebens hat Serbien gerade jetzt 1989 seinen Staat und seine Würde wieder erlangt..."

Die damalige Schlacht gegen die Osmanen sei vor allem durch die tragische Uneinigkeit der serbischen Fürsten verloren worden. *„Zwist und Verrat auf dem Kosovo"*, so fährt Milošević fort, hätten das serbische Volk als Unheil durch seine ganze Geschichte begleitet. Im Zweiten Weltkrieg hätten dieser Zwist und Verrat das serbische Volk in eine *„Agonie"* geführt und so der *„faschistischen Aggression"* ausgeliefert. *„Aber auch später, als das sozialistische Jugoslawien gebildet wurde, blieb die serbische Führung in diesem neuen Lande gespalten, auf Kosten des eigenen Volkes kompromißbereit..."*

Milošević sprach den Massen aus dem Herzen, er rührte am serbischen Stolz, an einer nie verwundenen Niederlage. Vor 600 Jahren, am 28. Juni 1389, erlitt ein serbisch-bosnisches Heer gegen die überlegene türkische Armee auf dem Amselfeld eine empfindliche Niederlage, die den Untergang des mittelalterlichen serbischen Reiches besiegelte und fünfhundertjährige Fremdherrschaft bedeutete. Im Laufe der Schlacht starb Fürst Lazar in türkischer Gefangenschaft; sein Schwiegersohn Fürst Miloš Obilić rächte ihn mit der Ermordung des Sultans Murat, um dann selbst getötet zu werden. Die verheerende Niederlage gegen den moslemischen Feind wurde im Mythos zum heroischen Opfergang der Serben für die Christenheit verbrämt, dem irgendwann die Wiederauferstehung des untergegangenen Serbenreiches folge. Damit verbunden war die Pflicht zur Rache am Erzfeind und zum Kampf um die Erneuerung Großserbiens.

Bei den Aufständen gegen die Türken, in den Balkankriegen und den beiden Weltkriegen, bei jeder patriotischen Tat wird der Kosovo-Mythos revitalisiert. Der 28. Juni, der Veitstag, (serbisch: *Vidovdan*) wurde zum magischen Datum: Am Veitstag 1914 ermordete Gavrilo Prinćip nach dem Vorbild des Sultanmörders Obilić den österreichischen Thronfolger Erzherzog Prinz Ferdinand; am 28. Juni 1991 begann die Jugoslawische Volksarmee den Krieg gegen Slowenien. Das Jubiläum der Kosovo-Schlacht war für Milosevic der passende Zeitpunkt, um sich wieder einmal als Kämpfer für Großserbien zu präsentieren.

Kosovo bedeutet für Milošević den Kampf gegen die Albaner in der gleichnamigen Provinz, die nach Selbständigkeit von Belgrad streben. Ein für die Serben unerträglicher Gedanke, denn Kosovo, das Amselfeld, ist für die Serben ihr ‚Jerusalem‘, die heilige, blutgetränkte Erde, die wiedergewonnen werden muß – nicht nur, weil dort die Schlacht gegen die Türken stattfand, sondern weil es das Kerngebiet des mittelalterlichen Serbenreiches und ihrer orthodoxen Kirche war. Daß das Gebiet heute zu 90 Prozent von Albanern besiedelt ist, spielt dabei aus der Sicht der Serben nur eine sekundäre Rolle. Die Albaner gelten als Fremdlinge, obwohl sie dort eine ureingesessene Bevölkerung sind, die Serben jedoch als rechtmäßige Besitzer, obwohl sie erst im 7. Jahrhundert auf den Balkan gekommen sind.

Mit dem Kosovo-Mythos verbanden sich uralte Mythen, die, ins Politische umgemünzt, heute zur gefährlichen Realität werden: Das uralte Thema vom verfolgten Wolfsgeschlecht, dem eine glänzende Wiederkunft beschert sein wird, wird im Kampf um Großserbien aktuell. Der Mythos vom lahmenden, geschundenen Wolf findet anstelle des reißenden Wolfs in der These von den angeblich benachteiligten Serben seine Aktualität. Die Verehrung des in der Kosovo-Schlacht berserkerhaft kämpfenden

Königssohns und die Ehrerbietung gegenüber den Hajduken, die von blutrünstigen Straßenräubern zu nationalen Helden im Kampf gegen die Türken avancierten, manifestiert sich heute wieder im Kampfgeschehen in Bosnien-Hercegovina. Der Kosovo-Mythos ist mit einem Kult der Gewalt verbunden, der aus der Ohnmacht der christlichen Bevölkerung im Osmanischen Reich zu erklären ist und heute neue Potentiale der Unmenschlichkeit weckt.

Milošević unaufhaltsamer Aufstieg

Mit dem Kosovo-Mythos verband Slobodan Milošević, Serbiens mächtigster Mann und neuer Führer, seinen Aufstieg. Ihn selbst umgibt ein eigentümliches Charisma, das er gerne nutzt: „*Genosse Slobo, Slobo!*" ruft ihm die Menge begeistert zu, „*Slobodan*" – der Freie, der Auserwählte, der dem serbischen Volk die Größe und die ‚Freiheit' bringen wird. Und erinnert ‚Milošević' nicht zufällig an den Fürst Miloš Obilić der Kosovo-Schlacht oder an den neuzeitlichen Fürsten Miloš Obrenović, der Serbien 1830 wieder zur Eigenstaatlichkeit führte? Milošević ist in mancherlei Hinsicht eine dubiose Gestalt: Er stammt von einem orthodoxen Priester, einem Montenegriner, und einer Lehrerin ab, von denen er wahrscheinlich seinen missionarischen Eifer erhalten hat. Mehrere Familienangehörige, darunter auch sein Vater, sind durch Selbstmord aus dem Leben geschieden. Er selbst ist zuckerkrank und dem Alkohol nicht abgeneigt. Zuweilen zieht er sich öfters in die dunkle Abgeschlossenheit zurück, um danach mit neuer Energie wieder an die Öffentlichkeit zu treten. Treibende Kraft soll seine Frau, Dr. Mirjana Marković, sein, die aus einer strengen Kommunistenfamilie stammt und noch heute Generalsekretärin der KP Serbiens, einer orthodoxen Splitterpartei, ist. Die Familie ist als Teil der Nomenklatura wohlhabend. Die Miloševićs haben zwei Kinder: Die Tochter Marija, eine ehemalige Pop-Sängerin, managt einen Privatsender, und der jüngere Sohn Marko versucht sich als Rennfahrer.

Milošević gehört zur ‚Nachpartisanen-Generation' und zum heute in Serbien vorherrschenden mittleren Funktionärstyps, der sozialistische und nationalistische Gesinnung mit dem pragmatischen Willen zur Macht vereint. Ursprünglich galt er lediglich als kommunistischer Apparatschik und Wirtschaftsexperte; heute ist er in Serbien die Führerfigur. Slobodan Milošević wurde am 29. August 1941 in Požarevac, östlich von Belgrad, geboren. Pozarevac (deutsch: Passarowitz) ist eine historisch bedeutende Stadt: Im Friedensschluß von 1718 trotzte hier Kaiser Karl VI. den Osmanen das Banat, das nördliche Bosnien und Serbien mit Belgrad ab, und

im Jahr 1804 befreite der Serbenführer Kardjortje die Stadt von den Türken. Mit 18 Jahren trat er der damaligen Einheitspartei bei, dem Bund der
Kommunisten Jugoslawiens. Er studierte in Belgrad Jura. Seine Sporen
verdiente er sich als Vorsitzender der Ideologie-Kommission im Partei-
komitee der Belgrader Universität. 1964 machte er das Examen. Seine Frau
lehrte damals an dieser Universität Marxismus und gefiel sich dort als
ideologische Aufpasserin. Sein Bruder Bora war Diplomat, arbeitete dann
in Titos Nähe als Berater und schrieb seine Reden. Auch Slobodan war
im Umfeld Titos tätig und leitete den Informationsdienst in Belgrad. Danach erfolgte sein Aufstieg in das Wirtschaftsmanagement, 1973 wurde
er Generaldirektor der staatseigenen Firma ,Technogas' und schließlich
Präsident der ,Vereinigten Belgrader Bank' BEOBANKA, ein wichtiger
Posten mit internationalen Verbindungen. In dieser Funktion war er mehr-
mals in den USA und verbesserte dort seine Englisch-Kenntnisse.

Seine politische Karriere begann Milošević 1984 als Vorsitzender des
Belgrader Stadtkomitees des Bundes der Kommunisten. Damals war er 43
Jahre alt. Im Mai 1986 schon wurde er Vorsitzender des ZK der serbischen
Partei, also Parteichef Serbiens. Im Mai 1989 stieg er zum Präsidenten der
Republik Serbien auf. Heute ist er der mächtigste Mann des aus Serbien
und Montenegro bestehenden Restjugoslawiens, wobei er mit aller Macht
die Fäden zu den serbisch besiedelten Gebieten in Kroatien und Bosnien
aufrecht erhält.

Milošević und die Renaissance des serbischen Nationalismus

Im Denken Milošević war das Amselfeld der Mittelpunkt. Er selbst sah sich
in der Rolle des Miloš Obilić. Seine Politik enthielt, je nach Bedarf und in
wechselnden Dosen, Kommunismus, Nationalismus und Selbstherrlichkeit,
aus der eine neue Welle des serbischen Fundamentalismus entstand. Die entscheidende Phase des neuen Kurses begann 1989 auf dem Amselfeld, dem
Ort der größten mythischen Niederlage der Serben. Slobodan Milošević
sieht sich am Ende dieser serbischen Mythologie. Die achtziger Jahre, in
denen Milošević Aufstieg begann, waren in Jugoslawien eine Zeit der Kri-
se und zugleich des Aufbruchs – lange vor der Wende in Osteuropa. Jugoslawien war das liberalste kommunistische Land mit starken westlichen Bindungen, aber die Verschuldung wuchs, der Selbstverwaltungssozialismus
stieß an seine Grenzen, die Parteibürokratie wurde zum Hemmnis. Mit Titos
Tod im Jahre 1980 verlor Jugoslawien die Integrationsfigur. Durch die fö-
derale Verfassung, die nun voll zur Geltung kam, verlagerte sich die Macht
auf die einzelnen Republiken. Schon damals entstand eine Art Pluralismus,

nicht der Parteien, sondern der Republiken. Die höher entwickelten Republiken Slowenien und Kroatien strebten nach mehr Eigenständigkeit und Reformen nach westlichem Vorbild. Das dem Osten zugewandte Serbien hingegen wünschte eine Stärkung der Zentrale und damit des wirtschaftlichen und politischen Einflusses, obwohl Serben traditionell in der Armee, Polizei, Verwaltung und in den Betrieben landesweit eine dominierende Stellung hatten.

Neue Unruhen der Albaner im Frühjahr 1981 in der zu Serbien gehörenden Provinz Kosovo entfachten den Nationalismus der Serben. Die Forderung der Albaner nach einer eigenen Republik innerhalb Jugoslawiens wurde als Provokation angesehen. Der in der Volkszählung von 1981 festgestellte demographische Rückgang der Serben in der Provinz wurde in der Propaganda zur These vom Massenexodus und Genozid der Serben durch die Albaner umfunktioniert. Eine serbische Protestbewegung sollte die Belgrader Führung zur Intervention im Kosovo veranlassen. Im Oktober 1986 gelangten Auszüge des Memorandums der serbischen Akademie an die Öffentlichkeit, in dem Serbiens Schicksal in Jugoslawien beklagt wurde und die Serben aufgerufen wurden, die Dezentralisierung und die Entwicklung im Kosovo zu stoppen. Der national sorgfältig ausbalancierte Tito-Staat wurde von den Serben in neuem Licht gesehen: Er sei ein Geschöpf der Komintern (Kommunistische Internationale) mit dem Ziel, Serbien zu schwächen. Tito habe Serbien seiner Würde und Kraft beraubt. Durch die Aufteilung in sechs Republiken lebten 2-3 Millionen Serben außerhalb ihres Mutterlands. Durch die verstärkte Autonomie drohe die Abspaltung der Provinzen Vojvodina und Kosovo, und damit serbischer Kerngebiete. Auch in Kroatien würden die Serben diskriminiert. Slowenien und Kroatien bildeten angeblich wirtschaftlich und politisch eine antiserbische Front. Diese Entwicklung gelte es rückgängigzumachen: Serbien müsse wieder zusammenwachsen und seine führende Stellung wiedergewinnen.

Milošević machte sich zum Advokaten Großserbiens. Er feiert Serbien, und der Serbien-Kult ist die Quelle seiner Stärke. Er appelliert in seinen Reden an Gefühle, aber nicht an den Intellekt. Er spricht von Serbiens Platz in der Welt, vom Kampf, von Feinden, von Lösungen, von der Kosovo-Schlacht, die jetzt gewonnen werden müsse. Milošević ist ein Populist, der sich lieber direkt an das Volk wendet und den Parteiapparat als Machtinstrument benutzt, um ihn dann zu übergehen. Er war nach Titos Tod der erste, der den serbischen Bauern sagte, daß sie stolz auf ihre Nationalität sein könnten. Er bekräftigte mehrfach in Belgrad auf Parteitagen und in großen Reden, wie der 1989 auf dem Amselfeld, daß Kosovo als Wiege des Serbentums niemals den Albanern überlassen werde.

Unvergessen ist auch sein Auftritt auf einer Parteikonferenz im Kosovo im Jahre 1987, als er der Polizei, die mehreren tausend serbischen Demonstranten mit Knüppeln gewaltsam den Einlaß verwehrte, mit den Worten Einhalt gebot: *„Niemand, weder jetzt noch in Zukunft, hat das Recht, Euch zu schlagen!"* Diese Worte verschafften Milošević einen Platz in der serbischen Mythologie. Er blieb bis zum Abend und hörte die Klagen von Hunderten von Serben über die albanische Provinzregierung.

Der Kampf für ein starkes Serbien war für viele Funktionäre der kommunistischen Nomenklatura die Chance, die bestehende Führung, die noch am Jugoslawismus und Föderalismus Titos festhalten wollte, abzudrängen. An die Spitze dieser Bewegung stellte sich Slobodan Milošević. Schrittweise übernahm er die Kontrolle über die Medien und die Administration in Serbien sowie mittels seiner demagogischen Rhetorik auch über die Bevölkerung. Er verspricht Serbien neue Größe und will über Kosovo hinaus in ganz Jugoslawien den serbischen Einfluß wiederherstellen.

Die verhängnisvolle Rolle der Kirche

Der orthodoxen Kirche, die in der Tito-Ära ein stiefmütterliches Dasein fristete, gab Milošević ihre Würde und Bedeutung im gesellschaftlichen Leben zurück. Die Kirche wird in den Medien gefeiert, und ihre Priester nehmen an nationalistischen Demonstrationen teil. Mit der serbisch-orthodoxen Kirche gewann Milošević einen wichtigen Verbündeten und eine feurige Verfechterin eines religiös verbrämten Nationalismus.

Ein wichtiger Verbündeter und Ideologe des serbischen Fundamentalismus ist Metropolit Amfilohije Radović, der auch auf dem Amselfeld für den Patriarchen die Predigt hielt. Der gebürtige Montenegriner (Jg. 1938) studierte in Belgrad, magistrierte in Rom und promovierte in Athen. Er lebte als Mönch auf dem Heiligen Berg Athos, um dann als Bischof im Banat und Metropolit in Montenegro für die Einheit des orthodoxen Serbentums zu kämpfen. Seine Gedanken suchen Četnik-Verbände (Pl. : Četnici), unter ihnen Arkans ‚Tiger', mit aller Brutalität in die Tat umzusetzen. Ein weiterer Verbündeter ist Pavle, Patriarch der serbisch-orthodoxen Kirche. Er wurde 1914 bei Donji Miholjac in Kroatien geboren, besuchte in Tuzla das Gymnasium und studierte in Sarajevo, Belgrad und ebenfalls in Athen Theologie. Zehn Jahre war er Mönch im Kloster Blagoveštenje in der Vojvodina und dreißig Jahre Oberhaupt der größten serbischen Eparchie, des Bistums Raška-Prizren. Er unterstützt Milošević mit dem Ziel, *„die Serben alle und überall"* geistlich zu einigen, er versteht sich als Erwecker des Serbentums im muslimischen Sandžak sowie im albanischen Kosovo, und er sieht die Zuständigkeit der orthodoxen Kirche *„überall, wo Serben begraben sind".*

Im Verein mit der orthodoxen Kirche propagiert die serbische Nomenklatura neue Weltverschwörungstheorien: Man spricht von einer Verschwörung des Vatikan und der Komintern, die sich der Katholischen Kirche und der Kroaten bedient habe. Man erinnert an die Untaten der faschistischen Ustaša im Zweiten Weltkrieg, einer ultraradikalen Bewegung, die mit Hitlers Hilfe in Kroatien an die Macht gekommen war. Dabei werden die Untaten der Četnici, der königlich-serbischen Freischärler, und der Tito-Partisanen verschwiegen. Serbien werde heute erneut von einer Kollaboration zwischen Kroaten und Deutschland bedroht. Das Embargo gegen Rest-Jugoslawien wird als neue Verschwörung der Staatengemeinschaft gegen Serbien interpretiert. Europa falle wieder einmal Serbien in den Rücken, obwohl es wie damals während der Kosovo-Schlacht die Christenheit gegen den Islam und die Gefahren des Fundamentalismus verteidige. Die alte Waffenbrüderschaft zwischen Serben und Russen wird beschworen sowie eine neue Allianz orthodoxer Staaten von Rußland bis Griechenland propagiert!

Milošević ‚Machtergreifung'

Mit dem Kult um Großserbien entstand zum ersten Mal seit dem Tod Titos wieder ein neuer Personenkult: Der Kult um Milošević, mit allgegenwärtigen Fotos in Cafés, Geschäften und an Gebäuden; auch öffentliche Kritik an ihm wurde unterdrückt. Milošević schien, wie Kritiker schon damals meinten, nicht mehr Tito nachzueifern, sondern eher Stalin. Sein Ansehen allerdings wuchs mit seinen Erfolgen bei der Realisierung seines Programms ‚Großserbien'.

Von einem Komitee zur Verteidigung der Serben im Kosovo wurden Massendemonstrationen organisiert zur *„Rückeroberung"* der Provinzen Kosovo und Vojvodina, die wieder voll der Kontrolle Serbiens unterstellt werden müßten. Ein Vorsitzender des Komitees drohte ungeniert: *„Wenn wir nicht unser Recht bekommen, dann greifen wir zu den Waffen!"* Das Komitee wurde zu einem wichtigen Instrument Milošević*s* im Kampf um die Macht. Unter dem Druck von 100.000 Demonstranten in Novi Sad trat im Oktober 1988 die gesamte Führung der Vojvodina zurück und wurde durch Leute Milošević*s* ersetzt. Nach demselben Verfahren wurde die Führung im Kosovo und in Montenegro ausgetauscht. Gleichzeitig bemühte sich Milošević, Bosnien und Mazedonien zu destabilisieren. Erste Četnik-

Formationen werden wieder gebildet, Männer mit wallenden Bärten, die die alten Symbole beschwören. Serbische Demonstranten rufen nach dem im Exil lebenden König Peter und den russischen Freunden. Als nächsten Schritt plante Milošević die Beseitigung der Verfassung von 1974, eine Entmachtung der sechs Republiken und eine stärkere Zentralisierung. Unter dem Motto der ‚antibürokratischen Revolution' entwarf er das Bild „*eines modernen, effizienten, stabilen (Zentral) Staates*". Mit seinem Programm „*ein starkes Serbien, ein starkes Jugoslawien*" stieß er auf den Widerstand der übrigen Republiken, außer in Montenegro. 1989/1990 traten Slovenien und Kroatien, angespornt durch die Wende in Osteuropa, für ein Mehrparteiensystem, eine Konföderalisierung Jugoslawiens und den vollen Republik-Status für Kosovo und die Vojvodina ein. Angesichts der starren serbischen Haltung brach Slovenien im Januar 1990 mit dem BKJ (Bund der Kommunisten Jugoslawiens). Bei den freien Wahlen des Jahres 1990 siegten in Slovenien und in Kroatien nationale Parteien, in Bosnien-Hercegovina die Parteien der drei ethnischen Gruppen, in Makedonien eine gemäßigte Koalition und in Serbien die Sozialisten Miloševićs, die ganz Jugoslawien unter Kontrolle halten wollten. Die Konföderalisierung bezeichnete Milošević als unakzeptabel; er drohte zugleich, daß im Falle einer Föderalisierung oder eines Ausscheidens aus Jugoslawien die Außengrenzen Serbiens zur Debatte gestellt würden. Es war für ihn undenkbar, daß die Serben als größtes Volk nicht in einem Staat Jugoslawien, sondern, ähnlich den Russen, verstreut in verschiedenen Republiken als Minderheit leben.

Durch seine Machtpolitik provozierte er den Zerfall Jugoslawiens und rief die Gegnerschaft der nichtserbischen und föderativ eingestellten Republiken hervor. Auf die folgenden Unabhängigkeitsbestrebungen reagierte Milošević, mit Ausnahme Makedoniens, wo die Armee kampflos abzog, mit Krieg, wobei er die von serbischen Offizieren beherrschte Jugoslawische Volksarmee als Instrument nutzte. Slovenien konnte seine Eigenständigkeit nach kurzem Abwehrkampf behaupten; in Kroatien ist, nach heftigen Kämpfen in Slavonien und dem Abfall der Krajina-Serben, noch immer ein Drittel des Landes unter serbischer Kontrolle. In Bosnien-Hercegovina entfachten die Serben einen mörderischen Krieg gegen Moslems und Kroaten, wobei sich letztere noch gut ein Jahr untereinander bekämpften.

Da Jugoslawiens territoriale Integrität nicht mehr aufrecht zu erhalten war, betrieb Milošević nun die Schaffung eines Großserbiens nach der Parole „*Alle Serben in einem Staat*". Ohne Rücksicht auf andere Ethnien oder den Bestand der jeweiligen Republiken zu nehmen, wird von den Serben das Selbstbestimmungsrecht reklamiert; es wird auf historische

Traditionen rekurriert, wie das mittelalterliche Reich der Nemanjiden oder das des serbischen Zaren Dušan, oder die Ausdehnung des mittelalterlichen serbischen Patriarchats. Heute mehrheitlich von Moslems oder Albanern bewohnte Gebiete, wie Kosovo und Sandžak, werden für Serbien beansprucht. Der auf eine verbreitete Spracheigenheit bezogene, irrige Ausspruch des Sprachreformators Vuk Karadžić *„Alle sind Serben und überall"* wird aufgewärmt, um die Montenegriner als Küstenserben, die Makedonier als Südserben und die Kroaten und Moslems als abgefallene Serben zu bezeichnen. Die großserbischen Pläne Belgrader Politiker und Könige von der Mitte des vorigen Jahrhunderts bis zum Zweiten Weltkrieg werden revitalisiert. Wo ethnische oder historische Argumente nicht reichen, wird auf geographische, wirtschaftliche und strategische Aspekte zurückgegriffen, wie z. B. die Herstellung eines zusammenhängenden Gebiets, die Schaffung von Korridoren oder der Zugang zum Meer.

Bei der unter Tito benachteiligten Funktionärsschicht und der ungebildeten Bauern- und Arbeitermasse genießt Milošević trotz der durch das internationale Embargo hervorgerufenen Entbehrungen große Popularität. Die Intellektuellen hingegen verließen seit Beginn des Kriegs in Massen das Land – ca. 200.000. Ebenso geht die Zahl der Deserteure in die Hunderttausende und wächst täglich. Von der noch verbliebenen schwachen liberalen Opposition wird Milošević der Kriegstreiberei bezichtigt, während die radikale Rechte ihn an Patriotismus zu überholen sucht.

Helfer und Helfershelfer

Mit Milošević ist eine Clique von Geistlichen, Mitgliedern der Akademie, Militärs, Bandenführern und Politikern verbunden, wobei die wenigsten von ihnen echte Serben sind. Die meisten von ihnen kommen aus anderen Landesteilen Ex-Jugoslawiens, um in Belgrad Karriere zu machen. Den Mangel ihrer Herkunft suchen sie durch besonderen Fanatismus auszugleichen. Es entsteht der Eindruck, daß sich ihr Minderwertigkeitskomplex zu einem Verfolgungswahn ausgeweitet hat; gemeinsam ist ihnen auch ein radikaler Antiintellektualismus. Ein zentrales Interesse ist das große Geschäft mit Waffen, Öl, Immobilien und finanziellen Transaktionen. An der Spitze dieser Clique steht nicht zufällig Ex-Beobank-Präsident Milošević, und nach Berichten der Belgrader *Politika* scheint Karadžićs bosnische Serbenrepublik eine riesige Geldwaschanlage zu sein. Im Kampf um die Erweiterung des Lebensraums, Macht und Gewinn schrecken die serbischen Führer vor nichts zurück – nicht vor Mord, Vergewaltigung und Massenvertreibung. Zu ihnen gehören Ex-Generalstabschef Blagoja Adzić (Jg. 1927),

Serbe aus der östlichen Bosnien-Hercegovina, u. a. in der UdSSR und in Frankreich geschult. Er führte die Operation gegen Slowenien und Kroatien, zerstörte Dörfer und Städte und mordete und vertrieb die Bevölkerung aus angeblicher Rache für den Mord muslimischer Ustaše (kroatische, faschistische Bewegung) 1942 an seiner Familie; die Massaker der Četnici an Muslimen werden natürlich nicht erwähnt.

Ratko Mladić (51 J.), Ex-Oberst der Jugoslawischen Volksarmee, Kommandeur der Armee der bosnischen Serben-Republik mit dem Hauptquartier in Pale bei Sarajevo, taktisches Genie und erfolgreichster Kriegsherr mit einer Streitmacht von 100.000 Mann, ausgerüstet mit Panzern, schwerer Artillerie und Luftwaffe sowie mit Einfluß über 70 Prozent der Fläche Bosniens, ist eine Schlüsselfigur der Serben. Laut UN-Offizieren, die mit ihm verhandelt haben, ist er ein „Verrückter", ein „sadistischer Psychopath" und ein „extrem gefährliches Individuum". Viele Soldaten sehen in ihm eine Vaterfigur, erweisen ihm absoluten Gehorsam und sind jederzeit bereit, Grausamkeiten zu begehen, um ihre Ergebenheit zu beweisen.

Radovan Karadžić, Jg. 1945, Montenegriner, von Beruf Psychiater, und daher ironisch „Psychiater des serbischen Volkes" genannt, Gusla-Spieler (Violine, Fiedel) und Dichter in „plumper Bauernsprache", geriet schon in der Tito-Ära mit der bosnischen Führung in Konflikt. In Sarajewo therapierte er die intellektuelle Schickeria und pflegte auch mit Moslemführer Alija Izetbegović vertrauten Umgang. Im Jahr 1990 stieg er in die Politik ein und begann die Serben aufzuwiegeln. Heute ist er Präsident der auf bosnischem Territorium ausgerufenen ‚Serbischen Republik' (im Gegensatz zur ‚Republik Serbien') und erbitterter Gegner von Bosniens Präsident Izetbegović.

Der serbische Radikalenführer Vojislav Šešelj, geboren 1954 in Sarajevo, dessen Vorfahren wohl aus Slovenien oder Montenegro stammen, bekämpfte die bosnische Führung, als er im Bund der Kommunisten nicht den Platz erhielt, den er nach seiner Ansicht verdiente. Šešelj, ein musterhafter Brigadier und Aktivist in seiner Jugendzeit, wurde 1984 wegen Aufruhrs zu Gefängnis verurteilt, wodurch er bei Amnesty International den Ruf eines Dissidenten und Märtyrers erhielt. In Amerika wurde er von einem Popen, der sich selbst als Krieger betätigt hatte, zum Četnik-Führer geweiht. Zu Beginn des Kriegs gründete er in Kroatien paramilitärische Četnici-Formationen, die durch unglaubliche Greuel an Soldaten und Zivilisten von sich reden machten. Die politische Plattform des „roten" Četnik-Führers ist die ‚Serbische Radikale Partei', die in das serbische Parlament gelangte und zeitweise mit Milošević kooperierte, diesen aber jetzt bekämpft.

Željko Ražnjatović Arkan (42 J.), ein berüchtigter Bankräuber und von Tito zur Ermordung seiner Gegner gedungener Scherge, steht an der Spitze der Kriegsverbrecherliste. Er organisierte die ‚Weißen Tiger‘, eine blutrünstige Kampftruppe, die mit Šešeljs Banden um Vergewaltigungen, Massenmord und Vertreibungen wetteifert. Arkan, ein typischer Kriegsgewinnler, rühmt sich als König der Unterwelt und des Schwarzmarkts, er ist Führer der ultranationalistischen ‚Partei der serbischen Einheit‘ und Freund des russischen Extremisten Vladimir Žirinovskij.

Kein Friede ohne grundlegenden Wandel

Milošević distanziert sich neuerdings von diesen Leuten, die ihm unbequeme Rivalen geworden sind. Er selbst gibt sich in seinen Reden und Erklärungen als ‚Wolf im Schafspelz‘. So beteuert er immer wieder seinen Wunsch nach Beendigung des Kriegs, nach Überwindung von Haß und Chauvinismus, und verspricht eine Verbesserung des Lebensstandards. Tatsächlich steht er zur Zeit unter dem Druck des Embargos, das mit jährlichen Verlusten von 45 Milliarden Dollar immer kostspieliger wird. Sein Ziel ist die Aufhebung des Embargos, und entsprechend versucht er nun, folgende Kriegsversion zu vermitteln: Den Krieg hätten die Serben nicht gewollt, er sei ihnen durch den Separatismus der Slovenen, Kroaten und Bosnier aufgezwungen worden. Die Serben hätten sich nur in den fremden Republiken verteidigen müssen. Tatsächlich aber wollte die serbische Nomenklatura ihre Schlüsselpositionen in der Politik, Wirtschaft und Militär in den einzelnen Republiken Ex-Jugoslawiens nicht aufgeben. Die Kriege wurden unter Nutzung des überlegenen Instruments der Jugoslawischen Volksarmee bewußt provoziert. Nach wie vor jedoch hält Milošević, trotz seines taktischen Manövers, an seinem Ziel, ein Großserbien zu schaffen, fest.

An dem skandalösen Geschehen des Krieges mit seinen Greueln, Massenvertreibungen und Geschäftemacherei hat Milošević ein großes Maß an persönlicher Schuld. Schuld haben aber auch die Mächte, die mit der Belebung alter Konstellationen Eigeninteressen verfolgten und den mörderischen Feldzügen Serbiens zu lange tatenlos zusahen und den Krieg auf ein ‚humanitäres Problem‘ reduzierten. Zusätzlich wurde durch das gegen ganz Jugoslawien ausgesprochene Waffenembargo den Kroaten und bosnischen Moslems die Möglichkeit zur Selbstverteidigung genommen, wobei die Akzeptanz ethnischer Teilungspläne die Vertreibungen in Bosnien noch provozierten.

Ob der Krieg bald ein Ende haben wird, hängt nicht nur von der Entschlossenheit der Mächte ab, den Frieden in Jugoslawien durchzusetzen. Entscheidend ist die Entwicklung in Serbien selbst: Solange der Nationalismus dort in der Politik den Ton angibt, besteht die Gefahr, daß selbst nach einem Friedensschluß in Bosnien irgendwann die großserbischen Pläne wiederaufgenommen werden. Entscheidend wäre eine Erneuerung der Elite sowie die Umwandlung Serbiens in einen wirklichen Rechtsstaat und eine Demokratie mit einer humanen Denkweise. Dafür bedarf es aber in der Führungsschicht und der Bevölkerung noch eines langen Umdenkungsprozesses: Der Kosovo-Mythos muß entmythologisiert werden.

Aussprache serbischer Namen und Begriffe:

c = tz wie Zar

č = tsch

ć = tch oder tj

š = sch

z = wie s in sausen

ž = wie g in Genie

dž = wie dsch in Hodscha

Balić, S., 1992, Das unbekannte Bosnien. Europas Brücke zur islamischen Welt. Köln/Weimar/Wien.

Kaser, K., 1992, Hirten, Kämpfer, Stammeshelden. Ursprünge und Gegenwart des balkanischen Patriarchats. Wien/Köln/Weimar.

Kohl, C. von / W. Libal, 1992, Kosovo: gordischer Knoten des Balkan. Wien/Zürich.

Križan, M., 1992, Nationalismen in Jugoslawien. Von postkommunistischer nationaler Emanzipation zum Krieg. In: Osteuropa, 2: 121-140.

Lauer, R., 1994, Serben und Kroaten in Gegenwart und Geschichte. Schriftenreihe des Niedersächsischen Landtags, 22, Hannover.

Ramet, S. P., 1992, Nationalism and Federalism in Yugoslavia 1962-1991. Bloomington/Indianapolis.

Schlegel, D. (Hg.), 1994, Der neue Nationalismus. Ursachen, Chancen, Gefahren. Schwalbach/Ts.

Hildegard Cancik-Lindemaier
Opfer – Lohn der Gewalt

Im Frühjahr 1985 gerieten die Vorbereitungen für den Deutschlandbesuch des damaligen US-Präsidenten Ronald Reagan ins Stocken, als bekannt wurde, daß auf dem Soldatenfriedhof in Bitburg in der Eifel, den man zum Schauplatz einer Versöhnung über Gräbern ausersehen hatte, auch Angehörige der Waffen-SS bestattet waren. Der Präsident selbst, bemüht, ein salomonisches Schlußwort über die Geschichte zu sprechen, provozierte den Skandal: Jene Soldaten, so sprach er, *„waren Opfer (victims), so gewiß wie die Opfer (victims) in den Konzentrationslagern“*. Überlebende der Konzentrationslager protestierten gegen die Gleichstellung von Tätern und Opfern. Die geläufige Formel ‚Opfer von Krieg und Gewalt‘ – das haben nicht zuletzt die wiederholt geführten Diskussionen über Mahnmäler zur deutschen Geschichte gezeigt – dient immer wieder dazu, Veranwortung und Schuld zum Verschwinden zu bringen. Schnell sind die Assoziationen ‚hilflos, wehrlos, unschuldig‘ zur Stelle, ein allgemeines, verhängnisvolles Schicksal ebnet die Unterschiede ein. Aber auch mit der plausiblen Unterscheidung zwischen Tätern und Opfern – jenen, die Gewalt ausüben, und jenen, die Gewalt erleiden – läßt sich nicht einfach zwischen Gut und Böse unterscheiden. In dem Wort ‚Opfer‘ selbst steckt ein Gewaltpotential, das sich religiös legitimiert.

Das Wort ‚Opfer‘ drängt sich auf, so scheint es, wenn von den im Krieg Getöteten gesprochen wird, wenn denn die Zensur zuläßt, daß von ihnen gesprochen wird. Unentbehrlich ist das Wort alljährlich in den Reden der Volkstrauertage: Man gedenkt der ‚Kriegsopfer‘ im allgemeinen und des ‚Opfertodes‘ der Soldaten insbesondere. Mit der Verklärung zum ‚Opfer‘ wird der Protest gegen das Töten mundtot gemacht, das Widersinnige mit Sinn versehen und mit Trost. Und so vergißt auch kaum ein Redner die Mahnung, daß ‚auch wir Opfer bringen müssen‘, daß ‚ohne Opferbereitschaft‘ Freiheit, Wohlstand usw. verloren wären.

Was bedeutet hier das Wort ‚Opfer'? Daß es aus der religiösen Sprache stammt, ist meist kaum mehr bewußt. Es wird ‚übertragen' im nicht religiösen Kontext, als Metapher gebraucht. Um zu verstehen, was diese Metapher leistet, ist es nützlich, der Geschichte dieser Übertragung nachzugehen. Wer versucht, das deutsche Wort ‚Opfer' ins Französische, Italienische oder Englische zu übersetzen, lernt, daß zwei Vokabeln nötig sind. Das ‚Opfer' eines Verkehrsunfalls oder eines Verbrechens heißt „*victime, vittima, victim*", das ‚Opfer', das gebracht werden muß, „*sacrifice, sacrificio, sacrifice*". Die romanischen Sprachen und durch ihre Vermittlung das Englische haben den lateinischen Sprachgebrauch bewahrt. Damit ist der Weg für die historische Untersuchung bezeichnet: die Begriffsgeschichte beginnt dort, woher die Wörter überkommen sind. Das ist zunächst die römische Kultur, die zugleich immer Vermittlerin der griechischen ist; zum griechisch – römischen Altertum tritt Israel, als dritte Mutterkultur der unseren.

Zur Religionsgeschichte der Antike

Als allgemeine Umschreibung kann gelten: Opfer waren in den antiken Religionen unseres Kulturkreises, bei Germanen, Slawen, Kelten, bei Griechen und Römern und im alten Israel, ein wesentlicher Teil der öffentlichen und privaten Religion. Opfermaterie und Art der Darbringung variieren: Man legt Gaben auf einen Altar – Blumen, Früchte, Speisen, verbrennt Weihrauch, spendet Güsse von Wein, Milch, Honig. Neben diesen sogenannten unblutigen Opfern gibt es die sogenannten blutigen Opfer, vor allem im öffentlichen Kult. In dessen verbreitetstem Typ werden ein oder mehrere Tiere im Rahmen eines festen und sorgfältig ausgeführten Rituals geschlachtet, Teile der Gottheit übergeben, alles andere zubereitet und als Opfermahl von den Anwesenden verzehrt. Unter den Ritualvorschriften für das Volk Israel im dritten Buch Mose findet sich folgende Anweisung für die Darbringung eines Opfers. Der Text, Leviticus 1, 2-13, lautet in der Übersetzung der Zürcher Bibel:

„*Wenn jemand von euch dem Herrn eine Opfergabe darbringen will, so sollt ihr eure Opfergaben von den Haustieren, vom Großvieh oder Kleinvieh darbringen. Ist seine Opfergabe ein Brandopfer vom Großvieh, so bringe er ein fehlerloses männliches Tier dar; er führe es an den Eingang des heiligen Zeltes, damit es ihn dem Herrn wohlgefällig mache. Dann stütze er seine Hand auf den Kopf des Brandopfers, damit es ihm wohlgefällig aufgenommen werde, ihm Sühne zu schaffen. Hierauf schlachte er das Rind vor dem Herrn; die Söhne Aarons aber, die Priester, sollen das Blut darbringen; sie sollen das Blut rings-*

um an den Altar sprengen, der am Eingang des heiligen Zeltes steht. Danach soll er dem Brandopfer die Haut abziehen und es regelrecht in Stücke zerlegen. Die Söhne Aarons, des Priesters, aber sollen Feuer auf den Altar tun und Holzstücke auf das Feuer schichten. Dann sollen die Söhne Aarons, die Priester, die Fleischstücke samt dem Kopf und dem Fett auf dem Holz zurechtlegen, das über dem Feuer auf dem Altar liegt. Die Eingeweide aber und die Unterschenkel soll man mit Wasser waschen, und der Priester soll das alles auf dem Altar verbrennen; ein Brandopfer ist es, ein lieblich duftendes Feueropfer für den Herrn."

Anweisungen für die Darbringung von Opfern sind aus der griechisch-römischen Kultur nicht überliefert, wohl aber lebendige Schilderungen. Homer beschreibt z. B. ein Opfer von hundert Stieren für Apollon (Ilias 1, 447-474 in der Übersetzung von Wolfgang SCHADEWALDT):

„Und schnell stellten sie für den Gott das heilige Hundertopfer gereiht um den schön gebauten Altar, und wuschen sich dann die Hände und nahmen auf die Opfergerste. Und unter ihnen betete Chryses (der Priester) *laut, die Hände emporhaltend: ,Höre mich, Silberbogner! der du schützend um Chryse wandelst und um Killa, die hochheilige, und über Tenedos mit Kraft gebietest! Ja, da hast du zuvor mich schon einmal gehört, wie ich betete, und mich geehrt und groß geschlagen die Achaier. So erfülle mir auch jetzt noch dieses Begehren: Jetzt nun wehre ab von den Danaern das schmähliche Verderben!' So sprach er und betete, und ihn hörte Phoibos Apollon. Als sie aber gebetet und die Opfergerste geworfen hatten, zogen sie zuerst die Hälse der Opfertiere zurück und schlachteten und häuteten sie ab und schnitten die Schenkel heraus und umwickelten sie mit Fett, doppelt gefaltetem und legten rohes Fleisch darauf. Und der Alte verbrannte sie auf Scheitern und träufte funkelnden Wein darauf. Und neben ihm hielten Jünglinge die fünfzinkigen Gabeln in Händen. Als aber die Schenkel verbrannt waren und sie von den inneren Teilen gekostet hatten, zerstückelten sie das andere und spießten es auf Bratspieße und brieten es sorgsam und zogen alles herunter."* Ein Mahl, Tanz und Gesang beschließen das Opfer.

Die Handlung und ihre Teile, die genaue Abfolge der einzelnen Verrichtungen wird geschildert, kunstgerecht, professionell ausgeführt und von Kennern beobachtet. In derselben Art erzählt Homer, wie die Rüstung für Achilles durch Hephaist geschmiedet wird, oder wie Odysseus sein Seegefährt baut. Zu lernen ist dabei eine detaillierte Fachsprache, nah an den Dingen, an den Tieren, der Materie, dem Gerät, nüchtern, unpathetisch – Arbeitssprache.

Die blutigen Opfer der mediterranen Antike haben zu verschiedenen Zeiten und aus verschiedenen Gründen aufgehört. Der Jerusalemer Tempel wurde im Jahre 583 v. Chr. durch die Babylonier zerstört. Da nur am

Jerusalemer Tempel geopfert werden durfte, entstand in der jüdischen Diaspora ein opferloser Gottesdienst in den Synagogen: Schriftlesung, Predigt, Psalmengesang, Gebete, Segnung und andere Riten einer ‚Buchreligion'. Der Wiederaufbau des Tempels in Jerusalem und die Wiederaufnahme des Opferkultes tat dieser Form des Gottesdienstes keinen Abbruch. Älter noch als die Buchreligion war in Israel die Kritik am Opferkult. Jahwe, so predigten die Propheten, hat kein Gefallen am Opferdienst der Priester in Jerusalem. Die Propheten vergeistigen den Opferbegriff und übertragen ihn auf andere religiöse Handlungen: Gebet und Lobpreis seien die wahren Opfergaben.

Kultkritik begleitet seit dem Beginn unserer Überlieferung auch die Religion der Griechen. Griechische Philosophen haben seit dem 6. Jahrhundert v. Chr., eindringlich und oft sarkastisch, den staatlichen Opferkult kritisiert: Die Götter bedürfen der Opfer nicht, heißt es, sie durch Töten ehren zu wollen, ist Frevel. Wie könnte das Blut eines Opfertieres einen Mörder von Blutschuld reinigen? Der wahre Gottesdienst, würdig der Götter und Menschen, so lehren sie, ist die Erkenntnis Gottes und der reine, fromme Sinn der Menschen.

Zur Religionsgeschichte des Christentums

Als das Christentum im römischen Reich Staatsreligion geworden war, wurden die Opfer der Hellenen und Römer verboten, die Teilnahme mit empfindlichen Strafen bedroht. Die letzten Gesetze stammen aus den neunziger Jahren des 4. Jahrhunderts n. Chr., der Zeit also, in der der ‚Kirchenvater' Augustin seine theologischen Systeme entwarf, um die ‚römische' Kirche gegen die sog. Häresien durchzusetzen und abzusichern. Im Jahre 392 schärften die christlichen Kaiser des römischen Reiches ihren Untertanen ein:

„Überhaupt keiner, aus welchem Stamm oder Stand in der Rangordnung unter den Menschen auch immer, ob in eine Machtstellung eingesetzt oder nach Beendigung eines Amtes, sei er mächtig durch das Los der Geburt, sei er niedrig nach Geschlecht, Stand, Vermögen, soll an überhaupt keinem Ort, in keiner Stadt den Bildern, die doch der Wahrnehmung entbehren, ein Opfertier, das doch unschuldig ist, töten oder mit einem mehr verborgenen Sühnopfer den Lar mit Feuer, mit Wein den Genius, die Penaten mit Räucherduft verehren und Lichter anzünden, Weihrauch auflegen und Girlanden aufhängen." (Codex Theodosianus 16, 10, 12).

Die jüdische ‚Sekte' der ‚Christianer', die sich innerhalb der griechisch-römischen Kultur entwickelte, war mit den typischen Problemen einer ‚neuen' Religion konfrontiert: Der Mutterreligion gegenüber mußte ein neues, eigenes Profil entwickelt werden, das den Anspruch, die bessere, wahre zu sein, rechtfertigte. Zugleich aber sollte über den Bruch hinweg die Kontinuität gewahrt werden, die Autorität der ,alten' Überlieferung oder Offenbarung sollte mitgenommen werden, um desselben Anspruchs willen. Die alten Texte mußten also der neuen Situation exegetisch angepaßt werden. Die Antworten auf die neue Situation mußten aus den alten Texten herausinterpretiert oder in sie hineininterpretiert werden. Der Bericht von der Kreuzigung Jesu bei Markus, entstanden etwa um die Mitte des 1. Jahrhunderts n. Chr., und die Opfertheologie des Hebräerbriefs, entstanden um die Wende zum 2. Jahrhundert, markieren zwei Stadien in diesem Prozeß:

„Und da sie ihn verspottet hatten, zogen sie ihm den Purpur aus und zogen ihm seine eigenen Kleider an und führten ihn hinaus, daß sie ihn kreuzigten, und zwangen einen, der vorüberging, mit Namen Simon von Kyrene, der vom Felde kam – der war der Vater des Alexander und des Rufus –, daß er ihm das Kreuz trüge. Und sie brachten ihn an die Stätte Golgotha, das ist verdolmetscht: Schädelstätte. Und sie gaben ihm Myrrhe in Wein zu trinken; aber er nahm's nicht. Und sie kreuzigten ihn. Und sie teilten seine Kleider und warfen das Los darum, wer was bekäme. Es war aber um die dritte Stunde, da sie ihn kreuzigten. Und es war oben über ihn geschrieben, was man ihm Schuld gab, nämlich: der König der Juden. Und sie kreuzigten mit ihm zwei Mörder, einen zu seiner Rechten und einen zur Linken. Da ward die Schrift erfüllt, die da sagt: ,Er ist unter die Übeltäter gerechnet. ,..... " (Markus 15, 20 ff.).

Dies ist ein karger, nüchterner Bericht von einer Hinrichtung. Die theologische Struktur wird am Ende der zitierten Passage expliziert: *„da ward die Schrift erfüllt"* – damit wird auf Jesaia 53, 12 angespielt. Tatsächlich kann der gesamte Passionsbericht des Markus als eine Inszenierung von Schriftstellen bezeichnet werden: Das Ereignis wird so beschrieben, daß es als Erfüllung alter Verheißungen erscheint. Der Brief an die Hebräer (9, 11-14 und 24-26) enthält einen Vergleich zwischen dem nunmehr ,Alten Bund' und dem ,Neuen Bund'. Der Autor beschreibt den – nicht mehr bestehenden – Tempel zu Jerusalem und die Aufgaben der Priester und des Hohenpriesters im Rahmen des Tempelkultes, die für ihn nur Vorbilder, schattenhafte Vorverweise auf den ,eigentlichen' Hohenpriester sind:

„Christus aber ist gekommen als Hoherpriester der künftigen Güter und ist durch das erhabenere und vollkommenere Zelt, das nicht mit Händen gemacht, das heißt nicht von dieser Welt ist, nicht mit dem Blut von Böcken und Kälbern, sondern mit seinem eigenen Blut ein für allemal in das Heiligtum eingegangen, und so hat er eine ewige Erlösung vollbracht. Denn wenn schon das Blut von Böcken und Stie-

ren und die Asche einer Kuh die Unreinen heiligt, daß sie leiblich rein werden, wieviel mehr wird das Blut Christi, der sich selbst kraft ewigen Geistes als makelloses Opfer Gott dargebracht hat, unser Gewissen von toten Werken reinigen, damit wir dem lebendigen Gott dienen.... Denn Christus ist nicht in ein von Händen errichtetes Heiligtum eingegangen, in ein Abbild des wirklichen, sondern in den Himmel selbst, um jetzt für uns vor Gottes Angesicht zu erscheinen; auch nicht um sich selbst viele Male zu opfern, wie der Hohepriester jedes Jahr mit fremdem Blut in Heiligtum eintritt; sonst hätte er viele Male seit Erschaffung der Welt leiden müssen. Jetzt aber ist er am Ende der Zeiten ein einziges Mal erschienen, um durch sein Opfer die Sünde zu tilgen."(Hebr. 9, 11-14, 24-26).

Schon in der Struktur des Textes ist sein Zweck expliziert: Der Bruch mit der alten Religion soll klargelegt und legitimiert werden. Dies geschieht durch das Übertreffensschema. Es beginnt mit den Komparativen *„erhabener, vollkommener"* und setzt sich in wertvergleichenden Formulierungen fort, sei es in der Semantik *„nicht mit Händen gemacht"*, *„Abbild des wirklichen Heiligtums"*, oder in antithetischen Konstruktionen wie *„Blut von Böcken und Kälbern"* – *„eigenes Blut"* / *„viele Male – ein einziges Mal"*. Diese können sogar die Syntax eines ganzen Satzes bilden mit der Formel *„wenn schon – um wieviel mehr"*; und schließlich wird das ‚Neue' als das Endgültige statuiert: *„ein für allemal"*, *„am Ende der Zeiten"*.

Bei Markus und auch bei den anderen Evangelisten deutet nichts auf ein Opfer hin. Es wird die Verurteilung und Hinrichtung des Jesus von Nazareth berichtet; daß es sich um einen Justizmord handelt, ist unschwer zu erkennen – die Schuld wird verschieden verteilt; bei Johannes ist die Belastung *„der Juden"* und die Entlastung der Römer am weitesten fortgeschritten. Im Hebräerbrief aber wird der Tod Jesu als freiwilliges Opfer bezeichnet und in der Opfer-Terminologie der nunmehr zum ‚Alten Testament' gewordenen Bibel beschrieben.

Opfertheologie

In der Spätantike hat Augustin, der Bischof von Hippo, die im Neuen Testament begonnene Opfertheologie systematisiert. Er schreibt im 4. Buch seines Traktats ‚Über die Dreifaltigkeit', verfaßt in den Jahren 399-419:

„Sie (d. h. die Menschen, die ‚Heiden') *erkennen nicht, daß nicht einmal jene hoffärtigen Geister* (d. h. die ‚heidnischen' Götter, die sog. Dämonen) *sich der Ehren der Opfer hätten erfreuen können, wenn nicht dem einen wahren Gott, an dessen Stelle sie verehrt werden wollen, das wahre Opfer geschuldet würde. Und* (sie erkennen nicht), *daß dieses richtig dargebracht werden*

kann nur durch einen heiligen und gerechten Priester, und nur,
wenn das, was dargebracht wird, von denen genommen wird, für
die es dargebracht wird, und wenn es ohne Makel ist, so daß es zur
Reinigung der Befleckten dargebracht werden kann. Dies wünschen
sicherlich alle, die wollen, daß für sie Gott ein Opfer dargebracht
werde.

Wer also ist ein so gerechter und heiliger Priester
wie der einzige Sohn Gottes,
der es nicht nötig hatte, durch ein Opfer seine Sünden zu reinigen,
weder Erbsünden noch solche, die aus dem menschlichen Leben
hinzukommen?
Und was würde so angemessen von den Menschen genommen, um
für sie dargebracht zu werden,
wie menschliches Fleisch?
Und was ist so passend für diese Opferung
wie sterbliches Fleisch?
Und was ist so rein, die Befleckung der Sterblichen zu reinigen, wie
das Fleisch, das ohne Befleckung durch fleischliche Begierde
geboren ist im Schoße und aus dem Schoße der Jungfrau?
Und was kann in so willkommener Weise dargebracht und
angenommen werden
wie das Fleisch unseres Opfers.
das der Leib unseres Priesters geworden ist?
Daraus folgt, daß
da ja vier (Punkte) zu erwägen sind bei jedem Opfer
wem dargebracht wird,
von wem dargebracht wird,
was dargebracht wird,
für wen dargebracht wird,
daß (also) er selbst, der eine wahre Mittler, indem er durch das
Opfer des Friedens uns mit Gott versöhnt,
eins mit jenem blieb, dem er (es) darbrachte,
eins in sich machte (die), für die er (es) darbrachte,
einer er selbst war, der darbrachte und was er darbrachte."

Der letzte Abschnitt enthält eine verallgemeinernde Beschreibung des
Opfers. Augustin nennt vier beteiligte Instanzen: Den Empfänger – „wem
dargebracht wird" –, den Opfernden, Priester – „von wem dargebracht
wird" –, die Opfermaterie – „was dargebracht wird" -, die Begünstigten –
„für wen dargebracht wird". Dieses Opfermodell bildet das Grundmuster
des Textes. Im ersten Teil werden die Opfer der sogenannten Heiden christlich interpretiert als negative Zeugnisse für die Notwendigkeit des Opfers
überhaupt. Die Berechtigung des Opferkultes an sich wird nicht in Frage
gestellt. Augustin folgt einem häufig gebrauchten Interpretationsmuster,
nach dem selbst der von ihm so genannte Götzendienst zu einem Gottes-
beweis umfunktioniert werden kann. In Augustins Spekulation verbinden

sich Elemente aus den Opferkulten der Juden, Griechen und Römer – die er nicht mehr aus eigener Erfahrung kennt – mit seiner Christologie des Gott-Menschen, seiner Lehre von Sünde und Erlösung. Sein naturalistisches Konzept steht im genauen Gegensatz zu der Opferkritik griechischer Philosophen. Seine Forderung, ein Opfer *„für die Menschen"* müsse ein Menschenopfer sein, hat in den antiken Religionen nicht ihresgleichen.

Paradoxerweise erhält das blutige Opfer damit nach dem endgültigen Erlöschen des jüdischen Opferdienstes infolge der Zerstörung des zweiten Tempels (70 n. Chr.) durch die Römer und dem Verbot der Religionen der Griechen und Römer durch die christlichen Kaiser ein Gewicht, das ihm im Rahmen der opfernden Religionen nicht zugekommen war. Das ‚Selbstopfer' ist ein Konzept christlicher Theologie, es setzt das ‚Selbstopfer' Christi voraus. Was Augustin, bereits aus der Retrospektive, theologisch formuliert und systematisiert hat, wurde vor ihm und nach ihm konkret mit Leben und Sterben erfüllt: Martyrer haben ihren Tod als Opfer in der Nachfolge Christi verstanden und gesucht. Als die Zeit der Martyrer vergangen und das Christentum Staatsreligion geworden war, wurde auch das ‚Martyrium' zur Spiritualisierung frei: An die Stelle des ‚Opfertodes' trat die lebenslange Abtötung der Asketen.

Die christlichen Theologien haben den Opferbegriff in verschiedenen Funktionen der Moderne überliefert: Realistisch verstanden als Deutung des Kreuzestodes Jesu, sakramental in der Dogmatik des Meßopfers, spiritualisiert und auf eine nicht kultgebundene Gottesverehrung, vor allem aber auf eine asketische Lebensführung in der Nachfolge Christi übertragen, polemisch im nie aufgegebenen Kampf gegen ‚Götzendienst' und ‚Götzenopfer' der verschiedenen ‚Heidentümer'. Diese Opfertheologien haben ein Vorstellungsfeld wachgehalten, das schließlich in der Neuzeit den verschiedensten Bereichen der Kultur – von der Moral bis zum Militär – überzeugende und wirkmächtige Metaphern lieferte und nicht zuletzt in den Köpfen der Wissenschaftler die vermeintliche Re-Konstruktion der antiken Religionen bestimmte. Erst christliche Theologie hat die Opfer der Juden, Griechen und Römer vereinnahmt, umgedeutet und mit der Bedeutung beladen, die heute gern, mit Gruseln oder mit Inbrunst, *„archaisch"* genannt wird.

Moderne Opfersprache

Als die Opfer aufhörten, hatten die Wörter ihren Gegenstand verloren. Sie wurden frei verfügbar für das Spiel von Spekulationen und Phantasien, Wünschen, Ängsten und Bedürfnissen. In dem Augenblick erst, da Mann oder Frau nicht mehr mit Feuerschüren, Waschen, Schlachten, Enthäuten, Schneiden und Schaben, Blut schöpfen, Kochen, Braten, Zerteilen beschäftigt waren, treibt die Opfersprache Blüten. Zunächst betrachteten die Martyrer ihren Tod in der Nachfolge Christi als Opfer, dann wurde die Askese, die lebenslange ‚Abtötung‘, so genannt, schließlich konnten ethische Verzichtleistungen aller Art ‚Opfer‘ heißen. In der Ethik der Griechen findet sich kein Beispiel einer derartigen Übertragung. Die so entstandene metaphorische Opfersprache konnte den im traditionellen Sinne religiösen Bereich auch verlassen. Ein solcher Prozeß ist im Deutschland des 18. Jahrhunderts zu beobachten. Nicht nur in der Moral, auch in der Sprache der Liebe gewinnt die Opfermetapher Raum; ‚Opfer zu sein‘ oder ‚Opfer zu bringen‘ fällt da vornehmlich den Frauen zu: Bräute und Gattinnen ‚opfern sich auf‘ für den Geliebten, Mütter für das Wohl ihrer Kinder, Schwestern und Töchter pflegen ‚aufopferungsvoll‘ die Kranken und Alten der Familie.

Die Opfermetapher wird aber auch erneut konkret: Die Soldaten ‚opfern‘ ihr Leben für das Vaterland. Der in der französischen Revolution geschaffene „*Altar des Vaterlandes*" ist zu einem verbreiteten Typ von Kriegerdenkmälern geworden. Diese Sakralisierung des Kriegstodes ist nicht auf christlich beeinflußte Kulturen beschränkt; in fundamentalistisch-islamischen Bewegungen erfüllt die Figur des ‚Märtyrers im heiligen Krieg‘ dieselbe Funktion.

Vom Nutzen der Opfersprache

Die antiken Opfer waren konkrete, genau geregelte Kultakte; es gab philosophische Opferkritik und die Forderung der Propheten nach Gerechtigkeit und einer vergeistigten Gottesverehrung. Gewiß waren die Opfer in der Antike oft schwer zu erbringende, kostspielige Leistungen. Aber erst die christliche Opferforderung greift über den Kult hinaus auf den Menschen zu. Gerade aus religionsgeschichtlich ‚falschen‘ Konstruktionen ist zu erkennen, was die religiöse Metaphorik leistet. Die religiösen Vokabeln signalisieren und transportieren ‚höchste Werte‘ und ‚letzte Dinge‘ in nicht-religiöse Bereiche, dogmatisch als göttliche Legitimation, psychologisch als Erlebnisqualitäten wie Intensität, Unbezweifelbarkeit, Unabänderlichkeit, Unbedingtheit. Aufgrund dieser Eigenschaften kann der Opferbegriff Angst vermindern, Zweifel beheben, Hemmungen überwinden, Kritik verhindern und Akzeptanz von Gewalt bei Tätern und Getroffenen erzeugen.

Gewalt wird als Ritual ästhetisiert und dadurch annehmbar gemacht. Der Akt des Töten und Getötetwerdens wird sakralisiert. Damit wird das allgemeine Tötungsverbot und die kreatürliche Angst vor dem eigenen Tod religiös außer Kraft gesetzt. Die ‚Hingabe' des eigenen Lebens immunisiert gegen den Vorwurf, anderen das Leben genommen zu haben. Im ‚Opfer für andere' wird die Auslöschung der individuellen Existenz kompensiert durch magische oder mystische Teilnahme an einem überindividuellen Ganzen – Gott, Natur, Volk, Rasse. Dem Grundrecht auf Leben wird eine transpersonale Existenz als höheres Gut übergeordnet – die ewige Seligkeit, die Vergöttlichung, das Fortleben im Volk, der unsterbliche Ruhm des Helden. Die im ‚Opfer' geübte und erlittene Gewalt trägt ihren Lohn in sich und erzeugt von neuem Gewalt. Denn jedes ‚Opfer' fordert ein weiteres: Es darf nicht vergebens gewesen sein, so lautet die Botschaft der Kriegerdenkmäler.

Noch immer klingt in dem Wort ‚Opfer' eine absolute Forderung: Ein ‚Opfer' darf man nicht verweigern, noch darf man nachprüfen, ob es gerechtfertigt ist. Vernunftgründe oder das berechtigte eigene Interesse, jede Form von Kritik sind außer Kraft gesetzt; so vermittelt das Wort religiöse Legitimation und entlastet gleichzeitig von eigener Verantwortung. Daran ändert auch die oberflächlich anklagende Rede von den ‚armen, unschuldigen Opfern' nichts; die Gleichheit der Wörter im Deutschen verstärkt noch die Alibi-Funktion: Recht, Verantwortung oder Schuld verschwinden im nebulos Schicksalhaften. Von der Kriegspropaganda bis zu den Sparbeschlüssen der Finanzminister erweist das Wort ‚Opfer' sich nützlich und verhindert, daß die Dinge beim Namen genannt werden. Wenn ‚Opfer' gefordert werden, ist also Mißtrauen geboten. Seit dem Ende des 19. Jahrhunderts ist, nicht ohne Zutun der Religionswissenschaft, das ‚Archaische' zum Sehnsuchtsraum zivilisationsmüder Europäer geworden. Die einen versuchen, mit Phantasien über Opfer, Menschenopfer gar, die Entfremdeten in den Rausch des Ursprungs hineinzureißen; andere meinen, moderne Unmenschlichkeit als Aufbrechen von Urzeit-Barbarei erklären – nur erklären? – zu müssen. Am Ostermontag des Jahres 1993 hat der Philosoph Peter SLOTERDIJK in einer Fernseh-Talkshow sich nicht gescheut, die Vernichtung der Juden durch die Nationalsozialisten ein „*archaisches Opferritual*" zu nennen. Der viel beredete Artikel von Botho STRAUß (Der Spiegel 6, 1993) raunt von „*Blutopfer*" und „*Sündenbock*". Die Opferphantasien der Jahrhundertwende sind wieder à la mode.

Cancik-Lindemaier, H., 1986, Feindbilder abbauen. Kulturwissenschaftliche Bemerkungen anläßlich zweier Kongresse zur Friedenskultur. In: Zeitschrift für Pädagogik 32/6: 779-786.

Dies., 1987, Opferphantasien. Zur imaginären Antike der Jahrhundertwende in Deutschland und Österreich. In: Der Altsprachliche Unterricht, 30/3: 90-104.

Dies., 1989, Opfer. Religionswissenschaftliche Bemerkungen zur Nutzbarkeit eines religiösen Ausdrucks. In: H.-J. Althaus, H. Cancik-Lindemaier, K. Hoffmann-Curtius, U. Rebstock (Hg.), Der Krieg in den Köpfen (Untersuchungen des Ludwig-Uhland-Instituts der Universität Tübingen, 73), Tübingen: 109-120.

Dies., 1990, Eucharistie. In: H. Cancik / B. Gladigow et al., (Hg.), Handbuch religionswissenschaftlicher Grundbegriffe, 2, Stuttgart: 347-356.

Dies., 1991, Opfersprache. Religionswissenschaftliche und religionsgeschichtliche Bemerkungen. In: G. Kohn-Waechter (Hg.), Schrift der Flammen. Opfermythen und Weiblichkeitsentwürfe im 20. Jahrhundert, Berlin: 38-56.

Hoffmann-Curtius, K., 1989, Altäre des Vaterlandes. In: Anzeiger des Germanischen Nationalmuseums, 283-308.

Dies., 1985, Das Kreuz als Nationaldenkmal. In: Zeitschrift für Kunstgeschichte 48: 77-100.

Dies., 1991, Opfermodelle am Altar des Vaterlandes seit der französischen Revolution. In: G. Kohn-Waechter (Hg.), Schrift der Flammen. Opfermythen und Weiblichkeitsentwürfe im 20. Jahrhundert, Berlin: 57-92.

Die Autorinnen und Autoren

Michael Bollig, Dr., Ethnologe, wissenschaftlicher Assistent am Institut für Völkerkunde der Universität Köln. Feldforschungen in Kenia und Namibia. Publikationen zu pastoralen Nomaden, Kulturökologie, Konflikt sowie Ostafrika.

Hildegard Cancik-Lindemaier, Dr., klassische Philologin, Tübingen. Publikationen zur antiken Kultur und Religion sowie der Geschichte ihrer Rezeption.

Bernt Glatzer, Dr., Ethnologe, wissenschaftlicher Mitarbeiter am Forschungsschwerpunkt Moderner Orient, Berlin. Vormals Südasien-Institut der Universität Heidelberg, 1978-1989; Dänisches Hilfskomitee für afghanische Flüchtlinge, DACAAR, Peshawar, 1990-1993, und Mitarbeit bei Hilfs- und Rehabilitationsprojekten in Pakistan und Ostafghanistan sowie Projektmanager in Herat/Westafghanistan. Feldforschungen in Afghanistan und Nordpakistan. Publikationen zur Wirtschaft und Sozialorganisation pastoraler Nomaden.

Joachim Görlich, Dr., Ethnologe, wissenschaftlicher Assistent am Institut für Völkerkunde der Universität Köln. Feldforschung in Papua-Neuguinea. Publikationen zur Sozial- und Wirtschaftsethnologie.

Andrea Hilgers, Dr., Dipl.-Pädagogin, wissenschaftliche Assistentin am Seminar für Pädagogik der Universität Köln. Forschungen zur Sozialisation im Kindes- und Jugendalter, schulische Sozialisation, Sexualerziehung sowie Gewaltentstehung.

Hans-Joachim Hoppe, Dr., Historiker, Slavist, Politologe. Lehrbeauftragter am Seminar für osteuropäische Geschichte der Universität Köln. Publikationen zur Geschichte und Politik der Balkanländer.

Shahnaz Nadjmabadi, Dr., Ethnologin, wissenschaftliche Mitarbeiterin am Seminar für Ethnologie des Südasien-Instituts der Universität Heidelberg. Feldforschung im Iran. Publikationen zu Austauschbeziehungen iranisch-arabischer Bevölkerungsgruppen am Persischen Golf.

Erwin Orywal, Dr., Ethnologe, vormals wissenschaftlicher Mitarbeiter im DFG-Schwerpunktprogramm zur Friedens- und Konfliktforschung, z. Zt. DFG-Habil.-Stipendiat und Lehrbeauftragter am Institut für Völkerkunde der Universität Köln. Feldforschungen in Afghanistan und Pakistan. Publikationen zu Ethnizität und Konflikt sowie Naher und Mittlerer Osten.

Aparna Rao, Dr., Ethnologin, Köln, vormals C4-Vertretungsprofessur am Seminar für Ethnologie des Süd-Asien Instituts der Universität Heidelberg, z. Zt. Durchführung eines Forschungsprojektes (NW-Indien) am Institut für Völkerkunde der Universität Köln. Feldforschungen in Afghanistan und Kaschmir. Publikationen insbesondere zu nomadischen und pastoralen Gruppen sowie Südasien.

Thomas Scheffler, Dr., Politikwissenschafter, vormals wissenschaftlicher Mitarbeiter am Forschungsschwerpunkt Moderner Orient, Berlin, z. Zt. wissenschaftlicher Mitarbeiter am Orient-Institut der Deutschen Morgenländischen Gesellschaft in Beirut. Publikationen zu Ethnizität und Gewalt im Nahen Osten sowie zur deutschen Nahostpolitik.

Günther Schlee, Dr., Professor für Sozialanthropologie an der Fakultät für Soziologie der Universität Bielefeld. Feldforschungen in Kenia und Äthiopien. Publikationen zu Hirtennomaden, Klanstrukturen, Glaubenssystemen sowie kuschitischen Sprachen.

Sylvia Servaes, M. A., Ethnologin, Doktorandin am Institut für Völkerkunde der Universität Köln. Feldforschung in Ruanda. Publikationen zu den Rahmenbedingungen und Ursachen des Ruandakonflikts.

ETHNOLOGISCHE PAPERBACKS

Edmund Ballhaus/Beate Engelbrecht (Hg.)
DER ETHNOGRAPHISCHE FILM
Einführung in Methoden und Praxis
291 Seiten, Glossar
Broschiert / ISBN 3-496-02552-2

Regina Bendix
AMERIKANISCHE FOLKLORISTIK
Eine Einführung
269 Seiten
Broschiert / ISBN 3-496-02565-4

Michael Kuper (Hg.)
HUNGRIGE GEISTER
UND RASTLOSE SEELEN
Texte zur Schamanismusforschung
213 Seiten mit 8 Abbildungen
Broschiert / ISBN 3-496-00493-2

Hans Fischer
FELDFORSCHUNGEN
Berichte zur Einführung in Probleme und Methoden
310 Seiten mit 20 Abbildungen und 10 Karten
Broschiert / ISBN 3-496-00823-7

Peter Heine
ETHNOLOGIE DES NAHEN
UND MITTLEREN OSTENS
Eine Einführung
209 Seiten und 3 Karten
Broschiert / ISBN 3-496-00967-5

Dietrich Reimer Verlag  Berlin